21 世纪高职高专规划教材 ◆ 经贸类通用系列

经纪原理与实务

（第三版）

JINGJI YUANLI YU SHIWU

主　编　何　衡
副主编　郭　影　程庆珊

中国人民大学出版社
·北京·

第三版前言

本教材第二版面世一转眼已经过了五年多，在这个飞速发展的时代，经济的发展和技术的进步都会在不经意间改变一个行业。例如，人们没想到如火如荼的方便面行业会转眼间失宠于市场，更没想到它最强大的竞争对手竟然是走街串巷的外卖小哥。又如，五年前，大数据已经广为人知，但人工智能尚未闻名天下。客观来说，这些技术进步在一定程度上挤压了市场营销、商务经纪之类的市场中间环节，但也为这些行业提供了更多的工具和手段，提出了更高的要求。我们教育工作者应该敏锐地觉察到这些外部变化，及时地把这些行业变迁的资讯传递给自己的学生，并在教材修订、教学改进、专业建设等方面有所体现。

本次修订在保持教材原有基本框架的前提下，邀请了新的专业教师加入，把教材从头到尾进行了梳理，删减了错谬之处，增加了新的内容。安徽财贸职业学院的程庆珊老师协助整理了原稿，提出了很多有价值的建议。本次修订过程中，何衡修订了第一章、第二章、第三章、第四章、第十章、第十一章，郭影修订了第六章、第九章，程庆珊修订了第五章、第八章，褚先文修订了第七章。

特别感谢合肥汉源文化传播有限公司执行总监郁建明，安徽省工商联人才市场市场部经理张燕，谢裕大茶叶股份有限公司行政总监戴志刚，谢裕大茶叶股份有限公司合肥分公司高鹏勇、罗小妹、华冠杰等企业友人给予的无私帮助。此外，还有很多领导、同事、同行都在日常工作、生活中给予了我诸多关爱，在此一并致谢。

何　衡

2019 年 11 月

第一版前言

经纪行业是一个古老的行业，它孕育于商品经济，并随着商品生产和商品交换的发展不断发展。在当今社会，经纪人是一个光荣的职业，他们用自己的汗水和智慧为商品的流通提供便利，为市场经济增添活力。

随着我国的经济发展和社会进步，一方面，很多行业对经纪人的需求旺盛，经纪人的供需缺口越来越大；另一方面，社会和居民对经纪行业仍然缺乏基本的了解和理解，对经纪人的重要性尚未充分的认识，少数封建观念和错误认识仍然存在。

这些认识的不足在教育领域表现为：目前设置商务经纪与代理专业的高校很少；本专业学生入学前普遍对专业基本情况一无所知，大多数学生和家长对专业名称闻所未闻；部分学生对专业的学习热情不足，对行业前景感到茫然；系统性的专业教材不多见，就连基础性专业课教材也在应用中存在一定的问题。

基于以上情况，我们组织经验丰富的商务经纪与代理专业课程教师和研究者编写了这本基础性的专业教材，希望为专业建设和行业发展尽自己的绵薄之力。在编写过程中，我们秉持的原则是时效性、趣味性和实践性。

经纪业本身是一个快速发展的行业，也特别需要实践型的人才。编者认为，一门课程、一本教材，乃至于一堂课，都像是一盘菜肴，它既要营养丰富，也要“色、香、味”俱全。高明的厨师也一定会使他的菜肴让大家“喜闻乐见”，喜爱品尝，并且易于消化和吸收，故本教材特别强调了趣味性，增加了阅读材料和相关的图片，希望它成为一本有趣而实用的教材。

本教材共十一章，主编何衡提出了写作提纲，进行了任务分配和统稿工作，编写了第一章、第三章、第四章、第五章、第八章、第十章、第十一章和第二章的第二、三、四节；郭影编写了第六章、第九章；褚先文编写了第七章；张琴编写了第二章的第一、五、六节。在编写过程中，得到了郭湘如教授、马诗琴老师和郑元祥老师的热情帮助，还有杨建平书记和司爱丽院长在工作上的勉励与关爱，我的家人汪明凤、汪春霞也对我的工作给予了理解与支持，在此对他们一并表示感谢。

本书除了列出的参考文献之外，还参考了诸多的网络资源，有些借鉴之处可能由于技术或时间原因，未能作完善的说明，也在此表示谢意，不周之处恳请海涵。

最后，由于编者的能力所限，加上时间仓促，教材中难免会有错漏之处，敬请同行和读者指正。

何　衡

目　录

第一章　经纪业与经纪人

【学习目标】

1. 了解经纪业的起源与发展，理解经纪业对商业活动和市场经济的重要意义。

2. 了解现代经纪业的特点和我国经纪业的现状。

3. 掌握经纪人的概念，理解其性质与作用，树立经纪人光荣的职业观念。

4. 掌握经纪人的分类，了解经纪人的权利与义务。

5. 掌握佣金的概念、性质和获取方式，弄清佣金的种类，了解佣金的构成，知道如何防范佣金被甩。

开篇案例

广州十三行与买办

1684—1685 年，清政府设闽、粤、浙、江四大海关，允许与外界通商。当时的清政府并没有成型的外贸体制，无力接待外来商船。1686 年，粤海关官府招募了十三家较有实力的商行，代理海外贸易业务，俗称“十三行”，后来商行数变动不定，少则 4 家，多时 26 家，但“十三行”已成为这个商人团队约定俗成的称谓，可以说，“十三行”是清王朝的“外贸特区”。

到了 1757 年，乾隆下令“一口通商”，四大海关仅保留广州一处，“十三行”更是达到鼎盛时期，对中国后来的经济发展甚至世界贸易都产生了重要影响。几乎所有亚洲、欧洲、美洲的主要国家和地区都与“十三行”发生过直接的贸易关系，大量的茶叶、丝绸、陶瓷等商品从广州运往世界各地。此后的 100 年间，广州“十三行”向清朝政府提供了 40%的关税收入。“十三行”中以四大巨富——潘振承、卢观恒、伍秉鉴、叶上林创办的同文行、广利行、怡和行、义成行最为著名。《华尔街日报》曾评出千年来世界上最富有的 50 人，其中就有伍秉鉴。

在这些商行中，有专门为外商服务的采购人员或管事，即买办。买办最初是指为明王朝宫廷供应用品的商人，在清代被用为葡萄牙语“Comprador”的意译，原意是采买人员，后来逐步发展为特指在中国的外商企业所雇用的居间人或代理人，也是实质上的经纪人。

鸦片战争以后，买办制度随着洋行业务的开展而发生了变化。这些买办阶层既经营钱财的进出和保管，也参与业务经营和商品交易事宜，常常代表洋行到各地开展购销业务，同国内其他商人商定价格，订立交易合同，并凭借本身的地位，在货物的收付上取得双方的信任。买办阶层同外商利益上的共同点使其成为中国历史上一个极具特色的集团，他们成了西方国家在政治上和经济上侵略和控制中国的工具。

思考： 什么是“买办”？买办与经纪活动有什么关系？

第一节　经纪业概述

一、经纪业的起源与发展

（一）经纪业的起源

“经纪”一词，在我国古时有“纲常、法度、条理、秩序”等意思，还有通行的含义，如在《淮南子·原道训》中有“经纪山川，蹈腾昆仑”的记载，对它的注释是：“经，行也；纪，通也。”后来，经纪的含义拓展为“管理照料、经营买卖”等。现代经纪的含义通常是指在买卖双方之间发挥作用，以促成交易。

经纪业是一个古老的行业，它孕育于商品经济，并随着商品生产和商品交换的发展而不断得到发展。今天，我们已经对商品交换习以为常，每天都在与外界做各种各样的商品交换。事实上，在人类历史的早期，商品交换，尤其是不同部落或氏族之间的商品交换是一件非常麻烦的事。由于语言、风俗习惯的差异以及信息的闭塞，买卖双方找到合适的商品或购买者并达成交易是很困难的，于是产生了对经纪活动的需求。经纪人通过为交易双方沟通信息、解决纷争、撮合成交，促进了信息和商品的流通，提高了社会总体的福利，因此，经纪业也是一个光荣的职业。

【阅读材料】

腓尼基人的交易

腓尼基人是历史上一个古老的民族，他们生活在地中海东岸，相当于今天的黎巴嫩和叙利亚沿海一带，曾经建立过高度文明的古代国家。腓尼基人是古代著名的航海家和商人，他们驾驶着狭长的船只踏遍了地中海的每一个角落，地中海沿岸的每个港口都能见到腓尼基商人的踪影。

腓尼基人非常精明，由于背靠高耸的黎巴嫩山，他们只能向浩瀚的大海求生存，没有发展农业的条件，他们发展了手工业和商业，他们是高明的手工业艺人，也是远走四方的商人。他们经常同西非的黑人进行交易，希罗多德在他的著作中对此进行过记载：腓尼基人在海滩上卸下货物后，返回船上，升起一缕黑烟作为信号，黑人看到后，来到海滩上，在货物旁放上一些金子，然后躲进树林。腓尼基人上岸，如果对金子数量满意，就收起金子离开，不满意就回船上等，直到黑人增加的金子使他们满意为止。

思考： 腓尼基人与西非黑人的交易为什么采取如此奇怪的形式？

(二)经纪业在我国的发展

在我国，最早见诸文字记载的经纪人是西周时期的“质人”。据《周礼·地官司徒·司市/掌节》记载：“质人掌成市之货贿、人民、牛马、兵器、车辇、珍异。凡卖儥[①]者质剂焉。”其中的质人就是管理市场、收取一定费用的经纪人，即凡是在市场上成交的商品都要由质人给买卖双方书立契约。

西汉时期的经纪人被称为“驵[②]侩”，也称“马侩”，专司牛马交易。因为马是六畜之首，自古以来是人们的交通与耕种的重要役用牲畜，在冷兵器时代，马匹更是一种重要的战略物资，也属于大宗贸易商品。所以，早期的经纪人出现在牛马交易中就不难理解了。

【阅读材料】

茶马互市

茶马互市是指我国历史上汉族与边疆少数民族之间以茶叶和马匹交易为中心内容的贸易场所。它大约起源于公元5世纪的南北朝时期。唐代时逐渐形成了规则，宋朝时进一步完善，甚至设置了“都大提举茶马司”这样的专门管理茶马交易的机构，明朝基本上沿袭了宋朝的做法，在交易的地方设置“茶马司”。

由于气候和饮食方面的原因，西北少数民族地区对茶叶的需求量很大，而中原地区也很需要产于西北地区的马匹，加上统治者出于经济和政治目的对这种贸易的促进，就形成了源远流长的“茶马互市”。

在唐代，人们开始把经纪人称为“互郎”或“牙郎”，据说是因为古体汉字“互”字与“牙”字易混淆的原因，后来逐渐出现了“牙人”“牙子”等称谓。元代开始有了牙行的记载，牙行是牙商的同业组织。大约在明代，出现了官方举办的“官牙”与民间兴办的“私牙”的分别。

清朝末年，外商在各个通商口岸获得自由贸易的特权，在国内逐渐出现了一个较特殊的阶层——买办。虽然历史上对买办的认识褒贬不一，但从经纪史的角度看，买办是中国近代史上的一种特殊经纪人。买办的活动一直延续到新中国成立。

新中国成立后，为了稳定市场和物价，政府对经纪人采取了严格的限制政策，并逐渐取缔了所有居间性质的经纪活动，经纪业的发展出现了一个停顿期。直到党的十一届三中全会后，我国的经纪人才重新登上社会经济的舞台。我国的经纪业在20世纪90年代后进入高速发展期，尤其是证券交易所和期货市场的试点，提高了人们对投机和经纪活动的认识，经纪人队伍迅速扩大。

【阅读材料】

安禄山——出身于经纪人

安禄山，营州柳城（今辽宁朝阳市）人，本姓康，因为从小没有了父亲，后来母亲改

---

① 儥，yù，买或卖的意思。

② 驵，zǎng，骏马、好马，也指马贩子。

嫁给突厥人安延偃，他就改名为安禄山。

安禄山是“杂种胡人也”，在当时是受人歧视的。他从小不仅身体健壮，而且聪明伶俐，长大后身高体胖，善于揣度人意，而且还精通好几种少数民族的语言。在当时各民族聚居的东北边境，懂得语言的翻译是一项很重要的技能，正是这些得天独厚的条件，让安禄山成了一个市场经纪人，史书称其“解六蕃语，为互市牙郎”。

二、现代经纪业的特点

（一）业务范围广

在消费领域，有房地产经纪人、汽车经纪人、奢侈品经纪人等，他们大多数集中在交易数额大、过程复杂、需要较多专业知识的行业；在生产领域，有资金融通方面的证券经纪人、有劳动力供求方面的劳动力经纪人、有技术交易方面的技术经纪人等，他们为社会化大生产的顺利进行发挥着不可替代的重要作用。

【阅读材料】

中西收藏家的区别

在文物拍卖行里有一种很突出的现象，就是中国的收藏家一般亲自参与拍卖，而西方的收藏家一般由经纪人代理。

这是中国收藏家与西方收藏家的一大明显区别。之所以存在这种现象，主要是因为大多数中国收藏者不太喜欢中介，觉得钱花得冤枉。事实上这是收藏中的一个弊端，因为收藏与鉴定是一门很深的学问，需要经过漫长的学习才能达到一定的技术水准。收藏的技术水准包括两个方面：一是对美的判断，二是对价值的判断。经纪人是对以上两种判断相对比较准确的专业人士，特别是在对价值进行判断时要比买家冷静得多。聘请经纪人就好比打官司时需要请律师一样，经纪人在收藏中的作用就相当于律师，他的技术水准远远高于普通收藏家。

西方的一些大收藏家为了保证藏品的品质，往往会找经纪人代理，甚至出现某些大收藏家在收藏某一类藏品的时候，聘请这一类藏品的经纪人评估，从而把风险降到最低。改革开放后，我国对经纪人制度有所重视，但在古董收藏方面我们还远远落后于国际市场，收藏质量总体上大大低于西方。

（二）发展速度快

随着生产力和社会的发展，我国各个行业的供给能力已今非昔比，居民的需求也空前高涨，经济生活中的矛盾越来越集中于供需的沟通，经纪人的重要性也越来越凸显。经过短短几十年的发展，经纪人和经纪机构的数量都有了快速的增长，经纪业务也出现了空前的繁荣。

（三）经纪活动存在一定的风险性

和很多行业一样，经纪业的活动也存在一定的风险性。对于经纪人来说，由于经纪业务活动的特殊性，他可能花费了大量的时间和精力去促成一笔交易的达成，可是，最终这笔业务并不一定会成交。由于市场的不规范，尤其是某些发展还不太完善的经纪领域，经纪人面临着撮合了交易却拿不到佣金的风险，不过，随着市场的发展和管理越来越严格，这一类风险会越来越小，各类经纪人都会在良好的工作环境中，充分发挥自己的能力，凭借自己的勤奋和智慧获得合理的回报。

经纪人在自己的活动中要格外注意与本行业相关的法律法规，对自身的义务和责任要有清醒的认识，遵守职业道德，不触犯任何法律法规，这一点在后面的章节中会有更详细的说明。

三、我国经纪业的现状

（一）经纪人供需缺口巨大

目前我国经纪业仍处于高速发展阶段，经纪人的供给远远跟不上市场需求，尤其是在一些新兴的经纪领域，经纪人才的匮乏直接限制了行业整体水平的提升。

例如，各地政府都在积极举办会展活动，高水平的会展在提供交易平台、丰富市民文化生活的基础上，也确实能在一定程度上拉动地方经济，但高质量的会展活动离不开高水准的会展经纪人的经营运作，某些三线及以下城市拥有得天独厚的自然资源，特别需要会展经纪人才的策划、组织和运营。又如，近年来，政府将全民健身上升为国家战略，把体育产业作为绿色产业、朝阳产业予以培育扶持，我国体育产业的市场化程度也越来越高，但体育经纪人才缺口巨大。这种行业人才供需失衡的状态，也对职业教育提出了更高的要求，需要为各经纪领域输送更多的高素质人才。

（二）部分市场不规范

总体来看，我国的经纪行业发展速度很快，但不规范的地方也很多。

首先，我国经纪业的法制建设较滞后。目前行业管理主要依靠不同经济领域的主管部门或协会出台规章或管理办法，尚缺乏全行业统一的法律法规。在经纪活动中，委托人与受托人之间的关系没有明确的法律保障，发生经济纠纷和争议时无法可依，经纪人的权益因得不到法律保护而常常受到侵害。此外，各地区对经纪人的从业资格和条件要求不一，经纪范围存在不同的规定，给经纪人的统一管理带来了一定的困难。

其次，某些领域对经纪人的管理较松散。无照经纪人大量存在，违规操作、通过不正当手段争取客户、利用非法经纪牟取暴利等现象并不少见。

上述不规范一方面对相关立法部门和监管当局提出了要求，另一方面也反映了现阶段我国经纪行业需求和发展空间都很大。

（三）从业人员素质有待进一步提升

一方面，当前我国某些行业的经纪人从业门槛并不高，有的行业中的经纪人既有研究生学历、本科生学历、专科生学历人员，也不乏高中毕业生、中专毕业生，相关企业对从业人员的道德品质的考核也并不严格，单纯地强调业绩，导致经纪人队伍的素质良莠不齐。

另一方面，国内对经纪相关专业的人才培养还不够重视。例如，高校中设立经纪与代理专业的并不多，远远不能够满足市场对相关人才的需求。这与社会大众对该专业和行业缺乏了解有关，因此需要更多地宣传经纪与代理专业。

经纪业是一个既需要“做事”又需要“做人”的行业，对从业人员的整体素质要求非常高，相信在不久的将来，相关专业会得到越来越多人的理解与认可，从业人员的素质也会在行业快速发展的背景下得到稳步提升。

第二节　经纪人概述

一、经纪人的概念

对于经纪人的定义有多种，这些定义虽然表述不尽相同，但基本观点还是比较一致的。

美国市场学家菲利浦·凯特奥拉认为："经纪人是提供廉价代理人服务的各式中间人的总称，他们与客商间无连续性关系可言。"美国经济学家D. 格林沃尔德主编的《现代经济词典》中将经纪人定义为："将其他人拉在一起协商立约的人。经纪人从这项服务中得到佣金。在处理财务和不动产时，经纪人从实物或财务上把一项资产的买方和卖方拉拢到一起。"

我国《辞海》中的定义是："经纪人是买卖双方介绍交易以获取佣金的中间商人。"《中国经纪大辞典》中的定义是："经纪人：中间商人，旧时称掮客，处于独立地位，作为买卖双方的媒介，促成交易以赚取佣金的中间商人。"《经济大辞典》中的定义是："为买卖双方充当中介而获取佣金的中间商人，旧中国称为掮客，有一般经纪人与交易所经纪人之分。"

在2004年国家工商行政管理局颁布的《经纪人管理办法》（2016年废止）中指出："本办法所称经纪人，是指在经济活动中，以收取佣金为目的，为促成他人交易而从事居间、行纪或者代理等经纪业务的自然人、法人和其他经济组织。"

根据以上的不同表述，经纪人的概念主要有以下三个要点：

（1）经纪人的主要工作是为促成他人交易而提供服务。换句话说，那些不是为他人之间的交易提供中介服务的中介人不属于经纪人的范畴，如会计师事务所、婚姻介绍所等。

（2）经纪人活动的目的是获取佣金。

（3）经纪人在国内主要有居间、行纪和代理等几种活动方式。

二、经纪人的性质与作用

（一）经纪人的性质

经纪人的活动具有经营性质，他们既不是从事慈善事业，也不是出于个人爱好，他们的主观目标是通过自己提供的服务收取佣金。

经纪人为促成他人交易而提供服务，是一个服务者的身份，其活动也应该归入服务业。经纪业总体上归属于第三产业。

（二）经纪人的社会功能

经纪人虽然主观上是为获取佣金，但客观上在市场经济运行中发挥了广泛的积极作用。经纪人的社会功能体现在如下几个方面。

1. 协助信息传播

信息在市场经济中的重要地位毋庸多言。经纪人一方面凭借自身的信息优势为买卖双方提供和传递真实、有效、准确的市场信息，另一方面也利用自身掌握的专业知识为顾客解答疑难、提供智力支持。可以说，信息是经纪人所掌握的最重要的资源，这些信息资源通过经纪人为社会的进步作出了重要贡献。

2. 加速商品流通

商品的流通速度对于一个企业来说决定了它的生死存亡，对于一个社会来说则表征了它的繁荣程度。经纪人通过自己提供的服务，使供求双方更迅速、更准确地对接到一起，并更顺畅地完成交易，从而加速了社会商品的流通。

3. 促进生产发展

经纪人的活动在加速商品流通的同时，也促进了生产的发展。经纪人使商品需求方的需求能够更快更好地得到满足的同时，也使商品的供给方得以专心致志地投入生产、扩大产出。

4. 活跃市场经济

通过更细致的分工，经纪人事实上承担了很多寻找市场、发现市场和挖掘市场的任务，并且通过经纪活动降低了交易成本，成为市场活动中的“润滑剂”和“催化剂”。

5. 优化资源配置

从更宏观的角度看，经纪人促进了资源的优化配置。如何优化社会的资源配置是宏观经济学关注的重大课题，因为相对于人类的欲望来说，资源总是有限的。经纪人通过传播信息、撮合供求双方、提供专业服务等活动，使得资源从总体上能够向最需要或最有效率的个人或部门流动。

三、经纪人的分类

我们可以从不同角度对经纪人进行分类。

（一）按照从事的业务划分

因为经纪业的范围广泛，按照经纪人从事的业务，可以将经纪人划分为多种类别，例如：现货经纪人、期货经纪人、证券经纪人、房地产经纪人、保险经纪人、技术经纪人、文化体育经纪人、国际经纪人、其他类别经纪人等。本教材就是按照这一分类序列进行编写的，后面将对每一类经纪人逐一进行介绍。

总体来看，这些类别的经纪人可以归为一般经纪人和特殊行业经纪人两大类。特殊行业经纪人，是指从事金融、保险、证券、期货、科技、房地产等行业的专业经纪人，必须通过专业培训，经考核合格获得专业经纪人员资格证书后才能上岗。一般经纪人，是指从事国家允许公开交易，又不属于特殊行业的商品交易的中间商。一般经纪人的主要经纪活动是为商品的买方寻找卖方，为卖方寻找买方，为买卖双方牵线搭桥，从而促使买卖双方成交。

事实上，随着社会的发展，经纪业务还在不断地“开疆拓土”，不断地有新的经纪人类型产生，比如，随着计算机的普及和网络的发展，出现了“网络经纪人”的称谓。

（二）按照组织形式划分

经纪人可以是“自然人，也可以是法人或者其他经济组织”。也就是说，不能一提经纪人，就认为它是一个个体的“人”。事实上，经纪人可以指某一个隶属于经纪公司的工作人员，也可以指某个经纪公司，还可以指某一个发挥了经纪职能的组织。经纪人到底是指“人”，还是“公司”或“组织”，需要在具体的语境中去分辨。在以后的章节内容中，如未作特别说明，经纪人都是指个体的经纪人，其他形式的经纪人会用“经纪公司”或“经纪机构”来代表。

从组织形式的角度来划分，经纪人有如下几种：

（1）个体经纪人。它是指依照个体登记注册及经纪人管理等方面的有关法规，经工商行政管理机关登记注册，以公民个人名义进行经纪活动的经纪人。

（2）个人独资经纪企业。它是指符合独资企业法规规定，向工商行政管理部门申请设立的从事经纪活动的独资企业。

（3）合伙经纪人。它是指由具有经纪人资格证书的人员合伙设立的经纪人事务所或其他合伙经纪人组织。

（4）经纪公司。它是指按照公司法及工商行政管理法规建立起来的企业，按登记机关核准的经营范围从事经纪活动。

（5）兼营经纪业务的其他经济组织。它是指依法登记注册的既从事其他经营活动又从事经纪活动的各类经济组织。

由此可知，经纪机构或组织有的是以经纪活动为主要业务，有的只是兼营经纪业务，有的公司名称中包含“经纪”二字，有的则根本没有，这也是一般人对这个行业不甚了解的一个原因。例如，我们经常可以看到证券公司或期货公司，事实上，它们的主要业务就是经纪业务。

【阅读材料】

模特经纪公司

模特经纪公司是模特表演的中介机构，其职能是为各类客户介绍模特，为模特提供合适的演出机会。模特经纪公司掌握着签约模特的档案，包括身体条件、文化素养、获奖情况、表演经历、爱好特长等全部文字与形象资料，以便向有需求的企业、团体推荐。模特经纪人的水平、签约模特的数量与质量、模特的演出档次等因素决定着模特经纪公司的实力。

上海逸飞模特经纪公司于1995年年底由著名艺术家陈逸飞先生创立，它集模特文化与经纪职能为一体。该公司实力雄厚、理念超前、精英汇聚，旗下荟萃了诸多中国超级模特和大批委托代理的模特人才。公司拥有专业模特训练大厅，环境幽雅、设施先进，是模特成长与发展的理想摇篮。自公司创立以来，公司策划和组织了众多大型时装表演和公开推广活动，承接了世界顶尖的产品和服装设计师的品牌及服装发布会，并参与了许多电视广告和杂志的拍摄。

资料来源：https：//baike. baidu. com/item/上海逸飞模特经纪公司/1321377？fr=aladdin.

（三）按照活动方式划分

（1）居间经纪人。居间是指居间人向他人提供交易机会，并为达成交易进行服务的行为。居间经纪人作为交易的中间人，是我国较为传统的经纪人。

（2）代理经纪人。代理在这里是指在代理权限内，以委托人的名义与第三方进行交易，并由委托人承担相应的法律责任。它是一种重要的商业活动形式，法律上对其也有明确的规定。

(3) 行纪经纪人。行纪是指经纪机构受委托人的委托，以自己的名义与第三方进行交易，并承担规定的法律责任的商业行为。较为典型的行纪经纪人是证券公司和期货公司。

上述三者之间存在一些细微的差别，其中居间行为的独立性较高。居间经纪人仅为交易双方牵线搭桥，并不参与双方的法律关系；代理经纪人则要代表委托人进行民事法律行为，以委托人的名义达成交易；行纪经纪人在接受委托后，以自己的名义达成交易，行纪经纪人的权利较大，承担的法律责任也较重。

四、经纪人的基本权利与义务

(一) 经纪人的权利

1. 依法开展业务活动的权利

经纪人取得经纪人资格后，受聘于经纪机构或领取营业执照从事个体经纪活动，属于合法行为，受到法律的保护。依法设立的各类经纪人有权依据法律法规及注册登记时核准的经营范围开展经纪活动，任何单位或个人不得非法干涉，更不得随意取消其经纪人资格或吊销其营业执照。

2. 依照法律法规及合同约定获得报酬的权利

经纪人完成中介任务、促成他人交易后，有权获得一定的合理报酬，即获取佣金。这是经纪人享有的基本权利，任何组织和个人不得阻碍经纪人对合理报酬的获取。

3. 请求支付成本费用的权利

经纪人在接受委托任务后，有权要求委托方支付经纪人为完成委托任务在经纪活动中所支出的费用，包括差旅费、通信费、利息等。即使经纪人未能完成委托任务，但确实支出了经纪费用，经纪人也可请求委托人支付相关费用。

4. 法律法规规定的其他权利

经纪人依法享有委托合同或经纪合同中双方约定的其他权利。如在约定的时间获取预付定金的权利、请求赔偿和获取赔偿金的权利、在某些情况下对占有的委托人的财产行使留置权等。

当经纪人发现委托人就委托事项有故意隐瞒事实真相，或有欺诈行为时，经纪人可终止为委托人提供经纪服务，并可就其故意隐瞒或欺诈所造成的损失请求赔偿。经纪人发现委托人不具有履约能力时，可立即终止经纪活动。

(二) 经纪人的义务

1. 合法经营的义务

经纪人从事经纪业务活动，必须在国家法律允许的范围内进行，如对于国家法律、政策禁止自由流通的产品或服务，实行国家专卖、专营的商品，有违社会公德和少数民族风俗习惯的商品，经纪人不能参与其中介活动，不能接受佣金之外的额外给付，否则要自行承担法律责任。

2. 如实介绍的义务

经纪人在进行经纪活动时，凡属经纪活动中当事人需要了解的各个事项，经纪人均必须实事求是地就其所知告知当事人，不能隐瞒，也不能为了促成交易而歪曲事实。

3. 履行合同的义务

经纪活动离不开合同，经纪合同一旦签订，经纪人就应该认真、如实、全面地履行。如果客观条件发生变化，确实需要变更或解除合同的，经纪人必须与委托方协商。

4. 依法纳税的义务

经纪人要自觉接受工商行政管理部门、审计部门、商检部门、财税部门、物价部门等的管理和监督，并承担依法缴纳有关税费的义务。

5. 其他义务

经纪人还需要承担其他一些义务。如果经其介绍达成的交易需要领取并保管样品时，经纪人应将样品一直保管到交易终了，不得丢失、损坏、调换。如果当事人一方要求其对商号、姓名、商业事务保密的，经纪人也必须遵守。

在管理实践中，经纪人应该做到：提供客观、公正、准确、高效的服务；将定约机会和交易情况如实、及时报告当事人双方；妥善保管当事人交付的样品、保证金、预付款等财物；按照约定为当事人保守商业秘密；记录经纪业务成交情况，并保存3年以上；收取当事人佣金应当开具发票，并依法缴纳税款和行政管理费等。

五、经纪人的基本要求

要成为某一个行业内的经纪人，首先要符合一些基本要求，比如说一般应该通过相应的资格认证；如果想成为一名优秀的或成功的经纪人，则还需要在知识、能力、素养等方面有较好的积累并达到一定的程度。

（一）资格认证

经营经纪业务的各类经济组织应当具备有关法律法规规定的条件。法律、行政法规规定了经纪执业人员执业资格的，经纪执业人员应当取得资格。

（二）身心素质

经纪业对从业者的身体素质要求较高。一方面，经纪人需要具备充沛的精力，才能够完成日常的业务拓展，并且能够用热情去感染对方；另一方面，经纪人需要时刻保持清醒的头脑和灵敏的反应，这也需要从业人员有良好的身体素质。

同时，作为经纪人也需要有良好的心理素质。在完成经纪业务的过程中，难免会遭到拒绝、冷遇和误解，需要经纪人能够较快地调节好情绪，充满信心继续工作。经纪人的开朗和乐观，也容易鼓舞客户，并最终促成交易。所以，经纪人平时就应该注重培养自己坚毅的品质和随和稳重的性格。

【阅读材料】

原一平的批评会

原一平，美国百万圆桌会议终身会员，荣获日本天皇颁赠的“勋四等旭日小绶章”，被称为日本的推销之神。其实他小时候因脾气暴躁、调皮捣蛋、叛逆顽劣而被乡里人称为无药可救的“小太保”，后来取得如此巨大的成就，是因为他听取了别人的劝告，改正了

自己的那些坏习惯。

在原一平年轻的时候，有一天，他来到东京附近的一座寺庙推销保险。他口若悬河、滔滔不绝地向一位老和尚介绍投保的好处。老和尚一言不发，很有耐心地听他把话讲完，然后以平静的语气说："你的介绍丝毫引不起我的投保兴趣。年轻人，先努力改造自己吧!""改造自己?"原一平大吃一惊。"是的，你可以诚恳地请教你的投保户，请他们帮助你改造自己。倘若你按照我的话去做，他日必有所成。"

原一平接受了老和尚的教诲，他策划了一个"批评原一平"的集会。集会的目的是让别人能坦率地批评自己。原一平批评会按月定期进行，他发觉自己就像一条蚕正在"蜕变"。每一次批评会，他都有脱一层皮的感觉。经过一次又一次的"批评会"，他逐渐进步、成长。他把在"批评会"上获得的改进用在每天的推销工作中，业绩开始直线上升。

资料来源：https：//wenku. baidu. com/view/b0851dbd59fb770bf78a6529647d27284a733735. html.

(三) 专业知识

经纪业范围广泛，但不管是在哪一个领域做经纪人，要想成功，一个基本要求是要能够在自己所属的领域积累大量的专业知识。专业知识的缺乏，不仅会使经纪业务难以顺利开展，而且会使经纪人丧失很多市场机会。试想，某位经纪人对于客户的咨询一问三不知，客户下次还会愿意接受这位经纪人的服务吗?

经纪人需要掌握的专业知识大致包含如下几个方面。

1. 法律法规常识

不管从事什么职业，首先应该掌握的应该是与职业密切相关的法律法规。法律法规，是指中华人民共和国现行有效的法律、行政法规、司法解释、地方法规、地方规章、部门规章、其他规范性文件以及对于相关法律法规的修改和补充。其中，法律有广义、狭义两种理解。从广义上讲，法律泛指一切规范性文件；从狭义上讲，法律仅指全国人大及其常委会制定的规范性文件。在与法规等一起谈时，法律是指狭义上的法律，法规则主要指行政法规、地方性法规、民族区域自治法规及经济特区法规等。作为对经纪人的一个基本要求，在业务活动中是否盈利尚在其次，至少不应该触犯相关的法律法规。

2. 本行业的基础知识

要做一名经纪人，尤其是要做一名成功的经纪人，需要重视知识的积累。其中最重要的知识就是本行业的专业知识，例如做一名农产品经纪人，就应该了解粮食、蔬菜、果品、花卉及其仓储和运输等各方面的知识；做一名证券经纪人，就应该努力把股票、债券、基金、金融衍生工具及其发行和交易等各方面的知识掌握好；一名成功的房地产经纪人也一定会对房地产特性、房地产类型、房地产经纪机构及各国房地产经纪人制度进行深入研究。

一般来说，一名经纪人掌握的专业知识越丰富，他的业务机会就会越多，从中收获的工作乐趣也会越多。所以，经纪人应该努力成为自己经纪领域中的专家。

3. 商贸知识

经纪人作为特殊的商人，周旋于购销双方之间，有时还要和其他经纪人打交道，从事各种各样的商品中介活动，这就决定了他们应该掌握丰富的商贸知识。

经纪人要掌握的商贸知识除国内商贸外，还应掌握外经贸知识。总的来说，经纪人应该掌握的商贸知识包括商品学、物流学、市场营销学、商务礼仪、国际贸易和国际金融等方面的知识。

（四）能力

1. 观察力

经纪人所需要的观察力，一方面是指从日常业务或生活中发现机会的能力，另一方面是指与人打交道时察言观色的能力。这两点在经纪人的业务活动中都非常重要。

【阅读材料】

王戎识李

王戎是三国至西晋时期的名士，也是历史上有名的“竹林七贤”之一。他自幼聪颖，观察力过人。据《世说新语》记载，王戎七岁时，和小伙伴们一起玩耍。路边的李子树上结了许多李子，压弯了树枝。那些小孩都争着跑去摘李子，只有王戎站着不动。别人问他为什么不去摘李子，他回答道：“李子树长在道路旁边，却有这么多李子，这一定是苦的李子。”人们将李子拿来一尝，果然如此。

2. 判断力

判断力是感知能力、记忆力、演绎能力、推理能力等诸多能力的综合体，它展现了一个人长期所形成的习惯性的常识积累和思维水平，也是科学决策的基础。大多数经营决策都是在信息不完全的情况下作出的，这就对判断力提出了很高的要求。当然，良好的判断力需要长期的培养，也是成就所有事业的基础。

3. 执行力

执行力是指贯彻战略意图、完成预定目标的操作能力。再高明的战略，再完善的计划，最终都需要加上最坚决有效的执行力，才有实现的可能。

【阅读材料】

致加西亚的一封信

美西战争爆发后，美国必须立即跟古巴的起义军首领加西亚将军取得联系。加西亚将军在古巴丛林里，但没有人知道确切的地点，所以无法写信或打电话给他。美国总统必须尽快地获得他的合作，怎么办呢？有人对总统说：“有一个名叫罗文的人可以办到。”

他们把罗文找来，交给他一封写给加西亚的信。罗文拿到信后，把它装在一个油布制的口袋里，封好，吊在胸口。他没有提出任何疑问，也没有提出任何条件，而是划着一艘小船就出发了。四天之后的一个夜里，罗文在古巴上岸，在危机四伏的丛林徒步行进中。三个星期之后，他把那封信交给了加西亚。

他送的不仅仅是一封信，而是当时美国的命运和希望。这个送信的传奇故事之所以在全世界广为流传，在于它倡导了一种伟大的精神：忠诚、敬业、勤奋，当然，还有执行力。

4. 社交能力

社交能力主要是指一个人的人际交往与社会适应能力，这种能力对于需要寻找市场机会、联络交易双方的经纪人来说尤为重要。人的一个重要属性即是社会人，没有人能够生活在不与人来往的真空中，每个人也都是在与他人的人际交往和价值交换的过程中，才能成就他人、实现社会价值和实现自我。

5. 创新能力

创新能力是运用知识和理论，在科学、艺术、技术和各种实践活动领域不断提供具有经济价值、社会价值、生态价值的新思想、新理论、新方法和新发明的能力。创新能力是当今社会竞争的核心，一个优秀的经纪人必然是一个善于创造性地解决问题的人。

（五）职业道德

经纪人的职业道德包含的内容很多，例如：经纪人必须遵章守纪，其经营活动必须符合法律、法规以及行业管理的规定和要求；经纪人不能从事走私品、违禁品、假冒伪劣商品的经纪活动；经纪人不能超越客户的委托范围和权限，越权进行有关的经纪活动等。

总结起来，经纪人的基本职业道德至少应该遵从如下原则：

1. 维护委托人的权益

大多数的经纪活动都存在经纪人接受委托的情况，经纪人一旦接受委托，就应该站在委托人的立场上，时刻为委托人的利益着想，积极维护委托人的权益。这既是一种服务精神，也是一项职业准则。

2. 诚实守信

诚实守信是在中国古时备受推崇的一种美德，儒家的“五常”就是指：“仁、义、礼、智、信”，这“五常”贯穿于中华民族伦理的发展，成为中国传统价值体系中的最核心因素。具体到经纪活动中，就是要求经纪人秉持公平、公正、公开的原则，对客户坦诚相待，并信守承诺，努力做到“言必行、行必果”。在难以完成任务或达不到客户期望时，也要诚恳地向客户说明原因，争取客户的理解和配合，而不能为了一时的利益刻意隐瞒，进而损害客户利益。

【阅读材料】

信如尾生

在《庄子·盗跖》中有这么一个典故：“尾生与女子期于梁下，女子不来，水至不去，抱梁柱而死。”

这短短的一段话讲述了一则凄美的爱情故事：名叫尾生的男子与自己心仪的女子约定在桥下相会，不知什么原因女子未能按时到达，而暴雨突至，河床水位迅速上涨，尾生不愿意离去，最后竟抱着桥柱淹死了。

这也是一个与诚信有关的故事。用现代人的眼光来看，尾生未免有些迂腐，但他的那种对爱情至死不渝的忠贞和诚实守信的精神令人肃然起敬。

3. 保守商业机密

由于经纪人居于买卖双方之间的特殊身份，在开展业务活动的过程中，经纪人有可能掌握了客户的一些商业机密。在激烈的市场竞争中，商业机密意味着重要的情报和竞争的优势，所以为客户保守商业机密是经纪人的一项基本职业道德准则。

第三节 经纪人的收入

一、佣金的概念与性质

经纪人从事经纪活动，付出了脑力和体力劳动，完成了委托人的委托的同时，也为市场繁荣和社会经济的发展作出了自己的贡献，应依法获得经纪收入。佣金就是经纪收入的最主要形式。

更严格来说，佣金是经纪人在为委托人提供交易机会、充当交易中介并协助买卖双方完成交易过程或订立交易合同后，由交易人一方或双方支付给经纪人的劳动报酬。它是经纪人在一定的社会劳动时间内所创造的劳动价值和社会价值的体现，受法律保护。

需要明确的是，佣金是合法的劳动报酬，与折扣、回扣、红包、酬金等有着本质的区别。

回扣是指在商品交易过程中，卖方在收取的货款中扣除一部分回送给买方或其代理人的钱财，它实质是对销售利润的再分配。尤其是，它从表面上看是卖方通过让利吸引买方、刺激销售的一种手段，但很多时候这实际上是一种商业贿赂行为。因此，在《中华人民共和国反不正当竞争法》中对回扣问题作了明确规定："经营者不得采用财物或者其他手段贿赂下列单位或者个人，以谋取交易机会或者竞争优势：（一）交易相对方的工作人员；（二）受交易相对方委托办理相关事务的单位或者个人；（三）利用职权或者影响力影响交易的单位或者个人。经营者在交易活动中，可以以明示方式向交易相对方支付折扣，或者向中间人支付佣金。经营者向交易相对方支付折扣、向中间人支付佣金的，应当如实入账。接受折扣、佣金的经营者也应当如实入账。经营者的工作人员进行贿赂的，应当认定为经营者的行为；但是，经营者有证据证明该工作人员的行为与为经营者谋取交易机会或者竞争优势无关的除外。"

折扣是指在商品购销过程中卖方给买方的一种价格优惠，通常有现金折扣、数量折扣、季节折扣等。它是合法的经济行为，其目的是及早收回货款或刺激客户进行大量购货。与佣金不同，折扣显然不属于劳动报酬。

红包或酬金都带有酬谢性质，是受益人对提供帮助的人的一种回谢，在数额上并没有标准，全凭主观喜好而支付。佣金的标准一般会在合同中明确约定。

可见，如果把经纪人付出劳动后合法所得的佣金理解为与回扣、折扣、红包等同的概念，则是对经纪人的工作和收入的误解。

二、佣金的种类

佣金可以分为法定佣金和自由佣金两种。

法定佣金是指经纪人从事特定经纪业务时，按照国家规定的佣金标准获取的佣金。这种佣金标准是国家规定的，具有强制力，当事人各方必须无条件接受。法定佣金在经纪活动中通常只适用于分工明确、专业性质与经纪活动耗费固定的经纪业务种类中，如证券经纪、期货经纪、保险经纪等。在实际工作中，法定佣金一般按经纪人中介业务成交额的规定比例提取。

自由佣金是在国家法律、法规及相关规章没有明确规定佣金费率标准的经纪市场上，按经纪人与委托人协商确定的佣金标准获取的佣金。这种由当事人协商确定的佣金标准对当事双方同样具有约束力，违约者要承担违约责任。事实上，在目前的经纪市场上，自由佣金是佣金的主要形式。

自由佣金和商品的市场价格一样，由供求双方协商确定，其标准灵活多样。较为普遍的操作方法是，佣金按照经纪中介的成交额的一定比例提取，关键问题是这个比例值的确定。如果成交额特别大，可以设置上限封顶，如果成交额特别小，可以采取佣金保底的方法，以协调经纪人与交易双方的利益。

三、佣金的构成

佣金的构成和一般商品的价格构成一样，同样包含成本和利润两大部分。

（一）经纪成本

经纪成本是指经纪人在组织经纪活动过程中，为完成委托方的约定服务而发生的物化劳动和活劳动耗费的价值总和。这部分消耗的价值必须在经纪收入中得到有效补偿，以保证经纪活动的持续正常开展。

一般来说，成本包括显性成本和隐性成本两大类。

显性成本是指在生产经营过程中计入账内的、看得见的实际支出。例如，支付的生产费用、工资费用、市场营销费用等，因而它是有形的成本。一般成本会计计算出来的成本都是显性成本，销售收入减去显性成本以后的余额称为账面利润。具体到经纪业务当中，为促成交易而发生的差旅费用、电话费、资料费、打印费等都属于显性成本。

隐性成本是指损失使用自身资源（不包括现金）机会的成本。例如，在联系到业务之前为收集整理信息而花费的大量的时间精力、因为交易最终未能促成而牺牲的其他获利机会、为客户提供担保而承担的风险等。这些成本较为隐蔽，一般不易被察觉，但它们又是客观存在的。

【阅读材料】

无所不在的机会成本

机会成本是经济学中的一个重要概念。简单来说，机会成本就是你放弃的机会里面收益最高的那一个。例如，某大学生毕业时有三个单位可以去，他选择了其中一个，月收入是 5 000 元，事后他得知，另外两个单位的工资分别是 4 000 元和 6 000 元，那么，他的机会成本就是 6 000 元。从经济学的角度看，尽管他有了单位，每月的收入还不错，但他事实上是亏损的，因为他的机会成本是 6 000 元，而实际收益只有 5 000 元。机会成本揭示了一种独特的视角和思考方式，用这种视角去观察经济活动和社会活动，你会发现机会成本无处不在，一个理性人应该在思考成本时计入机会成本，找到收益最大的选择。

（二）经纪利润

经纪利润是经纪人一定时期内的经纪收入抵减经纪成本后的余额，是经纪人开展经纪业务活动获取的最终财务成果。它是经纪人赖以生存和发展的物质基础，也是一项常用来衡量经纪企业经营效益的综合指标。一般来说，经纪人的利润越多，经营效益越好，其上缴的税收也应该越多，对国家建设的贡献也越大。同时，经纪人的税后利润越多，后续发展能力也越强。

根据经纪业务的利润总额，我们可以计算不同的相关指标，以考核效益。

1. 成本利润率

该指标反映企业一定时期的经纪利润与同一时期的经纪成本的比率关系。显然，经纪成本利润率越高，表明企业的单位成本获得的效益越好。由于经纪成本利润率受经纪活动结构、时间成本、活动成本、佣金费率、经纪服务税率等多方面因素的影响，要提高经纪成本利润率，就需要对各相关方面加强管理。

经纪成本利润率＝经纪利润÷经纪成本×100％

2. 佣金利税率

该指标是指企业一定时期的利润与税金总额占同一时期佣金收入的比例，它反映单位佣金的实际收益水平和企业对社会和国家的贡献程度。

佣金利税率＝利税总额÷佣金收入总额×100％

3. 人均利润率

该指标反映经纪企业内每一个从业人员在一定时期内所创造的经纪利润额的平均值。

人均利润率＝利润总额÷经纪企业从业人员数量×100％

四、佣金的获取方式

（一）佣金的支付人

佣金的支付人是经纪业务的委托方或当事双方。只有经纪合同中规定的经纪业务的委托方或约定的当事双方，才有支付佣金的义务。

（二）佣金的支付时间

佣金的支付时间，除法律、法规另有规定外，一般由经纪人与委托人自行约定。根据与所促成交易的成交时间上的关系，佣金支付时间可以分为交易前支付、交易后支付和部分预付三种情况。显然，如果在交易前支付佣金，委托人要承担更大的风险；相反，交易后支付则经纪人要承担更大的风险。

在实际操作中，尤其是在大型的经纪业务中，分阶段支付是较为合理的。例如，在外贸经纪合同中，对于佣金的支付时间可能会如此规定：签订供货合同时，支付20％的佣金；出口方拿到信用证时，支付30％的佣金；完成合同规定交易后，在7日内支付余下的50％的佣金。

（三）佣金的支付标准

根据支付标准的不同，佣金可以分为法定佣金和自由佣金两类。此部分内容在“佣金的种类”中已阐述，此处不再赘述。

五、佣金被甩的防范

佣金被甩是指经纪人付出了辛勤的劳动，也取得了一定的成果，客户或委托人达成交易后，却不支付或少支付佣金的情况。它是经纪人所面临的最重大风险之一，尤其是在某些经纪业务难以程序化或管理尚不规范的行业领域，如现货经纪、房地产经纪和文化经纪等，需要特别警惕佣金被甩。出现这种情况，有时可能是因为客观因素导致客户或委托人拖延或克扣佣金，也有可能是客户或委托人出于主观目的的恶意行为，不管是什么原因，都会使经纪人蒙受损失。

【阅读材料】

甩了中介逃佣金

冯某与中介公司签订了《专任委托合同》，约定将其一套商品房以 213 万元的价格挂牌出售，若房屋卖出将支付 1%的服务酬劳。次日，张某看中了该房屋，与中介签订了《不动产买卖意愿书》，愿以此价格成交。第三天，买卖双方签订了买卖合同，并支付了部分服务报酬。随后，当办妥全部的房屋过户手续后，冯某和张某对剩余的中介费却装聋作哑了。中介公司发出催讨信函，却像石沉大海般没有回音。于是中介公司便将冯某和张某一起告到了法院，索讨未付足的中介服务费用。

审理中，冯某和张某均表示：中介在房屋交易中未提供完整的服务，不愿再支付剩余的服务报酬。法官认为，这是一个典型的“买卖双方逃佣金”的案子。中介公司的二手房中介业务范围，以及它所收取的服务报酬，应该以所签订的合同条款为准。如果有人将合同不当回事，过河拆桥，必将受到法律的惩罚。

防范佣金被甩的措施有如下一些。

(一) 做好经纪合同管理

首先，经纪人要认真签订经纪合同，不能认为合同可有可无，或者因为是熟人而忽略合同文本。其次，合同内的条款，尤其是与佣金获取相关的条款，应指向明确、表述精准，避免可能出现的歧义或不同理解。一般情况下，关于佣金的获取最好设立“定金”条款，即在经纪业务正式开展之前，就收取一定的费用作为担保，这样可以避免客户在业务开展之后突然反悔。最后，大额的经纪合同应进行公证，或到市场监督管理机关进行合同鉴证，这样可以在出现纠纷时，使佣金的索取更有法律保障。

(二) 做好经纪资源的保密工作

经纪人在业务开展过程中虽然秉持公平、公正、公开的原则，但并不意味着要把经纪资源毫无保留地公布出来。某些经纪业务的信息、人脉、技术等资源是经纪人的价值所在和生命线，需要好好珍惜。在经纪合同未签订之前，交易双方的意见应该由经纪人代为转达，不可过早地让交易双方接触和会面。当然，经纪人在开展经纪活动的过程中掌握主动权，也并不意味着经纪人可以利用自己的信息优势而漫天要价，或者损害客户的利益。

（三）必要时借助法律手段

经纪人遭遇佣金问题时，首先要敢于依照合同的约定据理力争，不应过于委曲求全、息事宁人。在因为佣金支付的延误和短少而造成经纪人其他经济损失时，经纪人还可要求额外的补偿。如果客户或委托人恶意拖欠或拒不支付佣金，经纪人应该向诉讼机关提起诉讼，利用法律的手段维护自身的合法权益。

主要概念

经纪业　经纪人　经纪机构　佣金　居间　行纪　代理

练　习

1. 经纪业有哪些特点？

2. 你平时与哪些行业的经纪人打过交道？他们对于社会有什么贡献？

3. 你以前见过哪些经纪机构？为什么经纪机构似乎很少见？

4. 以前中国有句俗语："车船店脚牙，无罪也该杀"，这里的"牙"是指什么人？为什么说他们无罪也该杀？这种观念正确吗？

实　训

观看电影《当幸福来敲门》(The Pursuit of Happiness)，讨论经纪人的工作内容、生活方式以及素质要求等。

美国电影《当幸福来敲门》取材于真实故事，故事的主角就是当今美国黑人投资专家克里斯·加德纳（Chris Gardner)。电影成功诠释了一位濒临破产、老婆离家的落魄业务员，如何吃苦耐劳地善尽单亲责任，奋发向上成为股市交易员，最后成为知名的金融投资家的励志故事。

已近而立之年的克里斯·加德纳，在28岁的时候才第一次见到自己的父亲，所以当时他下定决心在有了孩子之后要做一个好爸爸。但他事业不顺，生活潦倒，只能每天奔波于各大医院，靠卖骨密度扫描仪为生。偶然间知道做证券经纪人并不需要大学文凭，只要懂数字和人际关系就可以做到后，就主动去找维特证券的经理，凭借自己的执着、非凡的妙语，并在一个小小的魔方的帮助下，得到了一个实习的机会。但是实习生有20人，他们必须无薪工作6个月，最后只能有一个人被录用，这对克里斯·加德纳来说实在是难上加难。这时，妻子因为不能忍受穷苦的生活，独自去了纽约，克里斯·加德纳和儿子亦因为极度的贫穷而失去了自己的住所，过着东奔西走的生活，他一边卖骨密度扫描仪，一边做实习生，后来还必须去教堂排队，争取得到教堂救济的住房。因为极度贫穷，克里斯·加德纳甚至去卖血。但是克里斯·加德纳一直很乐观，并且教育儿子不要灰心。功夫不负有心人，克里斯·加德纳最终凭借自己的努力脱颖而出，获得了股票经纪人的工作，后来创办了自己的公司。

资料来源：https：//baike.baidu.com/item/当幸福来敲门/5958.

第二章　经纪业务基础

【学习目标】

1. 掌握经纪业务的基本内容和一般程序。

2. 了解经纪人的法律特征，掌握经纪人的活动规则，理解经纪人的各类法律责任，掌握经纪人的行政责任。

3. 了解信息的特性和分类，理解信息在经纪业务中的重要性，掌握经纪业务中信息的搜集和加工方法。

4. 理解经纪业务与市场营销的关系，掌握市场环境分析、营销战略制定、市场营销组合策略等。

5. 了解商务谈判的原则和程序，掌握经纪业务中商务谈判的原则和要点。

6. 了解合同的法律特征、种类等基础知识，掌握经纪合同的类型及其区分，掌握不同类型经纪合同的签订、履行、变更和解除等实务。

开篇案例

7万只鸡与一个逃税的经纪人

在南京市税务部门针对当地一家超市的检查中，发现其账目清晰、进销相符、附列资料齐全，但所有被抽查的农副产品收购凭证上填写的被收购人，始终只有一个名字——“邢还善”。另外一个值得注意的问题是：超市向这个农民收购的鸡蛋量十分巨大，不仅平均每个月向这个农民开具50余份收购凭证，而且每份收购凭证上所填写的金额均接近万元。在对超市鸡蛋收购情况、银行票据以及往来账目进行清查后，稽查人员的记录本上写下了一个数字“6 151 118.52元”——这是该超市2004年全年支付给“邢还善”的鸡蛋收购款。

参照有关数据进行测算：如果一斤鸡蛋7只，30斤/箱，一箱75元，那么，“6 151 118.52元”应折合8万余箱，125万千克，1 700万只鸡蛋。按一只健康的专业产蛋母鸡年最大产蛋量250只计算，则需要近7万只鸡才能保证这种供需关系。

通过深入检查，稽查人员进一步发现：超市的财务部、采购部的相关人员竟然从来没有直接与“邢还善”接触过，开具农副产品收购凭证的所有附属证明材料全是一个叫王兴的南京本地人转交的。而所有与“邢还善”鸡蛋有关的收购款也均是由王兴签名领取的。

当收购款数额较大时，相关的款项也是直接打到王兴经营的五兴鸡蛋批发部的银行账户上的。

经过近8个月的内查外调，南京市税务部门确定了以下事实：

一是“邢还善”的身份证明是真实有效的，其人确为徐州睢宁当地农民，但是他没有养鸡，而是常年在外地打工。至于“邢还善鸡蛋的自产自销证明”实际上是与王兴有生意往来的邢还善之弟邢还男事先写好，并交付给本村的会计帮忙签字和盖章的。因此，有关“邢还善”的农副产品收购凭证以及附列资料的内容是虚假且不合法的。

二是王兴向超市销售的鸡蛋实际来自山东，为了能够以比较低的价格谈成与超市的买卖，王兴假造了“农民邢还善卖鸡蛋”的情况。一方面，这有利于超市按照税收政策规定和要求，“合法”开具农副产品收购凭证抵扣当期销项税金，降低鸡蛋收购成本；另一方面，由于超市不会向自己索要发票，自己的经营行为也可以偷逃税收而很难被人察觉。根据现有资料统计，王兴仅在一年内就以同样的手法，向南京市内4家超市和1家蛋糕店销售鸡蛋累计金额高达1 018万元，少缴增值税款39.14万元。

由于农产品经纪人王兴偷逃增值税款数额巨大，达到移送司法机关标准，已被移送公安部门。

第一节　经纪业务的内容与程序

在市场经济条件下，经纪人要开展经济业务活动，除了要选择正确的经纪活动方式外，还必须根据经纪活动的特点，采取一定的经纪程序进行运作，必要时通过签订经纪合同来约定当事人各方的权利和义务，保障经纪活动的顺利开展。

一、经纪业务的基本内容

在上一章，我们了解过经纪人主要的工作方向和社会功能，对于不同行业来说，经纪的业务活动千差万别，我们不妨从总体上概括归纳一下经纪活动的内容。

（一）交易中介

经纪组织接受委托，根据掌握的需求或供给信息，寻求供给或需求方。当买卖双方在经纪人提供服务成交后，经纪人可以从买卖双方或从买卖双方中的任何一方获得佣金。在这个活动过程中，经纪人只是把双方的信息进行交流，撮合双方成交。

（二）代理业务

经纪人如果接受委托进行代理，在代理权限内，将以被代理人的名义实施法律行为。我国的代理制度主要由《民法总则》规定，在代理过程中，经纪人应当遵循国家的法律规定，在委托人授权范围内行事，忠实履行代理义务。

（三）接受咨询

在交易者对有关经济、法律、程序不熟悉的情况下，经纪人可以提供咨询服务，并协助办理有关交易手续。如协助企业进行市场调查，了解市场趋势及动向，就国家法律、法规、财务制度等进行咨询，提供建议等。

（四）草拟文件

在开展经纪活动的过程中，经纪人可以根据委托人的意思来草拟各种法律文件。由于交易文件受法律保护，具有法律约束力，涉及交易当事人的切身利益，因此，经纪人草拟文件后，必须经过协商最终确定，并由当事人签名、盖章。

（五）调解争议

在经纪活动中，交易双方出现争议或纠纷时，经纪人可以根据双方当事人的请求，以第三者的身份介入，运用较为丰富的专业知识和法律知识，提出调解争议、纠纷的建议或观点。由于在经纪活动中经纪人已与当事人建立了一定程度的信任，其调解工作容易得到双方当事人的配合。在解决问题的过程中，经纪人一定要做到态度公正，立场不偏不倚，这样才容易被争执双方所接受，使他们能够一起合作来解决问题，从而达到调解的目的。

（六）办理相关手续

大多数行业的经纪关系和交易的达成，都需要通过或繁或简的手续来确立，为客户办理相关的手续当然也就是经纪人的基础工作内容了。

以上所列举的业务事项只是综合各行业而言经纪人基本的工作内容。事实上，具体到不同行业，经纪人的工作内容差异是较大的，而且远不止以上所列的项目。例如，一个汽车经纪人的工作可以上下延伸到售前、售中和售后。在售前，他们应该充当消费者的顾问角色，为消费者收集各方面关于买车的资料，并为消费者提出参考性意见；选定了车，购车时还需要办理一系列手续，包括上牌、办证、买保险等，这是汽车经纪人售中的工作；消费者买车后，提醒车主对车进行维修保养，甚至安排车主参加聚会、讲座等汽车文化的工作也是汽车经纪人义不容辞的职责。过了若干年后，车主想要换车时，就又到汽车经纪人提供服务的时候了。

二、经纪业务的一般程序

（一）居间活动的程序

居间作为一种为交易双方提供交易信息及条件，撮合双方交易成功的商业行为，其活动的过程主要包括以下程序：

（1）搜集信息。居间经纪活动的基础，就是经纪人掌握更全面、更准确的市场信息。所以，通常情况下，居间业务的第一步是搜集信息，然后为供需双方牵线搭桥、提供交易机会。根据所处具体行业的不同，经纪人应当相应地搜集大量的科技信息、商品信息和其他市场信息。

（2）处理信息。经纪人在搜集所得的原始信息的基础上，应研究各种信息与经纪业务之间的联系，对信息进行分类、整理和加工。

（3）寻找业务机会。经纪人要善于从所搜集和处理的信息中寻找业务机会，包括买方、卖方、双方的要求，产品的规格，业务的条件等，一旦发现供需双方的交易意愿有撮合的可能，就应该马上着手传递信息。

（4）发布和传递信息。经纪人集中大量信息后，进行信息的传递和沟通就成了一种工作的常态。一方面，经纪人要主动从掌握的信息中寻找业务的机会，并按照自己的判断进行信息传递；另一方面，经纪人也需要在暂时未发现业务机会时，经常性地对外发布信息，因为有些业务的达成正是由所发布的信息所带来的。当然，经纪人在这一环节需要特别注意的是，信息的发布和传递要掌握好度，不能无原则地、毫无保留地发布或传递信息，需要考虑到后续工作的开展。

（5）提供相关服务。为了促成最后的交易，经纪人要根据具体情况提供一些相关的服务，具体的服务项目可以根据行业惯例，也可以与客户协商确定。

（6）撮合成交。经纪人作为买卖的中介人，需要不断地联系供需双方，并提供条件使供需双方就交易事项进行谈判。在整个过程中，经纪人要发挥催化剂、润滑剂的作用，撮合双方尽快达成一致，并签署合同。一旦成交，经纪人便可以收取佣金。

（二）代理活动的程序

代理是代理人在代理权限内，以被代理人的名义与第三方进行交易，由被代理人承担相应的法律责任的商业行为。在我国的《民法总则》中，依代理权产生的根据的不同进行划分，代理可分为法定代理和委托代理。在商业活动中，若依据代理的业务来划分，代理的种类更多，有媒介代理、广告代理、销售代理、渠道代理等。

在经纪活动中，代理的一般程序如下：

（1）接受委托，确立委托代理关系。经纪人与选定的委托方洽谈业务，订立协议（委托书）。在委托书中，条款应清晰，责任、期限、佣金支付等事项应该明确。

（2）实施代理。根据委托书中的代理权限，经纪人要认真履行代理义务，开展代理业务活动。

（3）代理结束。经纪人按协议完成代理任务后，要求委托方依合同的约定支付佣金并解除代理。

（三）行纪活动的程序

行纪是指代理人接受委托人的委托，以自己的名义与第三方进行交易，并承担规定的法律责任的商业行为。行纪活动的一般程序如下：

（1）接受委托，确立信托关系。

（2）按照委托人的要求开展业务活动。行纪与代理的一个重要区别是，行纪活动是代理人以自己的名义与第三方进行交易。

（3）完成交易，交易结果归于委托人，经纪人收取佣金。

我国的证券和期货业的经纪业务都是典型的行纪活动，经纪人接受客户的委托后，以证券经纪人或期货经纪人的名义在交易所中进行交易，交易结果归于客户，经纪人收取佣金。当然，在交易过程中出现问题或发生纠纷，证券或期货经纪人要直接承担相应的法律责任。

第二节　经纪业务的法律基础

市场经济也是法制经济，经济主体的所有活动都必须在法律规范下运行。如果没有法律保障和维护经济活动的秩序，或者市场主体都不遵从法制规则，完全按照自身眼前利益最大化行事，市场就必然会陷入杂乱无章、投机取巧和欺诈横行，市场经济也无从谈起。从属于市场经济的经纪业务当然也离不开法律。

一、经纪人的法律特征

在法律上，经纪人应具备以下特征：

(1) 经纪人的经营范围应当明确经纪方式和经纪项目。

(2) 经纪人从事经纪活动，应当遵守国家法律法规，遵循平等、自愿、公平和诚实信用的原则。

(3) 经纪人的合法权益受国家法律法规保护，任何单位和个人不得侵犯。

(4) 经营经纪业务的各类经济组织应当具备有关法律法规规定的条件。

(5) 经纪人依法从事经纪活动所得佣金是其合法收入。经纪人收取佣金不得违反国家法律法规。

二、经纪人的活动规则

经纪人在经纪活动中，应当遵守以下规则：

(1) 提供客观、准确、高效的服务。

(2) 经纪的商品或服务及佣金应明码标价。

(3) 将签约机会和交易情况如实、及时报告委托人。

(4) 妥善保管当事人交付的样品、保证金、预付款等财物。

(5) 按照委托人的要求保守商业秘密。

(6) 如实记录经纪业务情况，并按有关规定保存原始凭证、业务记录、账簿和经纪合同等资料。

(7) 收取佣金和费用应当向当事人开具发票，并依法缴纳税费。

(8) 法律法规规定的其他行为规则。

经纪人在经纪活动中，不应当有下列行为：

(1) 未经登记注册擅自开展经纪活动。

(2) 超越经核准的经营范围从事经纪活动。

(3) 对委托人隐瞒与委托人有关的重要事项。

(4) 伪造、涂改交易文件和凭证。

(5) 违反约定或者违反委托人有关保守商业秘密的要求，泄露委托人的商业秘密。

(6) 利用虚假信息，诱人签订合同，骗取中介费。

(7) 采取欺诈、胁迫、贿赂、恶意串通等手段损害当事人利益。

(8) 通过诋毁其他经纪人或者支付介绍费等不正当手段承揽业务。

(9) 对经纪的商品或者服务作引人误解的虚假宣传。

(10) 参与倒卖国家禁止或者限制自由买卖的物资、物品。

(11) 法律法规禁止的其他行为。

三、经纪人的法律责任

(一) 法律责任概述

法律责任是指因违反了法定义务或契约义务，或不当行使法律权利所产生的、由行为人承担的不利后果。就其性质而言，法律关系可以分为法律上的功利关系和法律上的道义关系，与此相适应，法律责任方式也可以分为补偿性方式和制裁性方式。

补偿，是国家以功利性为基础，通过强制力使责任主体以作为或不作为形式弥补或赔偿所造成损失的责任方式。惩罚，即法律制裁，是国家以法律的道义性为基础，通过强制对责任主体的人身和精神实施制裁的责任方式。

1. 法律责任的特点

(1) 法律责任首先表示为一种因违反法律上的义务（包括违约等）关系而形成的责任关系，它是以法律义务的存在为前提的。

(2) 法律责任还表示为一种责任方式，即承担不利后果。

(3) 法律责任具有内在逻辑性，即存在前因与后果的逻辑关系。

(4) 法律责任的追究是由国家强制力实施或者潜在保证的。

2. 法律责任的分类

根据主观过错在法律责任中的地位，法律责任可分为过错责任、无过错责任和公平责任。

根据行为主体的名义，法律责任可分为职务责任和个人责任。

根据责任承担的内容，法律责任可分为财产责任和非财产责任。

根据违法行为所违反的法律的性质，法律责任可分为行政责任、民事责任、刑事责任、违宪责任和国家赔偿责任。

(1) 行政责任是指因违反行政法规定或因行政法规定而应承担的法律责任。

(2) 民事责任是指由于违反民事法律、违约或者由于民法规定所应承担的一种法律责任。

(3) 刑事责任是指行为人因其犯罪行为所必须承受的，由司法机关代表国家所确定的否定性法律后果。

(4) 违宪责任是指由于有关国家机关制定的某种法律和法规、规章，或有关国家机关、社会组织或公民的某种行为与宪法规定相抵触而产生的法律责任。

(5) 国家赔偿责任是指在国家机关行使公权力时由于国家机关及其工作人员违法行使职权所引起的由国家作为承担主体的赔偿责任。

3. 归责与免责

法律责任的认定和归结简称“归责”，它是指对违法行为所引起的法律责任进行判断、确认、归结、缓减以及免除的活动。归责原则体现了立法者的价值取向。归责一般遵循的原则是：责任法定原则、因果联系原则、责任相称原则、责任自负原则。

免责是指行为人实施了违法行为，应当承担法律责任，但由于法律的特别规定，可以部分或全部免除其法律责任，即不实际承担法律责任。免责的条件和方式可以分为：时效免责；不诉免责；自首、立功免责；有效补救免责；协议免责（又称意定免责）；自助免责；人道主义免责。

（二）经纪人的行政责任

由于原工商行政管理总局颁布的《经纪人管理办法》已经于 2016 年废止，目前经纪人的行政责任一般需要到各经纪领域的管理办法或规章制度中寻找依据。

例如，《证券经纪人管理暂行规定》第 25 条规定："证监会及其派出机构依法对证券经纪人进行监督管理。对违法违规的证券经纪人，依法采取监管措施或者予以行政处罚。对违反规定或者因管理不善导致证券经纪人违法违规、客户大量投诉、出现重大纠纷、不稳定事件的证券公司，可以要求其提高经纪业务风险资本准备计算比例和有关证券营业部的分支机构风险资本准备计算金额，并依法采取限制其证券经纪人规模等监管措施或者予以行政处罚。证券公司和证券经纪人的失信行为信息，记入证券期货市场诚信信息数据库系统。"

又如，《房地产经纪管理办法》第 5 章中对房地产经纪机构和经纪人员应当承担的法律责任进行了规定。该办法第 33 条规定："违反本办法，有下列行为之一的，由县级以上地方人民政府建设（房地产）主管部门责令限期改正，记入信用档案；对房地产经纪人员处以 1 万元罚款；对房地产经纪机构处以 1 万元以上 3 万元以下罚款：（一）房地产经纪人员以个人名义承接房地产经纪业务和收取费用的；（二）房地产经纪机构提供代办贷款、代办房地产登记等其他服务，未向委托人说明服务内容、收费标准等情况，并未经委托人同意的；（三）房地产经纪服务合同未由从事该业务的一名房地产经纪人或者两名房地产经纪人协理签名的；（四）房地产经纪机构签订房地产经纪服务合同前，不向交易当事人说明和书面告知规定事项的；（五）房地产经纪机构未按照规定如实记录业务情况或者保存房地产经纪服务合同的。"

经纪人的其他法律责任，将在涉及具体领域的相关章节介绍。

第三节　经纪业务的信息基础

一、信息概述

信息不同于嘴里的食物或手上的工具，它既看不见也摸不着，似乎难以捉摸。但是人们却越来越意识到信息的重要性，它的价值甚至远远超过了许多看得见、摸得着的东西。对人类而言，人的五官生来就是为了感受信息的，它们是信息的接收器，它们所感受到的一切，都是信息。然而，大量的信息是我们的五官所不能直接感受的，人类正通过各种手段，发明各种仪器来感知它们，发现它们。

美国数学家、信息论的创始人仙农在他的论文中指出："信息是用来消除随机不定性的东西。"1948 年，美国著名数学家、控制论的创始人维纳指出："信息就是信息，既非物质，也非能量。"人类社会赖以生存、发展的三大基础，是物质、能量和信息。世界是由物质组成的，能量是一切物质运动的动力，信息是人类了解自然及人类社会的凭据。

在日常用语中，信息即是音讯、消息。作为社会概念，信息可以理解为人类共享的一切知识，或社会发展趋势以及从客观现象中提炼出来的各种消息之和。

（一）信息的特性

1. 可识别性

信息是可以识别的，对信息的识别又可分为直接识别和间接识别。直接识别是指通过人的感官的识别，如听觉、嗅觉、视觉等；间接识别是指通过各种测试手段的识别，如使用温度计来识别温度、使用试纸来识别酸碱度等。不同的信息源有不同的识别方法。

2. 传载性

信息本身只是一些抽象符号，如果不借助于媒介载体，人们是无法接收信息的。一方面，信息的传递必须借助于语言、文字、图像、胶片、磁盘、声波、电波、光波等物质形式的承载媒介才能表现出来，才能被人所接受，并按照既定目标进行处理和存储；另一方面，信息借助媒介的传递又是不受时间和空间限制的，这意味着人们能够突破时间和空间的界限，对不同地域、不同时间的信息加以选择，增加利用信息的可能性。

3. 不灭性

不灭性是信息最特殊的一点，即信息并不会因为被使用而消失。信息是可以被广泛使用、多重使用的，这也导致其传播具有广泛性。当然，信息的载体可能会在使用中因被磨损而逐渐失效，但信息本身并不因此而消失，它可以被大量复制、长期保存、重复使用。

4. 共享性

信息作为一种资源，不同个体或群体在同一时间或不同时间可以共享。这是信息与物质的显著区别。信息交流与实物交流有本质的区别。实物交流，一方有所得，必使另一方有所失。而信息交流不会因一方拥有而使另一方失去拥有的可能，也不会因使用次数的累加而损耗信息的内容。信息可共享的特点，使信息资源能够发挥最大的效用。

5. 时效性

信息是对事物存在方式和运动状态的反映，如果不能反映事物的最新变化状态，它的效用就会降低。即信息一经生成，其反映的内容越新，它的价值就越大；随着时间延长，其价值减小，一旦信息的内容被人们了解了，价值就消失了。信息的使用价值还取决于使用者的需求及其对信息的理解、认识和利用的能力。

6. 能动性

信息的产生、存在和流通依赖于物质和能量，没有物质和能量就没有信息。但信息在与物质、能量的关系中并非是消极、被动的，它具有巨大的能动作用，可以控制或支配物质和能量的流动，并对其价值产生影响。

（二）信息的分类

信息可以从以下不同角度来分类：

（1）按照信息的重要性程度可分为：战略信息、战术信息和作业信息。

（2）按照信息的应用领域可分为：管理信息、社会信息、科技信息和军事信息。

（3）按照信息的加工顺序可分为：一次信息、二次信息和三次信息等。

（4）按照信息的反映形式可分为：数字信息、图像信息和声音信息等。

（5）按照信息的性质可分为：定性信息和定量信息。

二、信息在经纪业务中的重要性

信息是经纪业务的起点和基础，在大多数情况下，经纪人正是因为掌握了更丰富精确的信息和知识，才能够招揽客户和推广业务。当前，各行各业都越来越重视信息，关于其重要性的论述也数不胜数。

【阅读材料】

罗斯柴尔德与滑铁卢

罗斯柴尔德

内森是老罗斯柴尔德的第三个儿子，也是五兄弟中最具胆识的一个。1798年。他被父亲从法兰克福派到英国开拓罗斯柴尔德家族的银行业务。

1815年6月18日，在比利时布鲁塞尔近郊展开的滑铁卢战役，不仅是拿破仑和威灵顿两支大军之间的生死决斗，也是成千上万投资者的巨大赌博，赢家将获得空前的财富，输家将损失惨重。伦敦股票交易市场的空气紧张到了极点，所有的人都在焦急地等待着滑铁卢战役的最终结果。

罗斯柴尔德的间谍们也在紧张地从两军内部搜集尽可能准确的各种战况。一个名叫伍兹的信使目睹了战况，连夜乘船渡过英吉利海峡。内森亲自等候在岸边，从伍兹手中接过信，快速打开信封，浏览了战报标题，然后策马直奔伦敦的股票交易所。

内森快步走进股票交易所，指示家族的交易员们开始抛售英国公债。随之英国公债价格开始下滑，然后更大的抛单像海潮一般一波比一波猛烈，英国公债的价格开始崩溃。交易大厅里终于有人发出惊叫：“罗斯柴尔德知道了！威灵顿战败了！”所有的人的抛售终于变成了恐慌。英国公债很快成为一堆垃圾，票面价值只剩下5%。此时的内森却开始偷偷买进市场上能见到的每一张英国公债。

6月21日晚，威灵顿勋爵的信使终于到达了伦敦，消息是拿破仑大军在8小时的苦战后被彻底打败了，损失了1/3的士兵，法国完了！这个消息居然比内森的情报晚了整整一天！而内森在这一天狂赚了20倍的金钱，超过拿破仑和威灵顿在几十年战争中所得到的财富的总和！

滑铁卢一战使内森一举成为英国政府最大的债权人，从而主导了英国日后的公债发行，英格兰银行被内森所控制。

三、信息的搜集

信息搜集是依据一定的目的，通过有关的信息媒介和信息渠道，采用相适宜的方法，有计划地获取信息的工作过程。

（一）信息搜集的原则

1. 准确性原则

该原则要求所搜集到的信息真实、可靠。当然，这个原则是信息搜集工作的最基本的要求。为达到这样的要求，信息搜集者就必须对搜集到的信息反复核实、不断检验，力求把误差减少到最低限度。

2. 全面性原则

该原则要求所搜集到的信息广泛、全面完整。只有广泛、全面地搜集信息，才能完整地反映管理活动和决策对象发展的全貌，为决策的科学性提供保障。当然，实际所搜集到的信息不可能做到绝对的全面完整，因此，如何在不完整、不完备的信息下作出科学的决策就是一个非常值得探讨的问题。

3. 时效性原则

信息的利用价值取决于该信息是否能及时提供，即它的时效性。信息只有及时、迅速地提供给它的使用者，才能有效地发挥作用。特别是决策对信息的要求是“事前”的消息和情报，而不是“马后炮”。

（二）信息搜集的渠道

1. 公开媒体

报纸、杂志、广播、电视、电影、网络等公开媒体中蕴含了大量的信息，经纪人要善于从中发现与自己行业相关的有用信息。

2. 专业文献

专业文献是前人留下的宝贵财富，是知识的集合体，如何在数量庞大、高度分散的文献中找到所需要的有价值的信息，是信息搜集人员必做的功课。

3. 人际关系

同事、上级、下属、客户、亲朋好友、竞争对手等，都可以成为重要的信息来源。因此，与他人保持畅通的信息交流非常重要。

4. 信息机构

当日常的信息搜集和知识积累尚不够用时，就要借助一些专业的信息机构了，例如参加专业会议、加入情报网络、委托咨询公司等。

5. 社会调查

社会调查是获得真实可靠信息的重要手段，它是指运用观察、询问等方法直接从社会中了解情况、搜集资料和数据的活动。利用社会调查搜集到的信息是第一手资料，因而比较接近社会，更加真实可靠。

【阅读材料】

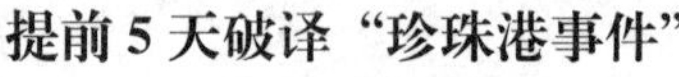

提前5天破译“珍珠港事件”

从1939年3月起，中国的密码天才池步洲在不到一个月时间里，就把日本外务省发到世界各地的几百封密电一一破译出来了。

1941年5月，池步洲在破译的日本外交密电中，发现日本外务省与檀香山日本总领事馆的往来电报数量剧增，被破译出的有六七十封，内容大概是，日本外务省多次要求檀香山日本总领事馆报告：美军舰艇在珍珠港的数量、舰名；停泊的位置；进、出港的时间；珍珠港内美军休息的时间和规律；夏威夷气候情况等。他把译出的电报交给组长霍实子，霍实子也很重视，指示池步洲继续密切注意日本有关珍珠港的往来密电，一有破译立即上报。池步洲按指示每月写出报告，并将有关内容摘记在自己的笔记本上。12月3日，池步洲破译了一份日本外务省致日本驻美大使野村吉三郎的特级密电，根据半年多的情报积累，他判断日本要对美国“采取断然行动”了，进攻的地点很可能是“珍珠港”，时间可能选在“星期天”。这一信息层层上报后，由重庆政府转达了给美方，可惜并未受到重视。

1941年12月7日，举世震惊的“珍珠港事件”爆发了。

四、信息的加工

信息加工是对搜集来的信息进行去伪存真、去粗取精、由表及里、由此及彼的加工过程。它是在原始信息的基础上，生产出价值含量高、方便用户利用的二次信息的活动过程。这一过程将使信息增值。只有在对信息进行适当处理的基础上，才能产生新的、用以指导决策的有效信息或知识。

（一）信息加工的内容

一般来说，信息加工的内容包括以下三个方面：

（1）信息的筛选和判别。在大量的原始信息中，不可避免地存在一些假信息，只有通过认真筛选和判别，才能防止鱼目混珠、真假混杂。

（2）信息的分类和排序。搜集来的信息是一种初始的、零乱的和孤立的信息，只有把这些信息进行分类和排序，才能存储、检索、传递和使用。

（3）信息的分析和研究。对分类排序后的信息进行分析比较、研究计算，可以使信息更具有使用价值乃至形成新信息。

（二）信息加工的方式

从不同的角度，信息加工方式有各种不同的划分。

（1）按处理功能的深浅，信息加工可以分为预处理加工、业务处理加工和决策处理加工三类方式。第一类是对信息进行简单整理，加工出的是预信息。第二类是对信息进行分析，综合出辅助决策的信息。第三类是对信息进行统计推断，可以产生决策信息。

数据加工以后成为预信息或统计信息，统计信息再经过加工才成为对决策有用的信息。这种转换需要时间，因而不可避免地会产生时间延迟，这也是信息加工的一个重要特征——滞后性，在使用中必须注意这一点。信息的滞后性与信息的时效性是有矛盾的，信息工作者要认识信息的滞后性，尽量减少以至消除滞后性对时效性的制约和影响。

（2）按是否运用计算机，信息加工可分为手工加工和计算机加工两种方式。

采用手工加工方式不仅过程烦琐、容易出错，而且其加工过程需要很长时间，已经远远不能满足管理决策的需要。计算机、人工智能等技术的不断发展和应用，大大缩短了信息加工时间，满足了管理者的决策需求，同时也使人们从烦琐的手工加工方式中摆脱了出来。

计算机信息加工就是利用计算机进行数据处理，而且在处理过程中大量采用各种数学模型。这些模型的算法往往是相当复杂的，常常包含大量的迭代和循环。计算机信息加工可供选择的软件包很多，如统计软件包、预测软件包、数学规划软件包、模拟软件包等。

以前在管理工作中，信息加工多数是靠管理者的经验来进行的，需要的少量运算也只局限于简单的算术运算和统计加工。近年来，随着管理现代化的进展，数理统计和运筹学中的许多方法已进入了经济管理领域，尤其是现代统计学方法与信息加工的关系日益密切。作为信息加工的一个基本工具，现代统计学方法将发挥越来越重要的作用。现在许多大的计算机数据处理系统一般备有三个库，即数据库、模型库和方法库。

【阅读材料】

大数据时代

2012年，“大数据”（Big Data）一词开始被越来越多地提及，人们用它来描述和定义信息爆炸时代产生的海量数据，并命名与之相关的技术发展与创新。它登上了《纽约时报》《华尔街日报》的专栏封面，进入美国白宫官网的新闻，出现在国内一些互联网主题的讲座中。其实，它已经走进了每个人的生活。

一个著名案例是，美国的Target百货公司上线了一套客户分析工具，可以对顾客的购买记录进行分析，并向顾客进行产品推荐。一次，他们根据一个女孩在Target连锁店中的购物记录，推断出这一女孩怀孕，然后开始以购物手册的形式向女孩推荐一系列孕妇产品。这一做法让女孩的家长勃然大怒，事情的真相是女孩隐瞒了自己怀孕的消息。这就是一次大数据的具体应用，商家从顾客大量杂乱无章的购买清单中，发现了其中的规律和不符合常规的数据，并得出一些真实的结论。

思考：大数据的运用会对经纪业产生什么样的影响？

第四节　经纪业务与市场营销

一、市场营销概述

市场营销的定义有很多，美国市场营销协会将市场营销定义为：市场营销是对思想、产品及劳务进行设计、定价、促销及分销的计划和实施的过程，从而满足个人和组织目标的交换。

“现代营销之父”菲利普·科特勒对“市场营销”下的定义是：市场营销是个人和群体通过创造，提供出售，并同他人交换产品和价值，以满足其欲望和需要的一种社会和管理过程。

市场营销本身也是一门新兴的学科，其观念随着商品经济的发展而演进着，它总体上经历了如下阶段。

（一）生产观念

生产观念是从工业革命至20世纪20年代西方企业经营的主要思想。当时的西方经济仍处于卖方市场状态，产品供不应求，只要价格合理，产品就会受欢迎，只要生产效率高，企业就能够有竞争优势。所以，市场营销的重心在于大量生产，以解决供不应求的问题。

在这种观念的指导下，企业经营管理的主要任务是不断改善生产技术，改进劳动组织，提高生产效率，降低生产成本，增加销量。

【阅读材料】

亨利·福特与黑色T型车

1908年，福特汽车公司生产出世界上第一辆属于普通百姓的汽车——T型车，世界汽车工业革命就此开始。1913年，福特汽车公司又开发了世界上第一条流水线，这一创举使T型车共生产了1 500万辆，缔造了一个至今仍未被打破的世界纪录。这种新的生产方式使汽车成为一种大众产品，它不但革命了工业生产方式，而且对现代社会和文化产生了巨大的影响，因此有一些社会理论学家将这一段经济和社会历史称为“福特主义”。

当时，福特公司生产的大多数的T型车都是黑色的，为了追求生产效率，亨利·福特顽固地拒绝使用其他颜色。他曾有一句名言：“任何顾客可以将这辆车漆成任何他所愿意的颜色，只要它是黑色的。”

但这种以生产观念为主导的市场营销，最终使福特汽车丧失了在市场中的统治地位。

资料来源：http：//baike. baidu. com/view/330932. htm.

思考：亨利·福特为什么拒绝生产其他颜色的汽车？

（二）产品观念

在生产观念阶段末期，西方社会供不应求的市场状况得到缓解，产品观念应运而生。这种观念认为，在市场产品有选择的情况下，消费者更欢迎质量最优、性能最好、功能最多的产品。在这种观念的指导下，企业的主要任务是致力于制造优良产品并不断加以改进。

（三）销售观念

20世纪30年代以来，由于科学技术的进步，社会生产力有了巨大的发展，产品质量不断提高，产量迅速增加，买方市场开始在西方国家形成。在激烈的市场竞争中，许多企业的管理思想开始从生产观念或产品观念向销售观念转变。这种观念认为，企业的首要营销任务是尽量卖出自己的产品，而产品的销售量又是和企业所做的促销努力程度成正比的。

（四）营销观念

营销观念产生于20世纪50年代中期。当时，欧美各国的军事工业很快地转向民用工业，工业品和消费品生产总量剧增，造成了生产相对过剩，随之导致了市场的激烈竞争。在这一过程中，许多企业开始认识到传统的销售观念也不再适应市场的发展，它们开始关注消费者的需求，并研究其购买行为。这是观念上的一次重大的变革，企业开始由以生产者为中心转向以消费者为中心，从此结束了以产定销的局面。

（五）社会营销观念

社会营销观念起源于20世纪70年代，随着工业化的不断发展，越来越多的消费者对营销工作提出了批评，认为许多公司为了销售产品而不顾及对自然和公众健康的破坏，社会营销观念开始逐步形成。这种观念要求企业不仅要满足目标客户的需求，而且要考虑消费者和社会的长远利益，即将企业利益、消费者利益和社会利益有机地结合起来。

（六）全面营销观念

全面营销就是将产品、技术、管理、销售、服务等公司经营的各个方面都视为营销的一个环节，由这些环节构成一个为满足客户需要的、完整的、有机的营销整体。这种观念不再把营销仅仅当作企业中营销部门的事，而是认为企业的一切经营活动都应从客户的需求出发，最大限度地满足客户的需要，并获得良好的经济效益和社会效益。

二、经纪业务与市场营销的关系

经纪业务活动与市场营销活动有着密切的内在联系，它们之间的关系可以体现为如下几点。

（一）经纪业务活动很大程度上即是在从事市场营销活动

经纪人搜集信息、寻找客户、说服客户，以及为委托人达成交易，都可以视为市场营销活动。尤其是在促成交易的过程中，经纪人不仅是在营销产品或者服务，也是在营销自己。一个经纪人只有让人感觉他值得依赖、诚实可靠、为客户着想，才能很好地完成任务，获得回报。

（二）市场营销的很多基本原理和思想，都可以指导经纪活动

市场营销本身是一门普适性学科，加上经纪活动的重点就是调查市场、获取信息、寻找客户和促成交易，这些活动在市场营销的理论中都能找到相应的理论依据。一个聪明的经纪人善于把市场营销的基本原理和思想运用到经纪活动的实践中，以收到好的成效。

（三）在很多行业中，经纪业务活动和市场营销活动是合而为一的

在保险业中，保险代理人接受保险公司的委托，为保险公司寻找客户，推销保险产品，这既是一种经纪活动，同时也是营销活动，大多数人通常把保险代理人视为推销人员。在证券行业中，个体经纪人为证券公司开发客户、接受咨询、协助开户，这既是证券公司行纪业务的开始，也是一种市场营销活动——个体经纪人向客户营销某证券公司的服务。

三、市场营销环境

市场营销环境是影响企业市场和营销活动的参与者和因素。也就是说，营销环境是与企业营销活动有潜在关系的所有外部力量和相关因素的集合，它影响着企业能否有效地保持和发展与其目标市场客户交换的能力，是企业生存和发展的各种外部条件。因此，企业应高度重视对营销环境的分析，使营销活动与之相适应。

（一）市场营销环境的内容

根据市场营销环境与企业营销活动的密切程度，我们可以把营销环境分为微观营销环境和宏观营销环境。

1. 微观营销环境

微观营销环境是指直接影响和制约企业经营活动的各种因素，它包括客户、供应商、中间商、竞争者和公众等。这些因素不仅与企业营销活动有着密不可分的关系，而且是难以控制的，企业一般无法予以改变、调整和支配，所以企业必须对这些环境因素进行深入细致的调查分析，避免威胁，寻找机会。

2. 宏观营销环境

宏观营销环境是指同时影响与制约微观营销环境和企业营销活动的因素，它包括自然、人口、经济、政治、技术、社会文化等。这些因素对企业营销活动的影响是间接的，要通过微观营销环境来发挥作用。

【阅读材料】

美国房地产经纪人的“寒冬”

美国的次贷危机引发了房地产业的萧条，就职其中的房地产经纪人或代理人首先被波及。他们的业绩直线下滑，很多人一年才能卖出一套房，收入大大缩水。严峻的形势迫使很多人离开房地产行业另谋生路。同时，危机也引发人们对前些年美国房地产业过快增长、经纪人数量急剧膨胀的思考，有分析甚至认为，正是由于该行业的无序发展，才导致了次贷危机。

在佛罗里达州的一个地区，30%的代理人一年才卖出一套房。当地的一位代理人詹尼特·杨说，代理人每天都在“流失”。俄勒冈经纪人协会的报告称，仅2007年一年，持证经纪人的数量锐减了11.5%。大部分人都选择默默地离开，把身上的牌子摘掉就行了。当然也有大张旗鼓的，在亚利桑那州，有房地产业界精英发源地之称的RE/MAX公司宣布由于无法维持开支，一口气关了13个办事处，至少20名雇员以及数十名合同代理人失去了工作。

（二）市场营销环境分析

市场营销环境分析常用的方法是SWOT法，它是英文Strength（优势）、Weak（劣势）、Opportunity（机会）、Threaten（威胁）的组合。它通过对企业的优势、劣势、机会和威胁的综合评估与分析得出结论，然后再调整企业资源及企业策略，来实现企业的目标。

1. 优势与劣势分析

竞争优势是指一个企业超越其竞争对手的能力，这种能力有助于实现企业的主要目标。当然，竞争优势并不一定完全体现在较高的利润率上，因为有时企业更希望增加市场份额，或者多奖励管理人员或员工。

由于企业是一个整体，并且由于竞争优势来源的广泛性，在做优劣势分析时，必须从整个价值链的每个环节上，将企业与竞争对手作详细的对比。如产品是否新颖、制造工艺是否复杂、销售渠道是否畅通、价格是否具有竞争力等。如果一个企业在某一方面或某几个方面的优势正是该行业企业应具备的关键成功要素，那么，该企业的综合竞争优势也许就强一些。需要指出的是，衡量一个企业及其产品是否具有竞争优势，只能站在现有潜在用户角度上，而不是站在企业的角度上。

企业在维持竞争优势的过程中，必须深刻认识自身的资源和能力，采取适当的措施。因为一个企业一旦在某一方面具有竞争优势，势必会引起竞争对手的注意。一般来说，企业经过一段时期的努力，建立起某种竞争优势，然后就处于维持这种竞争优势的态势，竞争对手开始逐渐作出反应；之后，如果竞争对手直接进攻企业的优势所在，或采用其他更为有力的策略，就会使这种优势受到削弱。

2. 机会与威胁分析

随着经济、社会、科技等诸多方面的迅速发展，特别是世界经济全球化、一体化过程的加快，以及全球信息网络的建立和消费需求的多样化，企业所处的环境更为开放和动荡，这几乎对所有企业都产生了深刻的影响。正因为如此，环境分析成为一种日益重要的企业职能。

环境发展趋势分为两大类：一类表示环境威胁；另一类表示环境机会。环境威胁指的是环境中一种不利的发展趋势所形成的挑战，如果不采取果断的战略行动，这种不利趋势将导致公司的竞争地位受到削弱。环境机会就是对公司行为富有吸引力的领域，在这一领域中，该公司将拥有竞争优势。

对环境的分析也可以有不同的角度。比如，一种简明扼要的方法就是 PEST 分析，即从政治（Politics）、经济（Economy）、社会（Society）和技术（Technology）的角度分析环境变化对本企业的影响。

四、市场营销战略

市场营销战略是企业战略体系的一个重要组成部分，是企业为实现其整体经营战略目标，在充分预期和把握企业外部环境与内部条件的基础上，对企业全局性和长远性的市场营销工作的规划。

（一）市场营销战略的特征

1. 全局性

企业在经营管理中会遇到各种各样的情况，要处理各种各样的问题，其中一些决策可能会影响整个组织利益，另一些决策可能只涉及局部利益，这里就需要企业把握事物的总体性，看清全局利益所在，作出正确的战略部署。

2. 长远性

在企业的经营管理过程中，有的决策只会影响企业一时的利益，有的决策则会影响到企业未来相当长时期内的发展，企业需要正确评估短期利益与长期利益，作出正确决策。

3. 指导性

市场营销战略规定了企业在一定时期内的基本发展目标，以及实现这一目标的基本途径，指导和激励企业全体员工共同奋斗。

4. 现实性

市场营销战略建立在现有的客观条件和主观因素的基础之上，那些根本无法实现的战略计划没有存在的意义。

5. 适应性

市场营销战略应该贯穿于整个企业的经营管理过程中，在保证它的稳定性的同时，也应该使之有较好的适应性。任何一个行业的市场的影响因素都非常多，企业经营也充满变数，所以好的市场营销战略应该充分考虑到这一点，能够在外部环境发生较大变化时，进行自身的调适。

（二）市场营销战略制定的基本程序

1. 市场环境分析

市场环境分析的主要目的是发现有利市场机会和外部威胁，分析内容包括市场基本资料、企业经营状况、产品、竞争状况、消费者态度、品牌及目标市场等。市场营销战略的制定要与企业实现各项活动的所有资源和企业运营环境相匹配。

2. 市场细分、目标市场选择与市场定位

市场细分是依据一定的市场因素把市场整体划分为若干个小的子市场，然后从中选择企业的目标市场，它是企业市场活动的领域，也是企业价值最终实现的场所，在此基础上确定的市场定位则是营销战略的中心问题。

3. 提出营销目标

营销目标不仅包括盈利的基本要求，也包括了分析机会、解决问题、形成竞争力等目标系统。这个系统还需要细化为可控制的量化的指标体系和阶段性目标。

4. 确定市场营销策略组合

策略是战略的分解和具体化行动方案，是用以达到战略目标的方法。策略的实施是系统运作的过程，需要有相应的组合，包括策略的组成因素在时间、地点、对象等方面的安排。

5. 营销策略的实施与管理

营销策略的实施是对企业执行力的考验，此时的管理、控制和反馈也非常重要，实际了解、定期通报、阶段考核等都是必需的，以便对营销策略及战略进行及时的调整和修正，并为下一阶段的实施做好准备。

五、市场营销组合策略

市场营销组合是指企业为了达成某一营销目标，在全面考虑其任务、目标、资源及外部环境的基础上，对企业可以控制的各种营销手段进行选择、搭配、优化组合、综合运用，以满足市场需要，获取最佳经济效益的一种经营理念。市场营销组合策略就是这种经营理念的具体化，即把多种营销手段有主有次、合理搭配、综合应用的过程。

（一）以满足市场需求为目标的“4P”营销组合理论

美国营销学专家杰罗姆·麦卡锡于1960年在其《基础营销》一书中将市场组合要素概括为四类：产品（Product）、价格（Price）、渠道（Place）、促销（Promotion）。它强调一个完整的市场营销活动，意味着以适当的产品、适当的价格、适当的渠道和适当的促销手段，将产品和服务投放到适当市场的行为。

（1）产品代表企业提供给目标市场的商品和服务的总和，包括产品的效用、质量、外观、品牌、包装等因素。企业需要不断开发出能满足客户需要的多种多样的产品供客户选择，需要根据产品的类型、性能、规格，结合消费者的实际状况，提供差异化的产品，以满足不同客户的需求。

（2）价格代表客户购买产品时支付的费用，也是企业出售产品所得到的经济回报，包括基本价格、折扣价格、付款时间、借贷条件等。企业可以根据客户的偏好设计灵活的价格策略，在获取合理利润的同时，提高产品的市场竞争力，达到扩大市场份额的目的。

（3）渠道代表企业为使其产品进入和达到目标市场所组织和实施的各种场所和活动，包括中间商、销售场所、仓储、运输等。

（4）促销是指企业利用各种信息载体与目标市场进行沟通的传播活动，包括广告、人员推销、营业推广和公共关系等。企业可以通过促销手段的综合运用，提高目标客户对企业产品和服务的认可度，吸引更多客户消费。

（二）以追求客户满意为目标的“4C”营销组合理论

“4P”代表的是生产者的观点，是卖方用于影响买方的有用的市场营销工具。随着市场竞争日趋激烈，媒介传播速度越来越快，以追求客户满意为目标的“4C”理论应运而生。

美国学者罗伯特·劳特朋于20世纪90年代中期提出“4C”理论。它以消费者需求为导向，设定市场营销组合的四个基本要素：客户（Customer）、成本（Cost）、便利（Convenience）和沟通（Communication）。它强调企业应该把追求客户满意放在第一位，产品和服务必须满足客户需求，在研发时就要充分考虑客户的购买力，降低客户的购买成本。另外，要充分注意到客户购买过程中的便利性，并以消费者为中心实施有效的营销沟通。

（1）客户。客户是指企业应从客户的需求出发去设计和生产产品或服务。营销应该建立以客户为中心的理念，并将此理念贯穿于市场营销的整个过程。

（2）成本。成本是指消费者为满足需要与欲求而愿意付出的代价，而不是企业给定的产品价格。它包括客户的货币支出，客户耗费的时间、体力、精力以及购买风险等。

（3）便利。便利是指从客户角度出发反向设计渠道，首先考虑在交易过程中如何给予客户方便，而不是首先考虑销售渠道的选择。

（4）沟通。沟通是指把单一的促销行为变为整合传播推广。其本质在于寻找客户更易接受的促销方式，通过互动、沟通等方式，尽可能地与客户交流，了解客户需求以及客户愿意为满足需求而付出的成本，由此才能对客户进行科学的细分和准确的定位，从而为其量身定制产品。

【阅读材料】

房地产经纪人的网络营销

2008年年初，我爱我家房地产经纪有限公司（以下简称“我爱我家”）在业界掀起了“千家网店同开”的旋风，培养了大批优秀的网络经纪人。我爱我家透露，网络营销已占到其全部销售额的1/3，表明网络正在推动房地产营销革命。

据链家地产市场研发中心统计数据显示，2008年5月，房产经纪公司通过网络供需配对成功的案例占总成交额的25%左右。

21世纪不动产中国区市场总监林蕾说，21世纪不动产也加快了网络营销的拓展，外部是与门户网站和专业网站形成战略合作，内部则开发了独立的搜索引擎，全国经纪人共享400万套房源系统，网络营销成交所占份额日益扩大。

第五节　经纪业务与商务谈判

商务谈判就是关于商业事务上的谈判，是指两个或两个以上的从事商务活动的组织或个人为了自身经济利益的需要，对涉及各方切身利益的分歧交换意见和磋商，谋求取得一致并达成协议的经济交往活动。

作为商务活动之一的经纪业务活动，大量的业务环节需要进行谈判，商务谈判能力与技巧显然也是经纪人应掌握的最重要的技能之一。

一、商务谈判

（一）商务谈判的原则

在社会主义市场经济条件下，商务谈判活动应遵循以下原则。

1. 合法原则

谈判的内容和所签订的协议，必须严格遵守国家法律和相关政策规定。我国的《合同法》规定，有下列情况之一的，合同无效：一方以欺诈、胁迫的手段订立合同，损害国家利益；恶意串通，损害国家、集体或者第三人利益；以合法形式掩盖非法目的；损害社会公共利益；违反法律、行政法规的强制性规定。无效合同从订立之日起，不仅得不到法律的承认和保护，而且还要承担由此引起的法律责任。

2. 平等自愿、协商一致的原则

谈判的过程、结果和协议的达成，必须以平等自愿为前提，利益的分配必须通过友好协商来实现。为了利益而不择手段，实施强迫、威胁或打击等方式是现代社会的商业文明所不容许的。

3. 互惠互利的原则

坐在谈判桌两端的对手一方面存在竞争关系，另一方面也有共同的利益，一项好的谈判是双方通过努力都能从中得到利益，而不是尽量使对方遭受损失。互惠互利是一种重要的谈判原则和态度。

4. 求同存异原则

谈判过程中难免出现矛盾和僵持，双方首先需要有求同存异的精神，在不失大原则、保证合理利益的前提下，善于强调共同利益、长远利益，提高谈判的效率，扩大谈判成果。

5. 礼敬对手原则

谈判者在处理己方与对手之间的关系时，应该善于把人与事分开，始终对对方保持不失真诚的敬意。在谈判对手来自不同文化背景时，尤其要注意尊重对方的价值观念和风俗习惯。

（二）商务谈判的程序

商务谈判的程序分为申明价值（Claiming Value）、创造价值（Creating Value）和克服障碍（Overcoming Barriers to Agreement）三个部分。

1. 申明价值

此阶段为谈判的初级阶段，谈判双方彼此应充分沟通各自的利益需要，申明能够满足对方需要的方法与优势所在。此阶段的关键是弄清对方的真正需求，主要的谈判技巧就是多向对方提出问题，探询对方的实际需要，同时根据情况申明己方的利益所在。因为己方越了解对方的真正需求，越能够知道如何才能满足对方的需求；同时对方知道了己方的利益所在，才能满足己方的需求。

2. 创造价值

此阶段为谈判的中级阶段，双方彼此沟通，申明各自的利益所在，了解对方的实际需要。但是，以此达成的协议并不一定对双方都是利益最大化的，也就是说，利益在此时往往不能有效地达到平衡，即使达到了平衡，此时的协议也可能不是最佳方案。因此，谈判中双方需要想方设法去寻求更佳的方案，为谈判双方找到最大的利益，这一步骤就是创造价值。创造价值的阶段，往往是商务谈判最容易忽略的阶段。

3. 克服障碍

此阶段往往是谈判的攻坚阶段。谈判的障碍一般来自两个方面：一方面是谈判双方彼此利益存在冲突，另一方面是谈判者自身在决策程序上存在障碍。前者需要双方按照公平合理的客观原则来协调利益，后者需要谈判无障碍的一方主动去帮助另一方顺利决策。

二、经纪业务中的谈判

经纪人在业务谈判中应该注意把握如下要点。

（一）兼顾双方利益

谈判的目标是双方达成协议，而不是一场战争或一场比赛。因此，谈判不要试图将对方置于死地。当然，谈判者无论多么充分理解对方，多么巧妙地调解冲突，多么高度评价彼此的关系，谈判双方面临利益冲突的现实也是客观存在的，这就要求谈判者要有正确的指导思想和原则。在谈判中，即使其中一方作出重大牺牲，整个谈判格局也应该是双方都感到自己有所收获。

评价一场谈判的成功与否不仅要看谈判各方的市场份额的划分、出价高低、资本及风险的分摊、利润的分配等经济指标，还要看谈判后双方的关系是否“友好”，是否得以维持。成功的谈判，其结果必然是促进和加强了双方的互惠合作关系。精明的谈判者往往具有战略眼光，他们不会过分计较某次谈判的获益多少，而是着眼于长远与未来。在商业贸易中，融洽的关系是企业可持续发展的重要因素之一。因此，互惠合作关系的维护程度也是衡量谈判成功与否的重要标准。综合以上评价标准，一场成功的谈判应该是谈判双方的需求都得到了满足，双方的互惠合作关系得以巩固并进一步发展。双方谈判实际获益都远远大于谈判的成本，谈判是高效率的。

（二）进行周密充分的准备

“凡事预则立，不预则废”，进行商务谈判，前期准备工作非常重要。只有事先做好充分准备，谈判者才会充满自信，从容应对谈判中出现的突发事件、矛盾冲突，才能取得事半功倍的谈判结果。商务谈判中要达到预期的目标，就得做好周密的准备工作，对自身状况与对手状况要有详尽的了解，并对这些情况进行细致分析，由此确定合理的谈判方案，选择适当的谈判策略，从而在谈判中处于主动地位，使各种矛盾与冲突得到化解，进而形成“双赢”的局面。

总体来看，谈判的准备工作主要有如下几点。

1. 谈判前的信息收集

（1）谈判对象本身的有关信息。这主要包括谈判对象的技术实力、市场影响力、生产规模、经营状况、财务状况、资信情况和产品的有关性能参数等。

（2）谈判人员个人的有关信息。这主要包括谈判人员在对方企业中的职位高低、决策权大小、谈判风格、谈判能力、个性等。

（3）谈判对象所处的政治、经济、社会环境有关信息。它主要包括谈判对象所在国的政治局势、该国的总体经济态势、当时的国际经济形势、该国的风俗习惯和禁忌，还有一些与本次谈判有关的国际惯例等。

（4）双方竞争对手的有关情况。这主要包括，己方竞争对手和对方竞争对手的产品技术特点、价格水平以及其他方面的竞争优势对本次谈判的影响。

（5）国家有关方针政策、法律法规等方面的信息，这主要包括国家有关商品交易政策、税收政策、合同签订和执行政策、海关出入境政策法规等。

谈判前有关信息的收集对相互了解、策略的运用，及对对手的预期都是很重要的，能够避免谈判中出现不必要的冲突和矛盾。

2. 商务谈判接待的准备

谈判是人际交往的形式之一，礼仪是谈判中不可缺少的组成部分。谈判中恰当地讲究礼仪，可为谈判奠定良好的基础，有利于谈判各方在融洽的气氛中相互沟通，缩小彼此之间的差距，促进谈判的顺利进行，直至取得令人满意的结果。反之，则不利于谈判的进行，甚至产生不必要的障碍，还有可能导致谈判破裂。一般来说，为了使谈判对手有宾至如归的感觉，主办方从礼仪安排，到谈判地点的选择、谈判时间的安排、客人入住酒店的预订等，都会做好准备工作。

整个谈判流程都应精心策划与安排，使得谈判对手“一直很满意”，从而为谈判最终获得成功奠定基础。

【阅读材料】

美丽的阿美利加与熊猫

1972 年 2 月 21 日，尼克松启程前往中国。

在“空军一号”上，总统的顾问们抓紧研究中国问题。尼克松六次对他的随行人员说，在我下飞机的时候，你们别跟着我，我和周恩来握手的镜头，要让全世界看得更清楚。尼克松在走下飞机的时候，特意先把手伸出去，以示诚意。

晚宴的开场曲目，是周总理特意挑选的美国民歌——《美丽的阿美利加》。作为美国历史上唯一来自加利福尼亚州的总统，能够在中国听到家乡的乐曲，尼克松大受感动。在悠扬旋律的陪衬下，尼克松也给了中国一个惊喜。在当晚的答谢致词中，他引用了毛泽东的诗词：“一万年太久，只争朝夕。”

晚宴上还有一个插曲，周恩来总理指着桌子上的熊猫牌香烟对尼克松夫人帕特里夏·尼克松说：“我要把这个送给您。”尼克松夫人一时没明白过来，对周总理说：“谢谢您的好意，我不吸烟。”周总理微笑着说：“夫人，我不是请您抽烟，而是要送您熊猫。”

1972 年 4 月 16 日，大熊猫玲玲和兴兴抵达美国，落户在华盛顿国家动物园，得知这一消息的美国公众蜂拥而至，掀起了经久不衰的观看热潮。

3. 谈判目标的设定

谈判正式开始之前，必须确定谈判目标。因为整个谈判活动都要围绕谈判目标进行。谈判目标确定好之后，谈判人员就明确了谈判任务，这会激励谈判人员努力实现这一目标，带来对己方有利的谈判结果。在确定谈判目标时，注意目标应有弹性，即我们通常说的要制定多层次目标，有理想目标、可接受目标、最低目标。谈判前制定的目标不是盲目的，而是在分析了对方情况，考虑了对方合理的利益基础上作出的，不是单方面的意愿。只有这样，谈判才能顺利进行下去，双方才有可能获得满意的结果。

在谈判前经过充分的准备，客观地分析自己的优势和劣势，进而寻找办法弥补己方的不足，为谈判的顺利进行创造时间、人员、环境等方面的有利条件，推动谈判的成功。此外，商务谈判准备还可以设法建立或改变对方的期望，通过“信号”和谈判前的接触，建立对方某种先入为主的印象，使之产生某种心理适应，从而减轻谈判的难度，为实现“双赢”的谈判奠定良好的基础。

（三）营造良好的开局气氛

谈判气氛的发展变化直接影响整个谈判的前途，良好、融洽的谈判气氛是谈判成功的保证。谈判气氛也包括通过谈判建立起来的友好关系，这种关系的建立不是以某一方作出大的让步或牺牲换来的，而是建立在双方互谅互让、共同的商业机会以及潜在的共同利益的基础上的，谈判的目标是“双赢”。因此，在谈判开局中，应明确双方不是对手、敌手，而是朋友、合作伙伴。只有在这一指导思想下，我们才能以客观、冷静的态度，寻找双方合作的途径，消除达成协议的各种障碍。

1. 要注意环境的烘托作用

谈判环境的布置是营造良好气氛的重要环节，对方会从环境的布置中看出己方对谈判的重视程度和诚意。特别是一些重要和较大型的谈判，任何马虎或疏忽都会给对方造成己方对谈判不够重视、缺乏诚意的印象，从而影响谈判的结果。谈判场所的布置一般应以宽敞、整洁、优雅、舒适为基本格调，能显示己方的精神面貌，符合礼节要求，同时还可根据对方的文化、传统及爱好增添相应的设置，这样能促使双方以轻松、愉快的心情参与谈判，为谈判的成功打下基础。

2. 把握开局之初的瞬间

开局是左右谈判气氛的关键时机，这是因为开局阶段双方的精力最为充沛，注意力也最为集中，所有的谈判人员都在专心倾听别人的发言，注意观察对方的一举一动。谈判者应注意把握住这一关键时机，力争创造良好的谈判气氛。见面伊始，首先应轻松地与对方握手致意，热情寒暄，表现真诚与自信，面带微笑，以示友好。双方坐下之后，一般不要急于切入正题，应留下一些时间谈些非业务性的轻松话题来活跃气氛。所选话题应有一定的目的性，一般是对方感兴趣的话题，如体育比赛、文艺演出、对方的业余爱好，以及双方过去经历中的某些关系，如校友、同学、同乡等，以营造一种融洽的气氛。

3. 运用语言表达技巧营造良好氛围

谈判者用友好、商讨和征求对方意见的口吻来表达自己的谈判意图，可以营造或建立起一种“谋求一致”的谈判气氛。这是一种平等、尊重和留有余地的表达方式，谈判中常常被使用。在谈判中，坦诚表达也能收到较好的效果。以开诚布公、坦率的方式表达己方的观点或想法，容易引起对方的信任与共鸣，进而打开谈判的局面。

（四）报价议价策略运用适当

商务谈判中的报价至关重要，初始报价应找到对己方最有利，同时卖方仍能看到交易中对其自身也有益的价位。报价在商务谈判中往往能影响后来是否达到“双赢”的结局。

1. 报价时留有余地

卖方开出的最高可行价格应高于卖方愿意达成协议的最低售价。在商务谈判中，谈判者的心理决定了一方出价，另一方总要进行还价，大家都希望比对方得到更多的利益，所以出价时都留有余地，会增加一部分虚报价。对出价的一方来说，只要讨价还价的范围在虚价部分，那么不论对方还价到何种程度，出价方总能获得不少于预期的利益。报价的高低将直接影响到报价一方让步余地的大小。卖方若能在高开价格的同时设置合理的让步方案，则既不损害本方的利益，又能积极诱导对方获得因让步而引起的满足感。

2. 用肯定语气报价

初始报价时应当明确、坚定、毫不犹豫，以便对方准确地了解己方的条件并给对方留下诚实、认真的印象。谈判者在报价时无须对所报价格一一作出说明。假如己方过于详细地阐释问题，等于以“此地无银三百两”的心态说出了己方最关心的问题。当然，最高可行价格并非一个绝对的数字，而是与标的物的大小、合作背景、谈判氛围等一系列因素密切相关的，因此初始报价应合乎情理并遵循报价的基本准则，否则会令对方对高开的价格望而生畏，使谈判在一开始时就遇到障碍。

3. 讨价还价时应遵循的几个原则

（1）不做无谓的让步。妥协的根本目的在于实现己方利益，每次让步都是为了换取对方相应的妥协和优惠，旨在以己方的让步带动对方相应的举动作为回报。

（2）让步恰到好处。以最小的让步换取对方最大限度的满足。换言之，要让对方珍惜己方所做的妥协，并认为这是其艰苦努力的结果。

（3）在重大问题上应争取使对方先让步，己方则在次要问题上主动寻求妥协。但是，妥协的步子不宜过大，频率不能过高，否则易被对方认为己方软弱可欺，并产生“预期心理”，吸引对方对己方继续施压。例如，对方要求己方提前两周送货，尽管己方的第一反应是回答“可以”，但建议最好使用谈判策略中的对等让步法，使对方也作出相应的让步。

（4）不要过于贪婪。在谈判中不要捞尽所有的好处，要留一些好处给对方，让对方也有谈判赢了的感觉。

（五）谈判结尾掌握好时机

商务谈判实践中经常会出现一些原本进展甚微的问题在谈判收尾时却一下子得以解决的现象。这是由于谈判双方渐趋一致时，双方均处于一种准备完成的激奋状态。这就是商业谈判最后的冲刺，它是由一方向另一方发出成交信号。发出成交信号是一门艺术，运用得当会令谈判者在谈判收尾时获得意外的收获，并且赢得对方的忠诚和信赖。

1. 注意最后让步的时机和幅度

一般来说，如果让步过早，对方会认为这是前一阶段讨价还价的结果，而不认为这是己方为达到协议而做的终局性的最后让步。这样对方有可能得寸进尺，继而步步紧逼。如果让步时间过晚，往往会削弱对对方的影响和刺激作用，增加谈判的难度。最好的办法是将最后的让步分成两部分，主要部分在最后期限之前作出，次要部分安排在最后时刻作出。另外，最后让步的幅度问题也很重要。一般来说，如果让步的幅度太大，对方反而不相信这是最后的让步；如果让步的幅度太小，对方认为微不足道，难以满足。最后让步时，所要考虑的一个重要因素是对方接受让步的人在对方组织中的地位或级别。所以，让步幅度的大小，取决于对方接受这一让步的人在该组织中的重要性，即满足对方维持其地位和尊严的需要。

2. 成交时机的把握

成交时机的把握在很大程度上是一种掌握火候的艺术。在谈判的最后阶段，双方经过讨价还价使得谈判内容涉及的每一个问题都取得了较大进展，交易已经趋向明朗，双方看到了谈判即将结束的希望，这往往是由于一方发出了成交的信号，此时，另一方要善于捕捉这些信号，采取促成缔结协议的策略，有助于完成此次谈判；反之，如果没有抓住这些成交的信号，也许会功亏一篑，前功尽弃。一般来说，谈判双方都会不同程度地向对方发出缔结协议的信号。如对方口头或用形体语言表示谈判可以结束了，对方有较明显的成交意愿等。这时己方应设法使对方行动起来而达成一个承诺，可以调动语言表达的技巧，使得一切显得比较自然。这时己方如果过分使用高压政策，有时谈判对手就会退后一步，如果过分表示想成交的热情，对方可能会不让步并向己方发起进攻。

第六节　经纪合同

合同法是规范市场交易的基本法律，合同是调节和规范当事人之间权利与义务的重要法律依据。经纪人作为买卖双方的中介人，为了保证商业行为连续、有效地进行，必须签订经纪合同，在具体经营活动中，要借助合同这一法律形式与委托人及第三人建立经济联系。目前经纪人在合同的签订、履行方面还存在很多问题，导致经纪人与委托人和第三人之间的纠纷大量发生，由此伤害到经纪人及相关各方的权益。1999 年 3 月 15 日，第九届全国人大第二次会议审议通过了《中华人民共和国合同法》，该法律第一次明确规定了经纪合同及其种类。经纪人全面掌握有关合同的知识，促使经纪活动得以顺利而规范地开展，就显得格外重要。

一、合同概述

合同也称契约。我国《合同法》第 2 条规定："本法所称合同是平等主体的自然人、法人、其他组织之间设立、变更、终止民事权利义务关系的协议。"

（一）合同的法律特征

1. 合同是平等的民事主体之间的协议

当事人之间没有高低贵贱之分，不论是公民还是法人，也不论其经济实力、所有制形式如何，只要作为合同当事人，其地位是完全平等的。

2. 合同是一种民事法律行为，是当事人意思表示一致的体现

合同成立的首要条件必须是双方（或多方）协商一致，任何单方面的行为都不能使合

同成立。

3. 合同以设立、变更或终止民事权利义务关系为目的

当事人通过订立合同，可以设立民事法律关系，也可以变更民事法律关系，还可以终止民事法律关系。合同一经订立就具有法律约束力。非经对方同意，单方面不得擅自变更与解除，任何一方不履行义务就会受到法律的制裁。

我国目前有关合同的立法主要有《民法通则》《中华人民共和国合同法》《中华人民共和国劳动合同法》《中华人民共和国技术合同法》等。合同法是调整合同关系的法律规范的总称。

（二）合同的种类

合同作为商品交换的法律形式，其类型因交易方式的多样化而各不相同。

1. 单务合同和双务合同

根据合同当事人双方权利义务的分担方式，合同可分为单务合同与双务合同。单务合同是指合同一方只负担义务而不享有权利的合同，如无偿借用合同、赠与合同。双务合同是指当事人双方相互享有权利、相互负有义务的合同。如租赁合同，出租人有将出租的资产交给承租人使用的义务，同时有权要求承租人交付租金；承租人有交付租金的义务，同时有权要求出租人交付出租的资产。

区分这类合同的意义主要在于确定法律后果。双务合同具有一些单务合同所没有的法律后果。双务合同当事人的权利和义务是相互制约的，除法律、法规另有规定外，双方当事人应当同时对待给付，一方不得要求他方先行给付。

2. 有偿合同和无偿合同

根据当事人取得权利有无代价，合同可分为有偿合同和无偿合同。有偿合同是指当事人任何一方在享受权利的同时负有一定对等价值的给付义务的合同；无偿合同是指当事人一方取得利益无须偿付任何代价的合同。有些合同只能是有偿的，如买卖、租赁等合同；有些合同只能是无偿的，如赠与、无息贷款等合同；有些合同既可以有偿也可以无偿，如委托合同、保管合同等。双务合同一般为有偿合同，单务合同一般为无偿合同，但也可以是有偿的，如有息贷款合同。

区分这类合同的法律意义，主要是确定当事人责任的大小和范围。一般来说，无偿合同中的义务比有偿合同中的义务的法律责任要轻。

3. 诺成合同和实践合同

根据合同成立是否以交付标的物为要件，合同可分为诺成合同与实践合同。诺成合同是指当事人意思表示一致，不需要交付标的物即能成立的合同，如建筑工程承包合同。实践合同是指除当事人意思表示一致外，还必须交付标的物才能成立的合同，如保管合同，只有被保管人把保管的物品交给保管人员后，仓储保管合同才能成立。

4. 要式合同和非要式合同

根据合同是否以一定的形式为要件，合同可分为要式合同与非要式合同。要式合同是指合同的成立须依特定方式方为有效合同，此时要式的含义是法律规定合同生效时所必须具备的形式。

（三）合同的形式

合同的形式是指合同的各方当事人之间相互明确权利义务关系的方式，是合同内容的

外在表现。《中华人民共和国合同法》第 10 条规定："当事人订立合同，有书面形式、口头形式和其他形式。法律、行政法规规定采用书面形式的，应当采用书面形式。当事人约定采用书面形式的，应当采用书面形式。"可见，合同的形式主要分为书面形式和口头形式两种。

口头形式的合同是指当事人仅以口头的意思表示达成的协议，如当面交谈、电话联系等。口头合同简便易行，在日常生活中运用广泛，如公民为满足生活需要而与他人订立的买卖、互易、借贷、承揽、保管等合同。采用口头形式可以简化手续，方便经济往来，但是由于没有文字依据，在发生纠纷时难以举证，不易分清责任。对于不能即时结清的和较重要的合同，不宜采用口头形式的合同。

书面形式的合同是指当事人以文字表述经协商一致而订立的合同，它可以通过合同书、信件和数据电文（包括电报、电传、传真、电子数据交换和电子邮件）等有形的形式体现出来。其特点是便于保存，发生纠纷时方便举证，有利于督促当事人全面认真履行合同，也便于人民法院或者仲裁机构依法审判或裁决。《合同法》第 36 条规定："法律、行政法规规定或者当事人约定采用书面形式订立合同，当事人未采用书面形式但一方已经履行主要义务，对方接受的，该合同成立。"如果当事人未履行主要义务，该合同无效，应当采取补救措施加以解决。

（四）合同的订立

合同订立的过程，就是当事人进行协商，各方意思表示趋于一致并达成协议的过程。一般要经过要约和承诺两个阶段。

1. 要约

要约是一个法律用语，即指当事人一方向另一方提出订立合同的意思表示。发出要约的人为要约人，接受要约的人为受要约人。构成要约必须符合以下条件：第一，要约必须是向相对人发出的。要约必须是要约人向相对人发出的意思表示，相对人一般为特定的人，但在特殊情况下，对不特定的人作出的意思表示也可能构成要约，如商业广告的内容符合要约规定的，视为要约。第二，内容要具体明确。要约的内容要明确、全面，受要约人通过要约不但能了解要约人的真实意思，而且还要知道未来订立的合同的主要条款。第三，要约必须具备缔结合同的目的。要约表明经受要约人承诺，要约人即受该意思表示的约束。

要约不同于要约邀请。要约邀请又称要约引诱，是希望他人向自己发出要约的意思表示。要约邀请的特点表现在：第一，要约邀请是当事人表达某种意愿的行为，其内容是希望对方主动向自己提出订立合同的意思表示。第二，要约邀请的内容无须必然包括未来可能订立的主要条款。第三，要约邀请无须表明要约人愿意接受约束的意思。第四，要约邀请一般向不特定多数人发出。《合同法》第 15 条规定："寄送的价目表、拍卖公告、招标公告、招股说明书、商业广告等为要约邀请。"

2. 承诺

承诺是与要约相对应的法律用语，即指收到要约的一方对要约方提出的意思表示赞同。承诺的构成条件有以下几个：第一，承诺由受要约人向要约人作出。非受要约人向要约人作出的接受要约的意思表示不是承诺，而是一种要约。第二，承诺应当以通知的方式作出，但根据交易习惯或者要约表明可以通过行为作出承诺的除外。第三，承诺必须在要约的存续期间内作出。要约中规定了承诺期限的，承诺应当在该期限内到达要约人。要约没有规定承诺期限的，应当根据不同情况确定；要约以对话方式作出的，应当立即作出承诺，但当事人另有约定的除外；要约以非对话方式作出的，承诺应当在合理期限内到达。受要约人超过承诺期限发出承诺的，除要约人及时通知受要约人该承诺有效外，为新要约。第四，承诺的内容应与要约的内容一致。受要约人对要约的内容作出实质性变更的，为新要约。有关合同标的、数量、质量、价款或者报酬、履行期限、履行地点和方式、违约责任和解决方法等的变更，是对要约内容的实质性变更。承诺对要约的内容作出非实质性变更的，除要约人及时表示反对或者要约表明承诺不得对要约内容作出任何变更的以外，该承诺有效，合同的内容以承诺的内容为准。

承诺是一种意思表示，当事人一经作出承诺就不能随意改变，必须严守诺言。一般来说，合同订立的过程，往往要经历要约、再要约的多次反复，才能协商一致订立。

二、经纪合同概述

经纪合同是指当事人一方（经纪方）为促成另一方和第三方订立交易合同而进行经纪业务活动所达成的具有一定权利和义务关系的协议。

经纪合同是双务、有偿合同，即签订合同的当事人享有同等的权利和承担同样的义务，且一方当事人权利的实现必须以支付给另一方一定报酬为代价。

经纪合同是诺成性的合同，订立合同的当事人意思表示一致后，不需要交付标的物即能成立。

经纪人可以充当订立合同的介绍人，按照委托人的要求，为其寻找符合要求的第三人，从而为合同的订立创造机会。经纪人也可以作为中间人来往于委托人与其他当事人之间，传达双方意思，撮合双方订立合同。

（一）经纪合同的类型

1. 居间合同

居间合同是居间人向委托人报告订立合同的机会或者提供订立合同的媒介服务，委托人支付报酬的合同。居间合同适用的范围相当广泛，居间人利用信息灵通、业务熟悉、了解行情的优势，为委托人牵线搭桥，介绍第三人与委托人订立商品买卖、房屋租赁、加工承揽、技术转让和文化传播等各种合同。

居间合同具有以下法律特征：

(1) 居间合同的标的是居间人依合同约定实施中介服务的行为。对于委托人与第三人之间的合同，居间人并不介入。居间人只是协助订立合同的介绍人，不是任何一方的代理人。

(2) 居间活动中，居间人以自己的名义从事活动。

(3) 居间合同是有偿合同。居间人促成合同成立的，委托人应当按照约定支付报酬。因居间人提供订立合同的媒介服务而促成合同成立的，由该合同的当事人平均负担居间人的报酬。居间人促成合同成立的，居间活动的费用由居间人承担。居间人未促成合同成立的，不得要求支付报酬，但可以要求委托人支付从事居间活动支出的必要费用。

2. 委托合同

委托合同是委托人和受托人约定，由受托人处理委托人事务的合同。委托合同具有以下法律特征：

（1）委托合同以处理委托人事务为目的。受托人以委托人的名义为其办理委托事务，委托人可以特别委托受托人处理一项或数项事务，也可以概括委托受托人处理一切事务。

（2）委托合同可以是有偿合同，也可以是无偿合同。委托合同的委托人应当预付处理受托事务的费用。受托人为处理委托事务垫付的必要费用，委托人应当偿还费用及其利息。受托人处理受托事务取得的财产，应当转交给委托人。受托人完成委托事务的，委托人应当向其支付报酬。因不可归责于受托人的事由，委托合同解除或者委托事务不能完成的，委托人应当向受托人支付相应的报酬，当事人另有约定的，按照其约定。有偿的委托合同，因受托人的过错给委托人造成损失的，委托人可以要求赔偿损失。无偿的委托合同，因受托人的故意或者重大过失给委托人造成损失的，委托人可以要求赔偿损失。受托人超越权限给委托人造成损失的，应当赔偿损失。

（3）合同的订立以委托人与受托人相互信任为前提。法律要求受托人应当亲自处理委托事务。经委托人同意，受托人可以转委托。转委托经同意的，委托人可以就委托事务直接指示转委托的第三人，受托人仅就第三人的选任及其对第三人的指示承担责任，但在紧急情况下受托人为维护委托人的利益需要转委托人的除外。受托人应当按照委托人的要求报告委托事务的处理情况。委托合同终止时，受托人应当报告委托事务的结果。受托人应当按照委托人的指示处理委托事务。需要变更委托人的指示的，应当经委托人同意；因情况紧急，难以和委托人取得联系的，受托人应当妥善处理委托事务，但事后应当将相关情况及时报告受托人。

3. 行纪合同

行纪合同是行纪人以自己的名义为委托人从事贸易活动，委托人支付报酬的合同。

行纪合同具有以下法律特征：

（1）行纪人以自己的名义为委托人办理委托事务。这是行纪合同与委托合同的重要区别。行纪人与第三人之间的权利、义务由行纪人自己享有或承担，由此产生的法律后果也由行纪人自己承担。

（2）行纪人为委托人的利益办理事务。行纪人为委托人购买的商品、出售委托人交给其出售或寄售物品的价款，均属于委托人所有，行纪人处理委托事务支出的费用，由行纪人负担。行纪人占有委托物的，应当妥善保管委托物。委托人对价格有特别指示的，行纪人不得违背该指示卖出或者买入。

（3）行纪合同是有偿合同。行纪人完成或者部分完成委托事务的，委托人应当向其支付相应的报酬。委托人逾期不支付报酬的，行纪人对委托物享有留置权，但当事人另有约定的除外。行纪人自己可以作为买入人或者出卖人，此时仍然可以要求委托人支付报酬。

（二）三种经纪合同的比较

经纪人在经纪活动中要掌握上述各类经纪合同的特点并正确运用合同形式，就必须对这三种合同的异同点在比较的基础上准确理解。

1. 共同点

（1）这些合同关系一般都涉及三个法律主体。委托合同通常涉及委托人、代理人（即受托人）与第三人（即委托事务所涉及的对方当事人）；行纪合同通常涉及委托人、行纪人（即受托人）与第三人（即行纪事务所涉及的对方当事人）；居间合同必然涉及委托人、居间人（即受托人）与第三人（即居间人与委托人介绍的合同的对方当事人）。

（2）这些合同都建立在双方当事人信任的基础上。委托合同、行纪合同与居间合同有一个共同点，即无法用标准客观衡量受托人是否善意、恰当地履行了义务。受托人是否最大限度地为实现委托人的利益去履行自己的义务，主要取决于其自觉性，这与当事人之间的信任紧密相连。这种信任关系有的体现为当事人在社会交往中有一定的亲密联系，如亲属、朋友等，有的则体现为委托人对受托人在职业道德、业务能力方面的信任。

（3）这几种合同在设立、履行和终止方面存在共同点。它们均突出地体现了委托人的意图；委托人在合同的成立、变更和终止过程中始终具有主动性；合同均可因委托任务已经完成或者已经无法完成，或者因受托人死亡、破产、丧失行为能力而终止。

（4）这些合同存在一些相同的权利或者义务。合同所涉及的法律事务一般都要求委托人亲自完成，对受托人的变动有较为严格的限制；要求受托人妥善保护委托人移交的财产；受托人负有及时报告委托事务、向委托人移交办理委托事务成果的义务。

2. 不同点

（1）合同主体的差异。委托合同、居间合同的受托人涉及领域广，可以表现为各种经纪人；行纪合同的受托人通常是从事商事交易，特别是货物买卖的经营者。

（2）合同客体方面的差异。委托合同涉及的委托事务可以多种多样；行纪合同涉及的事务主要是货物买卖；居间合同涉及的事务是促成委托人与第三人签订合同。

（3）合同当事人的权利与义务方面的差异。委托合同的受托人应当以委托人的名义完成委托事务，其行为的法律后果由受托人自己承担。行纪合同的行纪人以自己的名义为委托人从事贸易活动，产生的法律后果由行纪人自己享有或承担；居间人以自己的名义活动，收取居间报酬。

（4）委托人是否享有报酬请求权的差异。委托合同可以是有偿的，也可以是无偿的；行纪合同与居间合同则是有偿的，受托人享有报酬请求权。

三、经纪合同的签订

经纪人承办经纪业务，除即时清结者外，应当根据业务性质与当事人签订书面居间、行纪、委托等合同，并载明主要事项。所谓即时清结，是指合同的订立、履行、终止几乎是同时完成的，没有时间间隔。

（一）经纪合同签订前的准备工作

签约前做好准备，是避免经纪合同失误的必要过程。经纪人在签订经纪合同前，一定要审查委托人与委托方相对应的相对人（即第二委托人或第三方）的资格、资信和履约能力。

1. 签约资格的审查

法律规定，具备一定条件和资格的公民、法人或组织才能签订合同。经纪人同委托人、第三人签订经纪合同，要分别对合同主体的性质、资格，以及签约经办人的资格等进行具体审查。

（1）对企业法人主体资格的审查。企业法人是指取得法人资格，以营利为目的的从事生产经营活动的经济组织。凡是经过工商登记的国有企业、集体企业和经济联合体，具有法人资格，可以承担签约责任。经纪人在与企业法人签约前应审查的内容有：第一，企业法人执照。经纪人应特别注意不能为已被吊销营业执照、取消法人资格的企业或组织开展经纪活动，也不能直接为法人内部的职能机构和生产组织，如科室、车间等开展中介活动，因为它们无权直接对外签约。第二，由市场监督管理部门核准的经营范围和经营方式。经纪人应审查国家对当事人的经营项目是否有特殊规定，审查当事人的经营活动是否超出章程或营业执照批准的范围。

(2) 对非生产企业的主体资格审查。非企业法人也具有法人资格，它是指不从事营业性生产经营活动的法人组织，表现为机关法人和社会团体法人。这些组织也会在经纪活动中作为当事人，与其他单位或个人发生经济交往。经纪人与非企业法人签约时必须注意：机关法人、事业单位法人、社会团体法人只能围绕完成本身工作任务、履行单位职能、开展自己的业务活动等而签约，不能以营利为目的而签约，其交易范围受到限制。

(3) 对非法人组织的主体资格审查。这类组织未取得法人资格，但依法成立，有一定的组织机构和财产，法律允许其在一定范围内从事生产经营活动、对外发生经济关系、签订合同。这类组织包括依法领取营业执照的私营独资企业、合伙联营企业等。经纪人与非法人经济组织签约前，首先应审查其营业执照，凡是领有营业执照的单位和部门均可以以自己的名义签订合同；其次还要审查该组织由工商行政机关核准的经营方式和经营范围，经纪人可以为该组织合法经营范围内的商品交易提供中介服务。

(4) 对个体工商户的主体资格的审查。个体工商户是公民作为民事主体参加民事、经济活动的特殊形式，是在法律、政策允许的范围内，依法经市场监督管理机关核准登记，取得营业执照，从事工商业经营的公民。经纪人与个体工商户签约时，也要进行营业执照和市场监督管理机关对其核准的经营范围的审查。

(5) 对签约经办人的资格审查。一切合同须由法人的法定代表人或法定代表人授权的代理人签订。经纪人与法人的法定代表人签约，应审查该代表人是否具有法定代表人资格；与法人委托的代理人签约，应审查代理人的代理活动是否越权等。法人的代表人只有在法人的权利能力范围内、法人的委托代理人只有在委托权限内所签订的合同，才直接对法人产生法律关系，法人才因此享受权利并承担义务。法人的代表人或代理人越权签订的合同，法人不负责任。

法人的代表人在签订合同时应出示身份证明，提供法人经营范围或项目的证明；法人委托的代理人在签订合同时，经纪人应要求代理人出示委托书和本人的身份证明，详细查看载明的委托人的名称、代理的事项、代理的权限、代理的有效期限、委托日期及委托单位的盖章和法定代表人的签名或盖章等。

2. 资信和履约能力审查

资信即资金和信用。资金是当事人有权支配、运用于生产经营的资产的货币形态；信用是指商品买卖中的延期或货币的借贷，是从属于商品交换和货币流通的一种经济关系。资信状况和履约能力密切相关，审查当事人的资信情况，对于在合同中确定权利义务条款，了解当事人对于合同的履约能力，具有非常重要的作用。

(1) 审查当事人的履约能力。履行合同的规定是保证实现合同的物质基础，作为签订合同的当事人，应当具备与其签订合同相应的履约能力。这里所说的履约能力，是指当事人除资信以外的技术及生产能力、原材料与能源供应、产品质量、工艺流程等方面的综合情况。经纪人除对上述方面进行审查外，还应对当事人的人员素质、开户银行的实有资金情况、债权债务情况进行审查。

(2) 审查当事人的信用水平。信用表现为当事人在商品交易或其他活动中履行合同以及以往的支付、借贷能力的状况。经纪人可广泛收集当事人在经济活动中的信用表现信息，为其进行信用评价，确定信用等级，以此作为是否与之签约的标准之一。

(二) 经纪合同的正式签订

合同的当事人在相互了解各自的资信和履约能力之后，可依据意向书或协议书拟定的大致方向，就经纪合同的正式签订进行谈判。通过谈判，当事人就经纪合同的各项条款达成一致协议后，即可正式签订经纪合同。

1. 经纪合同的内容形式

经纪合同的内容即是经纪合同应具备的条款。签订合同实质上是各方当事人对合同条款的协商。因此，签订合同时要遵循平等互利、协商一致的原则，符合各当事人的意见；合同条款应完备，内容要合法，可参照原国家工商行政管理总局统一制发的“合同示范文本”逐条协商，进行拟定。一般来说，经纪合同应包括的主要条款有：当事人的姓名、住所，委托的经纪事项、期限，委托人对经纪人的授权范围，经纪事项的种类、范围、要求，酬金的数额、给付方式，费用负担，经纪合同关系终止的时间或标志，违约责任等。

2. 经纪合同的签订

经纪合同分为委托合同、行纪合同和居间合同。经纪人在三种合同中可以表现为以下两种不同的身份：一是经纪人在委托合同中的直接代理人身份（在委托合同或行纪合同中）；二是经纪人在三方合同中的丙方身份（在居间合同中）。

(1) 委托合同的签订。

在经纪合同中，经纪人可以接受委托人的委托，为其进行业务代理或在其授权范围内以委托人的名义从事有关的活动。此时，经纪人与客户之间形成了委托代理关系。以代理关系为依据，经纪人需要同客户进行委托合同的签订，以明确双方的权利及义务。委托合同的订立形式分为口头形式和书面形式。

订立口头委托合同是指当事人双方通过口头交谈的形式，就委托合同的主要条款协商一致，并达成协议的过程。口头委托既包括当事人面对面的交谈，也包括当事人通过有线电话、可视电话、无线通信设备等通信设施所进行的非面对面但未形成书面文字的交谈。口头委托合同的订立简便、迅速，合同交易成本较低，因此多适用于一次性的、事务简单、事务处理过程较短的委托合同。但这类合同的随意性比较大，容易发生纠纷，并且难以取证，不易分清责任。

书面委托合同的内容以书面文字的形式确定下来。由于委托合同涉及的是委托人委托受托人处理相关事务，并非具体的物品买卖，因此当事人双方最好订立书面的委托合同，明确双方的权利和义务，避免在合同履行中产生纠纷。

书面形式的委托合同应包括约首、正文和约尾三个部分。约首是委托合同的开头部分，包括当事人名称或姓名及住所、合同编号等条款。正文是委托合同的主体，具体包括的条款有：委托事项、委托人义务、期限款项（主要包括合同的签订日期、合同的有效期限、委托人处理委托事务的期限等）、费用、报酬、变更与解除、违约责任、保密义务等。

约尾是委托合同的结尾部分，主要包括的条款有：合同份数、合同附件名称和份数、合同签订时间和地点、当事人双方签字盖章。

完备、翔实的条款是委托合同顺利履行的基础，条款设计完善与否直接影响当事人权利能否实现。因此，当事人双方应根据法律规定和双方的约定，参照国家有关机关发布的委托合同示范文本设计合同条款。

（2）居间合同的签订。

居间合同的实质是中介合同与购销合同的合二为一。它不仅确定了购销双方的权利义务关系，也确定了经纪人与购销双方的权利义务关系。在这个三方合同中，经纪人只对合同中涉及自己的条款享有权利或承担义务，合同的主要条款是甲乙双方协商达成一致的结果，合同的执行主要依赖于双方购销合同的顺利开展。对于经纪人来说，该合同只体现了中介人为合同的成立付出劳动应得的报酬，经纪人对任何一方的违约行为不承担任何形式的连带责任。这种三方合同也可以按照中介及购销业务的分别约定而签订不同的合同。对中介方的权利及义务的约定可较多地体现在居间合同中。此外，三方还需要签订一份以购销业务为主的合同，详细地约定甲方、乙方当事人的权利和义务。这两种合同应同时生效，以明确三方的权利及义务。

四、经纪合同的履行、变更和解除

（一）经纪合同的履行

1. 合同履行的原则

合同的履行，是指合同的各方当事人按照合同规定的条款，全面地、适当地完成各自承担的义务，从而使各自的权利得到完全的实现。根据我国《合同法》的规定，依法成立的合同对当事人具有法律约束力，当事人应当按照约定履行自己的义务。由于当事人的过错造成合同不能履行或不能适当履行，由有过错的当事人依法承担违约责任。

经纪合同的履行应贯彻的原则如下：

（1）实际履行原则。合同当事人必须按照合同规定的标的来履行，不能用其他商品代替合同标的来履行，也不能折合货币来履行，更不允许第三者代替合同当事人来履行。一方违反合同时，他方有权要求其继续履行，而不能仅以违约金的方式来代替继续实际履行。除非实际履行在客观上已经不可能或不必要了，或者法律和合同另有明文规定。在这种情况下，对于因违约给对方造成的损失，违约方应承担偿付违约金、赔偿金的责任。

（2）全面履行原则。当事人应当按照约定全面履行自己的义务，要依照合同规定的标的、质量、数量、履行期限、履行地点、履行方式等完成自己应尽的义务。如果在履行中有某一部分内容未履行或未按合同的约定履行，就是违约。因此，该原则是判断当事人是否存在违约事实以及是否承担违约责任的重要准则。

（3）协作履行原则。合同当事人各方不仅要严格履行自己的义务，而且应当与各方共同努力履行合同责任，保证合同兑现。遇有不能按合同履行的情况时，应按法律规定或合同约定，采取积极措施，及时作出处理。当事人一方有过错而违约，对方应协助其纠正，并设法防止和减少损失。当事人之间如有争议，应本着互谅互让的原则，及时协商解决。

2. 合同条款存在缺陷时的履行原则

《合同法》第61条规定：“合同生效后，当事人就质量、价款或者报酬、履行地点等内容没有约定或者约定不明确的，可以协议补充；不能达成补充协议的，按照合同有关条款或者交易习惯确定。”第62条规定：“当事人就有关合同内容约定不明确，依照本法第六十一条的规定仍不能确定的，适用下列规定：（一）质量要求不明确的，按照国家标准、行业标准履行；没有国家标准、行业标准的，按照通常标准或者符合合同目的的特定标准履行。（二）价款或者报酬不明确的，按照订立合同时履行地的市场价格履行；依法应当执行政府定价或者政府指导价的，按照规定履行。（三）履行地点不明确，给付货币的，在接受货币一方所在地履行；交付不动产的，在不动产所在地履行；其他标的，在履行义务一方所在地履行。（四）履行期限不明确的，债务人可以随时履行，债权人也可以随时要求履行，但应当给对方必要的准备时间。（五）履行方式不明确的，按照有利于实现合同目的的方式履行。（六）履行费用的负担不明确的，由履行义务一方负担。”

3. 违反合同的责任

合同依法成立后，由于合同当事人一方或者双方的过错造成合同不能履行或不能适当履行的，应当接受法律制裁。按照我国法律规定，承担违约责任必须同时符合下列两个条件：一是要有不履行或者不适当履行合同的行为；二是行为人主观上必须有过错。但要引起损害赔偿责任的发生，还必须同时具备发生损害事实、不履行合同的行为与损害结果之间有因果关系，即权利人受到损害是由于义务人不履行或者不适当履行合同所造成的。

承担违约责任的主要形式如下：

（1）支付违约金。支付违约金是指依据法律或合同的规定，当事人一方因过错而不履行或不适当履行合同义务时，应当向对方支付一定数量的货币。违约金应在明确责任后的10天内支付，否则按逾期付款处理。

（2）支付赔偿金。支付赔偿金是指当事人一方因过错违反合同给对方造成损失，在没有规定违约金或违约金不足以弥补损失时支付的补偿费。赔偿金也应在明确责任后的10天内支付，否则按逾期付款处理。

（3）继续履行合同。继续履行合同是指违约一方支付了违约金和赔偿金之后，根据对方的要求，在对方指定或由双方约定的期限内，继续履行合同中规定的义务。支付违约金和赔偿金不能替代合同的履行。如受损害一方要求继续履行的，违约方有义务继续履行。

（4）其他责任。这包括处以罚款，没收违法所得，其他行政、经济、刑事责任等。

（二）经纪合同的变更和解除

1. 合同变更及解除的概念

我国《合同法》规定，合同具有法律约束力，当事人必须全面履行合同规定的义务，任何一方不得擅自变更或解除合同。但是，如果合同成立后，客观情况发生了与原合同不相适应的变化，使原合同不可能履行，或原合同的履行将造成不必要的损失，就需要变更或解除合同。

合同的变更是指合同订立后，在没有履行或者完全履行前，当事人各方经过协商达成新的协议，对原定的合同的某些条款进行修改、补充、删除或者增加新的条款。合同的变更一般是对合同标的的数量、质量、价格、交货期限、交货方式等的变更，也可以是合同主体的变更，如当事人一方由于合并或分立，权利义务关系转移而发生合同主体的变更。但合同的变更只是对合同的局部改变，它和签订一项新的合同有着原则性的区别。

合同的解除是指在合同订立之后尚未履行或尚未完全履行之前，因订立合同所依据的主客观情况发生变化，致使合同的履行成为不可能或不必要，当事人依法提前终止合同效力即合同约定的权利义务关系。合同的解除包括两种情况：一是合同订立后，当事人都没有履行合同，那么合同被解除时，就提前终止其法律效力，各方当事人也就不再履行。另一种情况是合同已经部分履行，此时达成协议解除合同，只是提前终止合同尚未履行部分的法律效力，已经履行部分如有遗留债务关系和经济责任需要进行处理，这部分责任并不因合同的解除而解除。

2. 允许变更及解除合同的条件

为了做到既维护合同的严肃性，又能根据需要变更或解除合同，我国《合同法》第5章和第6章作出了明确的规定。

（1）当事人协商一致，可以变更合同。法律、行政法规规定变更合同应当办理批准、登记等手续的，依照其规定。当事人对合同变更的内容约定不明确的，推定为未变更。

（2）有下列情形之一的，当事人可以解除合同：

1）因不可抗力致使不能实现合同目的；

2）在履行期限届满之前，当事人一方明确表示或者以自己的行为表明不履行主要债务；

3）当事人一方迟延履行主要债务，经催告后在合理期限内仍未履行；

4）当事人一方迟延履行债务或者有其他违约行为致使不能实现合同目的；

5）法律规定的其他情形。

可见，合同的任何一方不得擅自变更或解除合同，因为合同是当事人双方达成的协议，任何一方如擅自变更或解除合同，就等于将一方的意志强加于另一方，这是违反协商一致原则的。当事人一方法定代表人或承办人发生变动，也不能作为变更或解除合同的理由。因为法人之间订立合同，当事人双方是互以法人为对象，而不是以个人为对象的。

3. 合同变更或解除的形式和法律后果

变更或解除合同的通知或协议，应当采取书面形式（包括文书、电报等）。除由于不可抗力致使合同的全部义务不能履行，或者由于另一方在合同约定的期限内没有履行合同的情况以外，变更或解除协议未达成之前，原合同仍然有效。合同解除后，尚未履行的，终止履行；已经履行的，根据履行情况和合同性质，当事人可以要求恢复原状、采取其他补救措施，并有权要求赔偿损失。因变更或解除合同使一方遭受损失的，除依法可以免除责任的以外，应由责任方负责赔偿。当事人一方发生合并、分立时，由变更后的当事人承担或分别承担履行合同的义务和享受应有的权利。

【阅读材料】

塞车或暴雨属于不可抗力吗?

在合同签订中，经常涉及“不可抗力”条款，到底什么是不可抗力呢?

事实上，不可抗力是一项免责条款，是指合同签订后，不是由于合同当事人的过失或疏忽，而是由于发生了合同当事人不能预见、不能避免和不能克服的客观情况，以致不能履行或不能如期履行合同，发生意外事件的一方可以免除履行合同的责任或者推迟履行合同。

不可抗力可以是自然原因造成的，也可以是人为、社会因素引起的。前者如地震、海啸、洪灾等，后者如战争、政府禁令、罢工等。

如果合同方声称由于塞车而耽误了交货，或开发商说因为暴雨影响施工而推迟交房，你认为这些属于不可抗力，可以免责吗？

提示：请注意这几个重要的词语："不能预见""不能避免""不能克服"。

主要概念

经纪业务程序　法律责任　经纪信息　市场营销　商务谈判　经纪合同

练　习

1. 经纪业务有哪些主要内容？
2. 分类说明经纪业务的一般程序。
3. 回顾一下经纪信息的收集渠道，说说是否还有其他未列出的渠道。
4. 你觉得要提高信息加工能力，应该从哪些方面入手？
5. 市场营销战略与策略怎样区分？
6. 市场环境分析在经纪业务中可以有什么样的应用？
7. 你认为经纪人应该怎样提高谈判技巧？
8. 在商务谈判中，你觉得还有哪些未列出的需要注意的事项？

实　训

在教师的指导下，设定具体的经纪业务情境，把班内同学分为不同的小组，展开模拟的经纪业务谈判，并把谈判结果以合同的形式记录下来。

第三章 现货经纪

【学习目标】

1. 掌握现货商品和现货商品交易的概念和内涵，理解现货商品交易的特点，掌握现货商品交易市场的分类。

2. 掌握现货经纪业务的原则、类型和一般程序。

3. 掌握现货商品经纪人的概念和分类，了解与之相关的素质要求。

开篇案例

洋船舶经纪行到中国淘金

2010年10月，百力马（Braemar）、克拉克森（Clarksons）和辛浦森（Simpson Spence & Young）三家英国船舶经纪公司获颁营运许可证，于上海正式注册成为船舶经纪行，并以人民币作为交易货币，来开拓中国沿海租船市场。

尽管当时多家外国船舶经纪行都在中国设有联络处，但它们却未以执照方式用船舶经纪的正式身份运作，也不能以人民币作为货币单位签发和收取票据，因此仍面临不少经营方面的掣肘。

上海为发展成国际航运中心，在港口配套硬件发展成熟后，已表明要引进更多高端海事服务，以加强其作为航运中心的软实力。我国资深船舶经纪业人士表示，政府对发展海事服务行业越来越感兴趣，并期望与国际船舶经纪公司建立更紧密的合作关系，充实航运中心服务内容。

据报道，此次获颁营运许可证的除克拉克森航运经纪、辛浦森航运咨询和英国百力马公司外，法国船舶经纪公司BRS也得到了同类许可证。百力马公司主席赫恩在伦敦主持中期业绩发布会时，已正式公布获准在中国组成船舶经纪公司的消息。

该公司行政总裁马殊拒绝透露其他获得许可证的船舶经纪公司，只表示其中一家为国际知名公司。辛浦森负责人暂未就有关报道发表评论，报道引述来自克拉克森的消息称，此次批准对该公司在华的营运模式影响不大。

百力马公司财务总监基德韦尔称，在现阶段，外国船舶经纪公司只在中国以代表处的形式经营，因此名义上并未正式开展在华业务。此次颁发许可证则允许船舶经纪公司从事更多中国（港澳台地区除外）业务，其中包括部分该公司已在中国经营的业务，例如船舶买卖和集装箱租赁业务。

中国沿海干散货海运贸易量近年来不断增长，但外国公司始终难以介入。基德韦尔表示，获得有关许可证后，百力马或能够扩充业务，因为该公司的北京办事处经营干散货船和新船市场，该公司可望将有关业务整合，并组成新的合资公司。

思考：国际经纪公司的进入对我国相关行业会有什么影响？

第一节 现货概述

一、现货商品

现货商品是指可以在一定期限内完成交付的商品，分为即期现货和远期现货两类。商品可以分为有形商品与无形商品，前者包括各种各样的生产资料商品和生活资料商品，后者则主要是指运输、通信、服务等没有实物形态的商品。这里的现货商品主要指有形商品。

【阅读材料】

传奇人物牟其中的以物易物

牟其中，南德集团前董事长，中国改革开放早期商界的传奇人物。他坐过三次牢，从500元起家，是曾同时有中国“首富”和“首骗”两个名号的备受争议的人物。

1991年，牟其中做了一件震惊海内外的事情。他用500多节火车车皮的国产轻工业产品换回了4架崭新的俄罗斯产中型客机。起初谁也不相信牟其中能做这么大的买卖。直到1991年年底，第一架能载164人的图-154客机飞抵成都的双流机场，并交付给南德集团时，人们才不得不承认这个事实。根据协议，牟其中把飞机转手卖给了四川航空公司，成了中国最大的“倒爷”。更令人们惊讶的是，图-154客机比美国的同类飞机便宜2/3。南德集团从这笔交易中获利近1亿元。这笔买卖成为中俄民间贸易史上最大的一宗易货贸易。牟其中做成这笔买卖的秘诀是：他知道俄罗斯有飞机卖不出去，又迫切需要中国的轻工业产品，而中国有大量的轻工业产品和食品积压在仓库里，国内航空公司却缺少飞机，牟其中就利用这些条件“组装”出了一笔物物交换的交易。

二、现货商品交易

现货商品交易并不等同于“一手交钱，一手交货”，只要是在一定期限内完成交付的商品即可，它包括物物交换、即期交换、延期付款、延期交货和远期交易等方式。

这些现货商品的交易形式，总体上又可以归纳为即期交易和远期交易两类。即期交易是指交易双方当即交货付款或交货后在正常结算期内付款的交易方式。远期交易则是双方签订协议，约定在一定日期交货和付款的交易形式，如延期付款和延期交货。无论是即期交易还是远期交易，都是以交货付款为基本内容，实现的是商品所有权的转移，是商品的所有者和经营者进行生产经营的最基本形式，是人们取得生活资料和生产资料的最主要方式。因此，在市场经济条件下，现货商品交易仍然是商品交易的最基本形式。

需要说明的是，既然现货交易要发生商品所有权的转移，所以卖方必须依法拥有该商品的所有权或处置权。国家法律法规禁止流通的物品显然不在此列，它们包括：

（1）国家专有物。我国《宪法》规定，矿藏、水流、森林等自然资源都属于国家所有，即全民所有，不得作为集体或个人所有权的客体。

（2）国家规定的控制性物资和产品。这包括为维护社会秩序和公共安全而禁止流通的物品，如武器、弹药、管制刀具等，也包括违禁品，如文物、珍稀动物、外币、毒品、濒危物种等。

（3）走私商品，以及国家规定的限制出口的原材料和制成品。

（4）涉及国家机密的信息与资料。

（5）其他法律法规规定禁止流通的物品。如《音像制品管理条例》规定，禁止经营包含有危害国家统一、主权和领土完整，宣扬淫秽、赌博、暴力或者教唆犯罪等方面内容的音像制品。

（6）假、冒、伪、劣商品。

三、现货商品交易的特点

（一）广泛性

凡是进入市场，具有价值和使用价值的产品，都是现货交易的对象。现货交易一般不受时间、地点、交易对象的限制，是所有交易中最具普遍性的交易方式。

（二）真实性

由于现货交易的供需双方交换的是有形的实物商品，因此现货交易是真实的货与款的交易。其价格可以真实地反映一定时期内商品的实际供求状态，也可以及时地对市场上的供求状态发挥调节作用。

（三）直接性

在现货交易中，交易双方的关系是简单清晰的，结算是方便直接的，不管是即期实现的交易还是在一定期限内实现的交易，只要双方的交易关系一形成，就必将直接指向商品交换中的基本形式——货款两清。这是一种简单、直接和平等互利的交易关系。

（四）时效性

现货交易通常在买卖成交的正常结算期内就完成货物的转移和货款的结清，即使是远期交易，期限也不长。

（五）安全性

现货交易中的货与款通常是严格按合同规定的时间及其他条款执行的，加上期限较短，因而能够比较有效地避免交易中的虚假性和欺骗行为。

当然，随着时代的发展，一些新的技术手段也被引入了现货交易，如目前我国很多地方都在建设大宗商品的网上交易平台，但这并不能改变现货交易的性质，它仍然是以一定期限内的实物商品的买卖为基础的。

【阅读材料】

大宗商品网上交易平台

随着经济的发展和技术的进步，我国的现货交易也出现了一些新的动向，一些以批发为主的大宗现货商品的交易市场，由传统交易模式升级到了电子交易模式，相对于传统模式拥有了更多的优势。大宗商品网上交易平台的优势在于：有利于价格同步，增强了地区间价格的联系，提高了市场效率；有利于规范市场运行，调节市场中长期供求关系，促进市场经济发展；有利于减缓价格波动，稳定市场等。目前，大宗商品交易比较活跃的市场有：山东寿光果蔬交易市场、天津大宗商品市场等。在国务院赋予天津滨海新区“先行先试”的政策鼓舞下，2009 年天津渤海商品交易所创立。在充分研究分析了现货贸易商和商品投资者的商品交易需求的基础上，该商品交易所进行了现货交易方式创新，推出全球首创的现货连续交易方式。

在这些现货商品的网上交易市场中，商品品种众多，例如在山东寿光果蔬交易市场中，交易品种就有南瓜、干辣椒、马铃薯、胡萝卜等，并开始出现以商品现货仓单（一种交易的有价凭证）为交易标的，通过计算机网络组织的同货异地同步交易、市场统一结算的交易方式，它是一种把有形市场和无形市场有机地结合起来的市场交易形式。

以黄河大宗商品市场中的玉米品种为例，它所交易的仓单合约如表 3-1 所示。

表 3-1 玉米电子交易合约

交易品种	玉米
交易代码	YM
交易时间	每周一至周五 09:30—11:30 13:30—15:30
报价货币	人民币
报价单位	元
交易单位	批（每批 500 千克）
最小变动价位	1 元
涨跌幅度	上一交易日结算价的±5%
交收月份	2、4、6、8、10、12
最后交易日	交收月份第 10 个交易日
最后交收日	交收月份第 12 个交易日
最小交收单位	包粮 60 吨（±500 千克）散粮整仓或半仓
交收等级	国标一等
交收地点	玉米指定交收仓库
分期付款方式及进度	首付款为合同标的物价款的 20%
	进入交收月第 1 个交易日起付足至合同标的物价款的 50%，第 6 个交易日起付足至合同标的物价款的 80%
	买方于最后交收日 12:00 前付清全部货款
交易手续费	1 元/批
交收手续费	1 元/批

这些现货合约的电子交易与现代期货交易颇为类似，故被称为“准期货”，对它的理解有助于我们加深对期货的认识。

四、现货商品交易市场

（一）生活资料市场

生活资料市场也称消费资料市场，是指对消费资料进行交易的场所和关系的集合。消费资料是用于满足人们物质和文化生活需要的那部分社会产品，既包括满足人们生活需要的生存资料和发展资料，也包括丰富人们生活的享受资料。其中，生存资料又称生活必需品，是满足人类生存的最基本需要的商品，如用于衣食住行的基本产品；发展资料是人们为满足发展智力和体力的需要而购买和消费的商品，如书籍、音像制品等；享受资料是人们为满足享受需要购买和消费的商品，如各类奢侈品。

1. 生活资料市场交易的特点

生活资料市场的交易有如下特点：

（1）消费者广泛而分散。生活资料是人类赖以生存的物质基础，有人的地方就需要相应的生活资料，它的分散性一方面体现在地理位置上，另一方面也是指消费的意愿。

（2）需求的多样性。生活资料的需求来自衣食住行各方面，同时，消费者的收入水平、性格和个人爱好等差异，形成了生活资料需求的多样性。

（3）单次购买数量少、购买频率高。日常生活中的消费品，一般都是分批多次购买。

（4）中间环节多、分销渠道长。因为生活资料需求的多样性，以及其消费的分散性和不定期，生活资料的销售要经过较多的中间环节，即分销渠道相对较长。例如，某消费品可能要经过“生产商—代理商—批发商—零售商—消费者”这样一个路径才能完成销售过程。

（5）消费受情绪影响较大。相对于生产资料购买的理性而言，消费者购买生活资料时受情绪的影响较大，容易受广告的影响。

2. 生活资料的分类

生活资料市场上的商品从购买频率、价格高低和使用时间来看，可以有如下分类：

（1）便利品。这是指消费者经常购买的、单价较低的日用商品，如牙膏、香皂、香烟等。消费者对便利品很熟悉，不需要花费很多时间去比较质量和价格，购买过程较快。如果一时寻找不到理想的品种，消费者也愿意接受替代品。

（2）选购品。这是指消费者会进行较多的挑选和对比的商品，这类商品通常是外观质量更为重要的商品，如服装、皮鞋、家具等。选购品一般比日用品价格更高、使用时间更长、购买频率也更低。

（3）特殊品。这是指具备独有特征或品牌的商品，购买者愿意为之作出特殊购买努力，如某特殊品牌或样式的小汽车、西装、摄影器材等。

（4）非寻求品。这是指消费者不了解或即使了解一般情况下也不购买的商品。如人寿保险、墓地、百科全书等。对于非寻求品，生产者要付出广告或人员推销等大量的营销努力。

（二）生产资料市场

生产资料市场是指对生产资料进行交易的场所和关系的集合。生产资料是生产过程中的劳动资料和劳动对象的总和，是任何社会进行物质生产所必备的物质条件，包括土地、厂房、仓库、机器、设备、工具等。其中，生产工具发挥着决定性的作用，生产工具的发展水平，决定了人类改造自然的广度和深度。

生产资料市场的交易有如下特点。

1. 需求具有派生性

生产资料市场的需求最终取决于生活资料市场的需求；生活资料市场需求的增减变化往往会导致生产资料市场需求的相应变化。因此，从事生产资料市场经纪的经纪人应该时刻关注和预测生活资料市场的变化，准确判断生产资料市场的相应变化趋势。

2. 专用性强，可替代性差

生产资料通常具有专用性，尤其是机械设备之类的生产工具是为进行某种生产专门设计和制造的，在材料、规格、功能等方面有专业要求，可替代性要比生活资料差很多，这也使得生产资料的需求弹性较小，整个市场具有相对的稳定性。

3. 购买集中，次数较少而批量较大

生产者的数量要远远少于普通消费者，同时，受企业生产的周期性和规模化等特点的影响，生产资料市场的购买频率低，但批量较大。

4. 决策谨慎，购买理性

企业的核心目标是获利，加上生产资料交易的数量大、金额高和技术复杂等特点，使得生产者在进行采购之前往往要经过充分的论证或听取专家意见。相对于生活资料市场而言，生产资料市场的交易理性程度要高得多。

5. 主要依赖于人员采购和合同形式

相对于生活资料市场来说，生产资料市场的渠道一般很短，主要依靠人员直接采购，这也与生产资料的购买者更集中、购买批量大、技术含量更高等交易特点相关。所以，我们很少在电视广告中发现生产原材料或大型设备之类的产品广告。为了避免双方利益受损，生产资料的买卖双方总是以合同形式缔结购销关系，确保一定时期之内生产的稳定性。

第二节　现货经纪业务

一、现货经纪业务的原则

（一）合法经纪原则

在开展现货商品经纪业务过程中，经纪人必须恪守国家法律和行业法规。一方面，经纪的商品种类必须合法；另一方面，采取的经纪手段必须合法，经纪人不得对社会或他人造成危害，自觉地维护公平公正的市场竞争环境。

（二）市场导向原则

在选择所经纪的商品种类时，经纪人要依据市场的需求，弄清市场的动向，尊重市场的力量。市场经济不同于以往的计划经济，在当前的市场环境下，不管从事什么行业，要想在激烈的竞争中胜出，就要顺从市场中那只“无形之手”的指引。

（三）服务至上原则

经纪业属于服务业，它的产品形式主要就是各式各样的服务。只有真正把客户放在首位，并做到服务至上的经纪人，才能赢得市场，收获丰厚的回报。

服务至上原则要求经纪人在经纪活动中有强烈的服务意识，而不是仅关心销售量或利润。经纪人应该把自身利益的实现建立在服务他人的基础之上，把利己和利他行为有机地协调起来。这种强烈的服务意识是发自内心的，也可以通过培养和训练形成。

【阅读材料】

服务是什么?

SERVICE 除了字面意义外，每个字母都可以分解为一项关于服务的内涵：

"S" 表示微笑（Smile for everyone）；

"E" 表示精通业务（Excellence in everything you do）；

"R" 表示态度友善（Reaching out to every customer with hospitality）；

"V" 表示视每位顾客为特别的（Viewing every customer as special）；

"I" 表示邀请顾客下次光临（Inviting your customer to return）；

"C" 表示营造温馨环境（Creating a warm atmosphere）；

"E" 表示用眼神表达关切（Eye contact that shows we care）。

二、现货商品经纪业务的类型

（一）居间经纪

居间是现货商品经纪人的主要业务，即通常所说的"对缝""跑合"，主要是经纪人通过自己所掌握的市场信息，在现货商品的买方和卖方之间架设桥梁，促成交易。

（二）代理经纪

代理是现货商品经纪人受买方或卖方的委托，为其寻找商品货源、进行采购，或者寻找买家、推销商品。代理经纪一般以委托人的名义进行，并必须在委托人的授权范围内开展业务。按照委托程度的不同，代理可以分为一次性代理、特别代理和总代理等不同形式。

一次性代理是指经纪人只拥有办理某个具体业务的代理权限，一旦业务目标完成，代理权限即告终止。如委托人委托经纪人采购某原材料，当符合要求数量、质量和价格的原材料采购工作完成后，经纪人的任务就完成了，代理权限即终止。

特别代理也称专门代理，是由特别委托行为产生的，通常针对某一系列事项。如某一地区某一时期的产品代理。特别代理只要在某一类事项中进行一次专门的委托就可以了，无须对每一次具体业务都进行授权委托。

总代理也称全权代理，是指经纪人被授权办理某类业务，或某种标的物的各种法律行为的权限。例如，经纪人接受厂商委托代销某类商品，只要不违背厂商的规定，具体的推销办法由经纪人自主确定，一般也没有期限限制。

（三）咨询服务

随着我国市场经济的不断深化，商品领域进一步扩大，商品种类极大丰富，商品信息和知识也浩如烟海。现货商品交易中对信息的收集、筛选、整理的工作变得更加重要，更加需要借助于第三方的力量。经纪人利用自身所掌握的充分的市场信息、商品知识和政策法规，为商品的供求双方提供答疑、解惑和指导等服务，这类服务的市场需求也会越来越大。

（四）其他服务

现货商品经纪人能够提供的服务是多种多样的，应该说，只要能够促成交易，不违反法律法规的服务都可以纳入经纪人的工作内容。提供咨询服务只是其中比较典型的一类。

其他的服务在不同的行业有不同的体现。例如，在汽车经纪业中，一个合格的经纪人要为客户提供售前、售中和售后的一站式服务，包括对汽车消费提供手续、信贷、保险、维修、贸易、环保、汽车文化和汽车俱乐部等方面的服务，同时也是消费者的专业购买顾问和维修保养专家。汽车经纪人提供的这些服务在西方发达国家的汽车消费中很普遍。又如，农产品经纪人帮助客户鉴定农产品的质量，拿无公害蜂蜜的感官质量来说，其具体要求见表 3-2。

表 3-2　无公害蜂蜜的感官质量要求

项目	指标
色泽	具有该品种所具有的色泽，依品种不同从水白色至深褐色
气味	有蜜源植物或花的香气，单花种蜂蜜有该种蜜源植物或花的香气，口感甜润或甜腻，某些品种略有刺激味，无其他异味
状态	常温下呈透明、半透明黏稠流体或结晶状，无发酵征兆
杂质	不含肉眼可见杂质

资料来源：中华全国供销合作总社职业技能鉴定指导中心．农产品经纪人中级技能知识．北京：中国财政经济出版社，2005.

三、现货商品经纪的业务程序

现货商品经纪业务的整个过程大致可分为四个阶段，即信息处理、业务洽谈、配套服务和达成交易。

（一）信息处理

收集、整理、储存和发布信息是现货经纪业务的起始。现代社会信息来源广、变化快，现货经纪人要善于在海量的信息中获取有用的信息，并进行有效的筛选和加工，为完成经纪业务打下基础。

（二）业务洽谈

在掌握充分信息的基础上，现货经纪人的核心工作就是业务洽谈了。这部分工作做得好，就能够成交大量的业务，沟通供需双方，实现经纪工作的社会价值，同时经纪人也可以获得可观的佣金收入。所以，现货经纪人有必要掌握良好的洽谈技巧，包括洽谈时间和地点的把握、接待礼仪、语言技巧等。

（三）配套服务

在不同经纪人都掌握了同样信息的时候，服务的水平和质量就成了竞争成败的决定性因素。现货经纪人应本着“人无我有、人有我优”的精神，在成本允许的前提下，提供尽可能好的配套服务，以争取客户和提高成交效率。

（四）达成交易

在开展业务的过程中，现货经纪人要善于观察客户的成交意向，并抓住机会，运用适当的方法促成交易。达成交易后，经纪人一方面要着手合同的拟定和签订，按协议组织货源、收取货款、交付货物，并收取佣金等，另一方面也要把本次成交当成下次业务往来的开始，注重信誉，做好后续服务。

第三节　现货商品经纪人

一、现货商品经纪人的概念

现货商品经纪人是为促成现货商品交易提供服务，并收取佣金的中间商人。这些经纪人通常既不持有实际商品，又不拥有商品的所有权，他们的主要业务活动，是为商品的买方寻找卖方，为卖方寻找买方，在买卖双方之间传递信息。

二、现货商品经纪人的分类

按照业务范围划分，现货商品经纪人可分为生活资料市场经纪人、生产资料市场经纪人和农产品经纪人。

（一）生活资料市场经纪人

生活资料市场经纪人是指在生活资料市场中从事经纪业务的公民、法人或其他经纪组织。

【阅读材料】

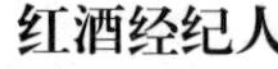
红酒经纪人

近年来，饮用高档葡萄酒在我国内地已经成为一种时尚。这与20世纪90年代的香港等地的情景颇为相似——随着经济的发展和东西方文化的融合，人们的生活方式也逐渐改变。所不同的是，中国内地的市场要广阔得多。

从2008年香港佳士得首开红酒专场拍卖开始，加之香港地区又取消了进口红酒的关税，全球华人地区消费红酒的热情进一步升温。2009年，内地拍卖公司也将红酒纳入了春拍专场之中。北京保利成为第一个“吃螃蟹”的公司。

目前国内市场上的假红酒盛行，拍卖公司如何保证自己推出的红酒质量呢？事实上，国际拍卖市场上出现的红酒基本都是由专业经纪人提供鉴定证书的。在法国，专业认证的红酒经纪人在正式执业前都有宣誓的环节。执业过程中，如果出现鉴定失误，经纪人也要负法律责任。

（二）生产资料市场经纪人

生产资料市场经纪人是指在生产资料市场中从事经纪业务的公民、法人或其他经纪组织。

【阅读材料】

收割机经纪人

2009 年，安徽省太和县在镇村两级精心筛选了 1 000 多名经纪人，引导收割机械在午收期间有序流动，保证收割进度。

城关镇农机手王文斌每年午收时，总要为联系收割田块、收取收割费用等事情忙得焦头烂额。

2009 年，王文斌只在县农机局填写了一张登记表，工作人员就为他联系好了午收经纪人。拿着签订好的收割协议，王文斌高兴地说："我们只要登记一下，他们就给我们安排好经纪人了，我们到一个地方割麦不用为联系收割田块着急，也不用担心收钱的问题，大大方便了我们午收，我们还是非常满意的。"

据统计，目前太和县共有各类收割机械 3 000 台左右。为防止午收期间出现农机扎堆窝工现象，太和县农机局从 4 月份开始就深入各乡镇了解小麦长势，分析判断成熟时间，并在镇村两级选拔了 1 000 多名午收经纪人，引导收割机械均衡布局、有序流动。同时，农机局还不断完善服务措施，积极为农机手做好后勤保障工作。太和县农机局副局长姚建军说："午收期间，我们农机部门将取消节假日和双休日，向社会公布热线电话，实行 24 小时值班制。在此我们向广大农机手和农民承诺，有困难找农机局，我们会主动做好维修服务，及时发布机收进度、机械供求等信息，引导机械合理流动，力争全县 148 万亩小麦在 3～5 天内收割完毕。"

资料来源：安徽太和千名午收经纪人确保收割机有序流动．（2009－06－05）［2020－02－10］. http://spzx.foods1.com/show_778294.htm.

（三）农产品经纪人

农产品中的一部分供居民消费，还有一部分作为原料供应给生产部门。

农产品经纪人是生活资料市场经纪人的一个重要种类，他们主要的工作是将分散生产的各种农副产品集中起来，充当由农村销往生产部门或商业部门的中介。这些经纪人活跃于农村和城市之间，在搞活农副产品流通、加强城乡联系、满足社会成员对农副产品的需求方面，有着重要的作用。

【阅读材料】

70 多岁的老人当起茶叶"经纪人"

在绍兴市王坛镇的王坛村、沙地村、坎上村和肇湖村一带，说起 70 多岁的茶叶经纪人李金安老人，大家都亲切地称他为茶农"老娘舅"。

"全靠老李，不然今年的青叶很可能就卖不掉了。"茶农张志培通过李金安，以每斤 0.30 元的价格卖出了 2 000 多斤青叶，这让张志培喜出望外："这笔'外快'想也想不到。"受金融危机影响，2009 年茶叶出口形势大不如前，造成大众茶滞销，一些茶叶收购点从年初就传出了不收购青叶的消息，大大影响了茶农生产的积极性，张志培等茶农甚至已经放弃了采摘大众茶。

就在茶农们心灰意冷的时候，年已古稀的李金安老人凭着自己 20 多年的收茶经验，和嵊州等地的初制茶厂联系好了业务，签订了几十万千克的茶叶青叶购销合同。从2009年4月底开始，李金安在肇湖村医疗站等村内较为热闹的地方张贴了收茶告示。起初有些茶农还将信将疑，怕自己摘了青叶老李不收。“你们去摘吧，肯定能卖出去，青叶烂了我负责!”李金安拿出1万元作为青叶收购款，先行垫付给茶农，让茶农吃下了“定心丸”。

资料来源：70多岁的老人当起茶叶“经纪人”（2009-05-21）[2020-02-10]. http://www.21food.cn/html/news/35/463930.htm.

三、现货商品经纪人的素质要求

（一）较强的市场意识

尽管我国市场经济已经经过了多年的发展，但在现货商品市场中仍然存在很多市场机会。这些机会的发掘和把握，需要现货商品经纪人拥有较强的市场意识。

（二）正确的法律观念

现货商品的市场机会很多，相应的管理也很严格。现货商品交易的底线是不要交易国家法律法规禁止流通的商品，在交易过程中要严格遵守所处行业的管理规定。

（三）丰富的商品知识

现货商品经纪人应该拥有所从事行业的相关商品的丰富知识，这些商品知识一方面来源于书本或理论学习，另一方面来源于工作实践中的积累。后者更为重要。例如，农产品经纪人一定要对自己所交易产品的各类性质都非常熟悉，要能够对其品质进行准确鉴定，要知道在存储过程中怎样进行正确保管，要明白在运输过程中的注意事项等。否则，在商品交易过程中就有可能会出现差错，不仅使商品遭受破坏，也会使相关方在经济上蒙受损失。

【阅读材料】

绿豆的保管

绿豆不易保管。对于绿豆危害最大的是绿豆象，人们习惯上称它为“豆牛子”。其成虫极为活跃，在交尾10分钟后即可产卵，卵产在绿豆豆粒中，每粒有4～5个。每个雌绿豆象可产卵70～80个，会很快将绿豆蛀成空壳，无法食用。

防治绿豆象的办法是：将绿豆扬净晒干（不要在水泥地面、铁板或油毡上暴晒，以免将绿豆晒死而不能生芽或芽弱）后过筛，在25℃的温度条件下，每1 000立方毫米绿豆用1.6克磷化铝药物熏蒸3～5天，防治效果最好。这种方法既能杀死虫卵，又不影响食用和生产豆芽。熏蒸后再将绿豆暴晒两天后装入囤内，周围填充麦糠，封闭严实，此方法杀虫率可达到98%～100%。

资料来源：中华全国供销合作总社职业技能鉴定指导中心．农产品经纪人中级技能知识．北京：中国财政经济出版社，2005.

（四）足够的谈判技巧

农产品经纪人是买卖双方的纽带，连接着城乡之间的市场，活动的范围比较广泛，其良好的社交能力可以充当经纪活动的润滑剂，调整经纪人与他人之间的各种关系。一定的公关手段和谈判技巧也相当重要，它可以让经纪人迅速打开经纪局面，并争取到更好的利润率。

（五）良好的商业道德

正所谓“小成靠智，大成靠德”，现货商品经纪人要想在商业领域有大的成就，就应该依靠良好的商业道德。

我国自古推崇优良的商业道德。古人把商人分为两类：一类是诚贾（良商），另一类是贪贾（奸商）。前者讲究商业道德，以诚信为本，以信义为重，薄利多销，货真价实；后者唯利是图，不讲诚信，不求信誉，压价抬价，掺杂作假，囤积居奇。

我国传统的商业道德以“诚信”为核心，在具体的商业行为中主要体现为：一是在商品价格上求价实，“市不二价”被视为民风淳朴的表现，“口不二价”被认为是经商者的美德；二是在商品质量上求货真；三是在商品计量上求量足。

我国著名的中药老字号同仁堂始终恪守“炮制虽繁必不敢省人工，品味虽贵必不敢减物力”的古训，树立“修合无人见，存心有天知”的自律意识，造就了制药过程中兢兢业业、精益求精的严细精神，其产品以“配方独特、选料上乘、工艺精湛、疗效显著”而享誉海内外。

主要概念

现货　现货交易　生活资料市场　生产资料市场　农产品经纪人

练　习

1. 举例说明什么是现货商品。
2. 为什么说现货商品交易并不等于“一手交钱，一手交货”？
3. 现货商品交易有哪些特点？
4. 现货商品经纪的原则是什么？
5. 对现货商品经纪人有哪些素质要求？

实　训

1. 考察下自己的家乡有哪些土特产，并思考一下这些土特产是否有更多的市场机会，最后撰写一份关于家乡土特产的市场调研报告。

2. 阅读下面的材料，讨论：目前城乡市场或农产品交易中还存在哪些经纪业务介入的机会？

利人利己的秸秆经纪

昔日令农民深感头疼的秸秆，如今在泰州市娄庄镇袁联村一带变得异常紧俏，每吨售价在100元以上。

这得益于该村近年来涌现的一批“秸秆经纪人”。

2009 年 11 月 6 日一早，记者在袁联村砖瓦厂附近一个铺满秸秆的场地上找到了满身草絮的胡铁官。这位年过半百的秸秆经纪人告诉记者：“现在，既要将秸秆第一时间打包运往市场销售，又要帮助缺劳力的农民将田里的秸秆清运出来，还真有点忙！”

6 年前，胡铁官在袁联村成立了一家秸秆收购站，将秸秆打包销给外地的造纸厂。“造纸厂过去多用废纸做原料。用秸秆粉做原料后，生产的瓦楞纸硬度和韧性明显增强，生产成本也有所降低。”胡铁官说，大型造纸企业对秸秆的需求量很大，销路一点都不用发愁，关键是组织收购和运输环节要花点力气。

胡铁官说，随着政府全面禁烧秸秆以及秸秆综合利用的推广，秸秆成为制作复合板材和种植蘑菇的重要原材料，袁联村也先后涌现出了 18 个农民秸秆经纪人，专门收集秸秆并销售到他的收购站。

“少点一把火，就能多挣几百元钱。”农民张老汉笑着告诉记者，现在袁联村以及周边各地没有一个农民焚烧秸秆，每亩地的秸秆最高可以卖 110 元。

张老汉说：“一亩麦草捆扎送到草粉厂，一个壮劳力要花一天时间。现在年轻人多数在外打工，在家留守的大都是老弱病残，幸亏有了这些经纪人！”

据介绍，当地的秸秆经纪人创立了一种双赢模式，即农民用秸秆抵算捆运的工钱，由经纪人雇人把农田里的秸秆运走，再出售给收购站。

随着秸秆禁烧政策的推动，周边地区不少农民将稻草堆积起来等待收购。经纪人吴友林说，他买了一台拖拉机，在泰州、东台、海安三地收购稻草，每年纯收入 1 万多元。

“我的秸秆收购站在秸秆买卖中每吨利润有 10 多元，一年吞吐量可达 3 000 吨。”胡铁官说，他的目标是在每个乡镇都建一个收购站点，建一支秸秆经纪人队伍，通过“农户—经纪人—收购站点—企业”的合作模式，让秸秆更好地“变废为宝”。

资料来源：姜堰市秸秆经纪人卖秸秆给造纸厂年入万元．(2009 - 11 - 11)［2020 - 02 - 10］. http://www.paper.com.cn/news/daynews/2009/091111084422908308.htm，有改动.

第四章　期货经纪

【学习目标】

1. 掌握期货的概念，理解期货市场的功能，了解期货交易所和期货公司的概念与作用，掌握期货交易的特点，并能够比较其与现货交易、远期交易的差异。

2. 掌握期货交易的流程和期货经纪业的制度特点，了解我国期货经纪业的现状。

3. 掌握期货经纪人的工作内容，了解期货从业资格的获取。

开篇案例

黄金期货与“中国大妈”

2014 年 5 月的最后一周，金价连续跌破每盎司 1 270 美元、1 260 美元和 1 250 美元关口，到 5 月份最后一个交易日，纽约市场黄金期货价格收于每盎司 1 246 美元，创下了 2 月份以来的新低。2014 年 5 月，纽约现货黄金价格累计下挫 3.8%。国内市场方面，上海期货交易所、上海黄金交易所黄金期货、现货价也都创下了 2 月中旬以来的新低。

跌至 4 个月新低的国际金价，让 2013 年疯狂购金的“中国大妈”们再度陷入困境之中。2013 年全年黄金价格一路跳水，全年下跌近 28%，创下了 1981 年以来最大年度跌幅，最低触及 1 321 美元/盎司的 27 个月新低。随后“中国大妈”们疯狂买入，“抄底”黄金一战成名。《华尔街日报》甚至专创了英文单词“dama”。然而，一年时间过去了，金价并未如“中国大妈”们预期的那样在下跌之后会持续上涨。“中国大妈”们悉数被套牢。

中国黄金协会数据显示，2013 年 4 月爆发的抢金潮中，“中国大妈”们在当年二季度消费了 385.82 吨黄金，上半年金条消费更是大幅增长了 86.5%，以北京千足金金价为例，一年时间千足金每克下跌 69 元，当初购入黄金的“中国大妈”们，如今累计亏损约 260 亿元人民币。

思考：黄金期货与黄金现货有什么区别？

第一节　期货概述

期货事实上是一种对特定商品的买卖契约，它是商品经济发展到一定阶段的产物。期货既可以归入有价证券的范畴，又是与现货商品相对应的一个概念，为了更好地了解它的运作和经纪业务，我们在学习完现货经纪后，用单独的一章来介绍期货经纪。

一、期货的概念和历史

期货，一般指期货合约，是指由期货交易所统一制定的、规定在未来某一时间内交付或提取某一特定商品的标准化合约，它要受相关的法律法规约束。广义的期货概念还包括了交易所交易的期权合约，大多数期货交易所同时上市期货与期权品种，我们这里主要对狭义的期货进行学习。

人类商品交易最初的形式是有限对象的“物物交换”。物物交换的局限催生了支付中介——货币。用货币标价令现货交易范围不断扩大，而货币的融通进一步拓宽了现货交易的空间。随着商品交易程度的加深，现货交易在时间上的局限也得以突破，以签订合同进行未来商品交易的“远期交易”出现。为了进一步拓宽远期交易的空间并提高交易效率，某些大宗商品的远期交易合同经标准化后可以在统一的机构监管下买卖，于是，以标准化的远期合约为交易对象的“期货交易”终于问世。可以说，期货的出现是商品贸易活动不断克服空间和时间束缚的结果。

从具体的历史事件看，期货起源于 19 世纪中后期的美国。19 世纪三四十年代，毗邻美国中西部平原和密歇根湖等独特地理位置的芝加哥发展为美国重要的粮食集散地。由于粮食生产特有的季节性，加之交通不便、库容有限等原因，谷物在短时间内集中上市，供给量大大超过当地市场需求，而恶劣的交通状况又无法使谷物及时疏散，仓储设施不足也使粮食无法采取先大量购入再伺机出售的办法，所以价格一跌再跌，甚至无人问津。而到次年春季时，又因供给不足，谷物的价格飞涨。为解决价格大幅起落带来的经营风险问题，部分粮食收购商一方面在该地交通要道增设了仓库、扩大上市季节采购量；另一方面又与粮食加工商、销售商签订次年春季的供货合同。这样，这些收购商通过联产联销，基本锁定了预期利润。不过，远期合同内容通常包括商品品质、等级、价格、数量、交货时间等诸多方面，当双方情况或价格发生变化时，很难将合同转手其他人。另外，能否执行合同还要视对方信誉而定，确保执行合同的成本较高、执行风险较大等。为保证远期合同交易的顺利进行，1848 年，由 82 位商人成立的商会组织——芝加哥期货交易所提供统一的平台为市场提供远期合同交易，并推出了标准化的远期交易合同。期货交易所执行保证金制度，向签约双方收取不超过合约价值 10%的保证金，作为履约保证。1882 年，芝加哥期货交易所允许对冲解除履约；1883 年又出现结算协会，为交易所会员提供对冲工具；1925 年，芝加哥期货交易所结算公司成立，所有交易通过结算公司结算。至此，期货交易完成了所有重要的制度创新，标志着现代意义期货交易的真正诞生。

【阅读材料】

芝加哥期货交易所

CBOT

芝加哥期货交易所（Chicago Board of Trade，CBOT）是当前世界上最具代表性的农产品交易所。它除提供玉米、大豆、小麦等农产品期货交易外，还为中长期美国政府债券、股票指数、市政债券指数、黄金和白银等商品提供期货交易市场，并提供农产品、金融及金属的期权交易。芝加哥期货交易所的玉米、大豆、小麦等品种的期货价格，不仅成为美国农业生产、加工的重要参考价格，而且成为国际农产品贸易中的权威价格。

二、期货的种类

期货总体上可分为商品期货和金融期货两大类。商品期货主要包括农产品期货、金属期货和能源期货三类，这三类共占世界期货市场交易总量的40%左右。金融期货则包括利率期货、外汇期货、股指期货等。

（一）商品期货

1. 农产品期货

农产品期货的交易者，除了投机者之外，可能是农产品的生产者，也可能是农产品的加工者，他们都希望在期货市场中进行操作以回避风险。生产者希望回避农产品价格下跌的风险，而加工者希望回避作为原材料的农产品价格上涨的风险。农产品期货价格有一个重要特点，即存在与农产品生产周期相同的周期性。

2. 金属期货

金属期货可以细分为两类，即贵金属期货（黄金、白银、铂等）和工业金属期货（铜、铝、铅等）。金属期货价格没有农产品期货那么明显的周期性，它受宏观经济状况、经济周期、通货膨胀等较多因素的影响。

3. 能源期货

能源期货的交易量逐年上升，其最主要的交易品种是原油和原油产品。原油期货的交易量超过能源期货总体的60%。能源期货价格的主要特点是：期货价格一般低于现货价格，到期日越远的合约，其价格越低。

（二）金融期货

金融期货交易的是某种金融工具的标准化合约，合约中规定的价格就是期货价格。20世纪70年代初，世界金融市场出现了巨大变化，当时西方国家出现了严重的通货膨胀，固定汇率制被浮动汇率制取代，金融市场上的利率、汇率和证券价格急剧波动，原有的远期交易由于其流动性差、信息不对称、违约风险高等缺陷无法满足市场的需要。应运而生的金融期货发挥了转移金融工具价格风险和价格发现的重要作用。

利率期货是标的资产价格依赖于利率水平的期货合约，如长期国债期货、短期国债期货、欧洲美元期货等。外汇期货的标的物是外汇，如美元、欧元、日元等；股指期货则是以股价指数为标的的特殊合约，因为股价指数没有具体的实物形式，双方在交易时只能把股价指数的点数换算成货币单位进行结算，而没有实物的交割。

三、期货市场与期货交易所

（一）期货市场

期货市场是进行期货合约买卖的场所，也是所有期货交易关系的总和。从组织结构上看，狭义的期货市场仅指期货交易所，广义的期货市场则包括期货交易所、结算所或结算公司、期货公司和期货交易员等。

现代期货市场有如下几个重要功能。

1. 回避风险功能

现代期货市场最突出的功能就是为生产经营者提供回避风险的手段，即生产经营者通过在期货市场上开展套期保值业务来回避价格波动的风险。套期保值就是买进或卖出与现货数量相等但交易方向相反的商品期货合约，以期在未来某一时间通过卖出或买进期货合约而补偿因现货市场价格变动所带来的实际价格风险。

2. 价格形成功能

期货市场集中了大量的交易者，确保了市场的流动性，同时，它提供了严格的规则和法律保障，如禁止操纵市场、平等竞争、场内公开化交易等，使市场价格的形成有良好的条件，形成的价格能真实地反映供求的变化。期货市场由一系列体制性保障，如会员制、保证金制、公开叫价制等，来保证公平竞争原则的贯彻。这样，在期货市场中通过竞争形成的价格，对于生产者和经营者来说，投入期货市场的是信息，产出的是价格，这种价格又反过来调节供求，作用于国民经济的发展。

3. 利用闲置资金的功能

无论是发达国家还是发展中国家，都存在一定量的闲置资金，这些资金没有用于长期储蓄或投资，从时间上讲有一段时间的闲置。有了期货市场之后，这些资金就有了用武之地：可以短期投资于期货市场，进行风险投资，获取风险利润。这样，期货市场的连续运行消除了这些资金的短期闲置，使闲置资金得以利用。

（二）期货交易所

期货交易所是为期货交易提供场所、设施、服务和交易规则的非营利性机构。交易所一般采用会员制，入会条件很严格，各交易所都有具体规定。

我国（港澳台地区除外）目前共有四家期货交易所，分别是上海期货交易所、郑州商品交易所、大连商品交易所和中国金融期货交易所。上海期货交易所成立于1990年11月26日，上市交易的有铜、铝、天然橡胶、燃料油、黄金、锌等品种；郑州商品交易所成立于1990年10月12日，交易的品种有强筋小麦、普通小麦、PTA、白糖、菜籽油等期货品种；大连商品交易所成立于1993年2月28日，交易的品种有玉米、黄大豆1号、黄大豆2号、豆粕、豆油、聚丙烯、棕榈油等；中国金融期货交易所于2006年9月8日在上海成立，目前交易的品种是沪深300指数期货。

国际上有影响力的期货交易所除了前面提到的芝加哥期货交易所外，还有芝加哥商业交易所（CME）、纽约商业交易所（NYMEX）、纽约期货交易所（NYBOT）、伦敦金属交易所（LME）、伦敦国际石油交易所（IPE）、东京工业品交易所（TOCOM）等。

【阅读材料】

期货市场的阶段性特征

五年来，我国资本市场发生了转折性的变化，但“新兴加转轨”的基本阶段性特征没有发生根本性的变化。具体到上海期货交易所，“新兴加转轨”的市场特征主要表现在以下五个方面：一是现有交易品种发展不平衡，石油、钢材等关系国计民生的重要品种还未推出，难以适应相关企业对风险管理工具的需求，制约了市场功能作用的充分发挥；二是投资者结构不合理，机构投资者，特别是金融机构投资者所占比例较小，影响了市场定价能力的有效发挥；三是市场参与者还需要进一步增强“期货是风险管理工具，期货市场自身的风险也需要管理”的风险意识，科学理性利用市场工具的能力不强；四是会员内控机制还没有上台阶，还需要进一步加强人才队伍建设和提升管理能力；五是相关商品还存在一些体制性、机制性障碍，对市场平稳运行还有影响。

资料来源：上海期货交易所 2008—2012 年度战略规划．

四、期货公司

期货公司是依法设立的经营期货业务的金融机构。设立期货公司，应当经国务院期货监督管理机构批准，并在公司登记机关登记注册。未经国务院期货监督管理机构批准，任何单位或者个人不得设立或者变相设立期货公司，经营期货业务。

期货公司接受客户委托、按照客户的指令、以自己的名义为客户进行期货交易并收取交易手续费，其交易结果由客户承担。它是客户和交易所之间的纽带，客户参加期货交易只能通过期货公司进行。由于期货公司代理客户进行交易，向客户收取保证金，因此，它还有保管客户资金的职责。2007 年 3 月 16 日颁布的《期货交易管理条例》（2017 年修订）对期货公司的定位、业务范围等作出了规定。

申请设立期货公司，注册资本的最低限额为人民币 3 000 万元。国内创立早、规模大的期货公司有中国国际期货有限公司、万达期货有限公司、浙江省永安期货经纪有限公司等。

一般来说，期货公司内部有如下几个部门。

（一）保证金账户部门

该部门的主要职能是监督和审查每个客户的账户，确保客户有充足的保证金去支付其所持有的期货合约，并且该部门还密切关注客户的资信状况，以防止客户因资金问题给期货公司带来损失。

（二）结算部门

该部门的主要职能是核对每笔期货交易与结算所的记录是否完全一致，负责与结算所之间进行应收盈利额以及应负亏损额的每日清算工作。

（三）落盘部门

该部门负责把客户的期货交易单送到期货交易场内交易员手中，再将场内成交情况及时传达给客户。目前这种信息的传递主要借助于计算机网络在极短的时间内完成。

（四）现货交收部门

该部门主要负责到期期货合约的实物商品钱货交收，以及有关的期货交易交收文件和货物往来。

（五）客户服务部门

该部门直接负责经纪业务，部门内的人员都是期货公司的经纪业务人员。该部门具体负责培育客户、开拓市场，并向客户介绍期货交易的规则，为客户办理期货合约买卖的各项手续，接受客户的咨询。客户服务部门的员工必须经过系统而严格的专业培训，并通过国家期货从业资格考试，向期货协会注册，再经期货公司录用，否则视为非法。

（六）研究发展部门

该部门负责研究分析期货市场与现货市场信息，并作出市场分析和市场预测。

（七）行政管理部门

该部门主要负责期货公司的日常行政管理。

五、期货交易

与证券交易类似，我国的期货交易也采取会员制，一般投资者不能直接进入期货交易所交易，只能委托会员代为交易。期货交易所会员应当是在我国境内登记注册的企业法人或者其他经济组织，其主体即期货公司。

（一）期货交易与现货交易的比较

结合前面的介绍，我们可以总结期货交易与现货交易的区别，具体如表 4-1 所示。

表 4-1　期货交易与现货交易的区别

项目	现货交易	期货交易
买卖对象	实物商品	标准化合约
交易目的	获得所有权	套期保值或获取风险利润
交易方式	议价谈判	公开竞价
交易场所	不受交易时间、地点、对象限制	必须在交易所内进行公开集中的交易
商品范围	无限制	主要是农产品、石油、金属商品及一些初级原材料和金融产品

需要说明的是，并不是所有的商品都可以用期货的形式交易，一般来说，作为期货商品，应当具有等级容易划分、运输比较方便、能够储藏、有广泛的买卖需求等特性。

（二）期货交易与远期交易的比较

远期交易本质上属于现货交易，只是在时间上有所延伸，使它与期货交易有了一些相似之处。从历史上看，远期交易确实是期货交易的雏形。虽然两者都是买卖双方约定在未来某一特定时间以约定的价格买入或卖出一定数量的商品，但我们不能把两者混淆起来。

表 4-1 所比较的期货交易与现货交易的区别，在这里总体上仍然适用。如从买卖对象上看，远期交易的对象仍然是实物商品，交易目的仍然是获取所有权，交易的商品范围也没有限制；而期货交易的对象是标准化合约，交易目的是套期保值和获取风险利润，交易的商品范围有所限制。

尤其重要的是，远期交易的保障是交易双方的经济实力和信誉，通常需要对对方的信用状况进行调查；而期货交易由交易所内的结算机构负责双方的履约，并采取每日无负债的结算制度，信用风险很小。

(三) 期货交易与股票交易的比较

期货交易与股票交易也存在一些明显的差异，具体如下。

1. 交易额度不同

股票交易须缴纳全额资金，期货交易一般情况下只需缴纳合约价值10%～15%的保证金，具有资金杠杆功能。

2. 交易方向不同

股票交易须通过做多（先买后卖）获利，期货可以通过做多（先买后卖）和做空（先卖后买）两种方式获利，上涨和下跌的行情都具备获利机会。当然，最终能够获利的前提是判断准确和操作得当。

3. 交易时限不同

股票是 T+1 交易，即买入股票后最快在第二个交易日才可以卖出；期货是 T+0 交易，在买入期货的当日可以在开盘期间随时卖出，次数不限。

4. 兑现盈利不同

股票交易的盈利需要把该股票卖出了结后的第二天才可以取出资金兑现；期货交易可以在不需要平仓了结交易的情况下把浮盈取出兑现，平仓后解冻的保证金当日可以支取。

(四) 期货交易的特点

期货交易自诞生之后，经过长期的探索和市场的选择，形成了如下一些突出的特点。

1. 规范化交易

期货交易是一种规范化的交易，有固定的交易程序和规则，期货合约也有标准化形式，交易品种的单位、数量、质量等方面有统一的要求，故交易效率很高，一笔交易通常在几秒钟内即可完成。

以郑州商品交易所的上市品种白砂糖为例，其标准合约如表 4-2 所示。

表 4-2 郑州商品交易所上市品种白砂糖的标准合约

交易品种	白砂糖
交易单位	10 吨/手
报价单位	元（人民币）/ 吨
最小变动价位	1 元 / 吨
每日价格最大波动限制	不超过上一个交易日结算价±4%
合约交割月份	1、3、5、7、9、11
交易时间	每周一至周五上午 9:00—11:30,下午 1:30—3:00(法定节假日除外)
最后交易日	合约交割月份的第 10 个交易日
最后交割日	合约交割月份的第 12 个交易日
交割品级	标准品：一级白砂糖（符合 GB317-2006)；替代品及升贴水见《郑州商品交易所期货交割细则》
交割地点	交易所指定仓库
最低交易保证金	合约价值的 6%
交易手续费	4 元 / 手（含风险准备金）
交割方式	实物交割
交易代码	SR
上市交易所	郑州商品交易所

2. 杠杆效应

期货交易只需交纳合约价值5%～10%的履约保证金就能完成数倍乃至数十倍的合约交易。由于期货交易保证金制度的杠杆效应，使之具有了“以小搏大”的特点，交易者可以用少量的资金进行大宗的买卖，节省大量的流动资金。

3. 市场透明，风险管理制度健全

期货交易的信息完全公开，交易采取公开竞价方式进行，并设立了严格的违规处罚制度，使交易者在平等的条件下公开竞争。

所谓强行平仓，一般是指当客户所持未平仓合约与当日交易结算价的价差亏损超过一定比率后，客户又未在规定期限内追加保证金时，期货公司有权将客户的在手合约强制平仓，以降低保证金水平和减少风险，保证客户免受更大的经济损失。强行平仓的后果由客户承担。

【阅读材料】

武汉女期民暴富神话的破灭

2005年7月，武汉女期民万群（化名）拿着6万元开始涉足期货市场，此前她已炒股10年。步入期市的头两年，万群的战绩并不出众，其保证金从最初的6万元缩水至4万元；直到2007年下半年，她的交易账户才逐渐引起了期货公司的注意。

2007年8月下旬起，万群开始重仓介入豆油期货合约，这也成为万群期货交易的转折点。此后两三个月，豆油主力合约0805从7 800元/吨起步，一路上扬至9 700元/吨。但油脂大牛市远未结束——进入2008年，豆油加速上涨，主力合约在突破10 000元/吨大关后，不断创出历史新高。2008年2月底，豆油0805已经逼近14 000元/吨，也就是在那时，万群的账面保证金突破了1 000万元，成为名副其实的“千万富翁”。

与股市一样，没有只涨不跌的期市。在3月4日，豆油从涨停摔到跌停，万群的账户因保证金不足，被强行平仓了一部分合约，但这并未引起她的重视。

3月11日上午，连续两个交易日无量跌停的豆油期货打开跌停板。大连商品交易所豆油主力合约0805、0809盘中双双翻红，收盘分别下跌0.83%和0.36%。但由于没有能力追加保证金，万群所持有的最后300手合约被强行平仓，最终，她的账户保证金只剩下了不到5万元。

思考：这个案例体现了期货交易什么样的特点？

第二节　期货经纪业务

一、期货经纪业概述

期货经纪业是接受客户委托专门从事期货买卖的行业。一个国家或地区的经济发展状况决定着该国或该地区的期货经纪行业结构，行业随着经济的不断发展而逐步完善。

期货经纪业一般由如下几种业态构成：

（1）期货佣金商。期货佣金商是期货交易所的结算会员，在期货交易所里拥有交易席位，设有指令室和客户开发服务部门，连接有反映期货交易即时行情的通信设备。它需要负责客户开发，并接受和完成客户的交易指令，为客户进行期货业务经纪，管理客户保证金，清算客户交易结果等。

(2) 介绍经纪商。介绍经纪商是期货佣金商的独立代理商，负责寻访、联系客户并接受客户交易委托，然后转手通过期货佣金商到期货交易所进行交易。

(3) 商品合作基金经理。商品合作基金经理将期货投资者的资金加以集中形成基金，实行统一管理，并组织专业人员进行期货买卖。

(4) 商品交易顾问。商品交易顾问专门为期货客户提供期货买卖和交易信息咨询。

(5) 经纪代理商。经纪代理商为期货佣金商和介绍经纪商开发期货客户。

(6) 场内经纪人。场内经纪人在期货交易所内的交易席位上接受交易指令，并负责完成交易指令。

二、期货交易流程

(一) 开户

如前所述，一般投资者不能直接进行期货交易，需要先到一家期货公司开户，确定委托代理关系，再由经纪人代为交易。开户时要签署《风险提示声明书》《套期保值交易账户证明书》《商品交易账户协议书》等。

(二) 委托与成交

如前所述，在期货交易市场，一般投资者买卖期货是不能直接进入交易所办理的，而必须通过交易所的会员来进行。投资者需要授权经纪人代为买卖，交付有关佣金和费用以及指示想要交易的商品名称、价格、交易类别、交易数量、期货时间、合约到期日等。

经纪商接到投资者的委托后，先要对投资者身份的真实性和合法性进行审查。审查通过后，经纪商再将投资者的委托指令传送到交易所进行公开报价交易，并将交易结果迅速通知有关客户。

(三) 平仓与结算

当客户要求将期货平仓时，要立即通知经纪人，再由经纪人把指示传送到交易所，对销或了结后，再回报给客户。当客户在短期内不平仓，一般应在每天或每周按当天交易所结算价结算一次，如账面出现亏损，客户须暂时补交亏损差额；反之，账面出现盈利，则转移盈利差额给客户。直到客户平仓时，再结算最终盈亏额。

三、期货经纪业相关制度

期货交易所应当按照国家有关规定建立、健全风险管理制度。

(一) 保证金制度

保证金制度也称押金制度，指清算所规定的、达成期货交易的买方或卖方应交纳履约保证金的制度。在期货交易中，任何交易者必须按照其所买卖期货合约价格的一定比例缴纳资金，作为其履行期货合约的财力担保，然后才能参与期货合约的买卖，并视价格确定是否追加资金，这种制度就是保证金制度，所交的资金就是保证金。

(二) 当日无负债结算制度

当日无负债结算制度是指当日交易结束后，交易所按当日结算价对结算会员结算所有合约的盈亏、交易保证金及手续费、税金等费用，对应收应付的款项实行净额一次划转，相应增加或减少结算准备金。结算会员在交易所完成结算后，按照前述原则对客户、交易会员进行结算；交易会员按照前述原则对客户进行结算。

（三）涨跌停板制度

涨跌停板制度是指期货合约在一个交易日中的成交价格不能高于或低于以该合约上一交易日结算价为基准的某一涨跌幅度，超过该范围的报价将视为无效，不能成交。在涨跌停板制度下，前一交易日结算价加上允许的最大涨幅构成当日价格上涨的上限，称为涨停板；前一交易日结算价减去允许的最大跌幅构成价格下跌的下限，称为跌停板。因此，涨跌停板又称每日价格最大波动幅度限制。涨跌停板的幅度有百分比和固定数量两种形式。如上海金属交易所的铜、铝涨跌停板幅度为3%，涨跌停板的绝对幅度随上日结算价而变动；郑州商品交易所绿豆合约以前一日的结算价为基准，上下波动1 200元/吨作为涨跌停板幅度。

（四）持仓限额和大户持仓报告制度

持仓限额是指交易所为防范操纵市场价格的行为和防止市场风险过度集中于少数投资者，对会员及客户的持仓实行限制的制度。超过限额，交易所规定可强行平仓或提高保证金比例。大户持仓报告制度是与限仓制度紧密相关的又一个防范大户操纵市场价格、控制市场风险的制度，是指会员或客户某一合约持仓达到交易所规定的持仓报告标准时，会员或客户应当向交易所报告的制度。

（五）风险准备金制度

风险准备金制度是指期货交易所从自己收取的会员交易手续费中提取一定比例的资金，作为确保交易所担保履约的备付金的制度。交易所设立风险准备金，是为了维护期货市场正常运转而提供财务担保和弥补因不可预见风险带来的亏损。

四、我国期货经纪业的发展历程和现状

期货经纪业作为期货市场体系中的基本环节和重要纽带，为我国期货市场的迅速起步、不断推广和逐步规范作出过重要贡献，其发展历程大致经历了三个阶段。

1991年至1993年是期货经纪业的初创兴起与混乱发展时期。从1991年开始，特别是1992年邓小平同志南方谈话以后，许多从事金融服务业的港台商人纷纷涌入长江以南大中城市，通过与地方政府部门合作，开办从事期货代理为主的经纪公司和投资咨询公司，形成我国期货经纪业的第一次高潮。这一阶段期货经纪业由于刚刚起步，从事期货代理的各类公司一哄而起，混乱扩展，管理也不完善，造成国家外汇大量流失和国有资产损失严重。

1994年至1997年是期货经纪业迅速发展和实力壮大时期。针对期货市场试点，特别是国际期货代理出现的严重问题，国务院和证监会相继出台文件，对期货市场进行治理整顿，并对原有期货公司按新标准进行备案和审核，到1995年年底，证监会对符合条件的330家期货经纪公司首次颁发了期货经纪业务许可证，并统一由国家工商管理部门注册登记。

1998年之后是期货经纪业进入结构调整和规范发展的时期。自1998年开始，期货市

场在加强监管中逐步规范。由于国家对参与期货交易主体严格限制，股市持续高涨，以及期货活跃交易品种较少，期货交易量大幅度下降，使半数以上期货公司不得不进行强制性结构调整。1999 年 6 月 2 日，国务院颁布《期货交易管理暂行条例》，中国证监会出台与之配套的《期货经纪公司管理办法》等四个管理办法，使期货经纪业在低潮中开始大规模整顿和转让重组，主要表现是：（1）期货兼营机构会员停止从事期货代理业务。（2）一批抗风险能力弱或违规经营严重的期货经纪公司因年检不过关和难以达到最低注册资本金要求而淘汰关闭或转让重组。（3）已通过年检保留下来的期货经纪公司最低注册资本金在 1999 年 10 月前须提高到 3 000 万元人民币，并重新审核和注册登记。

经过几十年的发展，我国的期货经纪业总体上取得了长足的进步，相关的法治环境逐步完善，期货经纪业布局基本合理，并逐步形成区域特色，也形成了一批具有专业优势的期货公司，风险事故已大大减少。该行业现阶段仍存在一些较突出的问题，主要体现在：期货公司数量过多，经营规模太小；期货公司的经营效果和外部环境尚不够好；期货公司的服务项目雷同，服务水平较低下等。

参照市场经济发达国家的情况，可以肯定的是，期货经纪业的前景是光明的，要克服其发展过程中暂时的困难，一方面需要外部环境的进一步改善，另一方面也需要期货公司和经纪人的努力，如加强市场营销工作，注重品牌经营和公司信誉，提高经纪人的专业服务水平等，当然，这都需要更多的有志之士投入期货经纪行业。

第三节 期货经纪人

一、期货经纪人概述

期货经纪人是指以收取佣金为目的，从事期货交易的中介，该中介在接受客户的委托指令后，以自身名义进行期货交易或代客买卖期货。

期货经纪人可以指个人，也可以指组织。在我国，作为个人的期货经纪人通常是指隶属于期货公司、开展经纪业务的从业者，这种含义在日常口语中很常用；作为组织的期货经纪人通常是指发挥经纪功能的期货公司。

二、期货经纪人的工作内容

（一）开发市场

期货公司生存和发展的基础是有足够多的客户和足够大的交易量，所以期货经纪人工作的首要任务就是培育客户和开发市场。尤其是在我国期货市场尚不发达、期货交易尚不被普遍了解和接受的现状下，经纪人更肩负着推广期货基础知识和基本功能的任务。

（二）为客户办理期货交易的各项手续

期货交易的手续主要集中在开户阶段，开户也是客户与期货公司建立委托代理关系的过程。在这个过程中，经纪人首先要确认客户符合开户条件：具有完全民事行为能力；有与进行期货交易相适应的自有资金或者其他财产，能够承担期货交易风险；有固定的住所等。

具体的开户流程和手续如下：

（1）客户提供有关文件、证明材料。个人客户需要提供身份证、银行卡或存折等，法人客户需要提供营业执照、法人代表证件等。

(2) 期货公司向客户出具《风险揭示说明书》和《期货交易规则》，向客户说明期货交易的风险和基本规则。在客户准确理解《风险揭示说明书》和《期货交易规则》的基础上，由客户在《风险揭示说明书》上签字、盖章。

(3) 期货经纪机构与客户双方共同签署《客户经纪合同书》，明确双方权利义务关系，正式形成合作关系。

(4) 期货经纪机构为客户提供专门账户，供客户从事期货交易的资金往来，该账户与期货经纪机构的自有资金账户必须分开。客户必须在其账户上存有足额保证金后，方可下单。

（三）向委托人详细介绍期货合约的内容和交易规则

经纪人向委托人介绍期货合约和交易规则，可以是在开户之前和开户过程中，也可以是在开户后的交易过程中随时为委托人答疑解惑。

（四）及时向委托人报告市场信息，充当委托人的交易顾问

经纪人有义务将重要的市场信息告知委托人，委托人在交易过程中有任何疑问都可以向经纪人咨询。当然，经纪人不能利用这个机会进行违规的操作，如利用自己掌握的专业知识，说服委托人把账户交给自己操作等。

（五）维护委托人的利益，按委托人的指令进行期货交易

经纪人需要有意识地维护委托人的利益，认真地按委托人的指令进行期货交易。由于技术手段的进步，目前大部分的交易都由客户通过软件和网络直接委托和撮合成交了，并不需要经纪人的直接介入。

三、期货从业资格的获得

期货从业人员资格考试是期货从业准入性质的入门考试，是全国性的执业资格考试。依照《期货从业人员管理办法》，中国期货业协会负责组织从业资格考试。如果希望进入期货公司从事期货经纪方面的工作，通过期货从业人员资格考试是必需的。

（一）报考条件

年满 18 周岁；具有完全民事行为能力；具有高中以上文化程度；中国证监会规定的其他条件。

（二）考试科目设置

目前，期货从业人员资格考试科目为两科，分别是“期货基础知识”与“期货法律法规”。

（三）考试的时间、题型、分值

目前，期货从业人员资格考试采取闭卷、计算机考试方式。所有试题均为客观选择题。每科试题量为 155 道，满分 100 分，60 分为及格。每科考试多场次组织，单科考试时间为 100 分钟。

（四）考试成绩有效期及证书

单科成绩有效期为当年及以后两个年度。两门考试成绩均合格后取得成绩合格证书，成绩合格证书长期有效，实行电子化管理，考生可登录中国期货业协会网站查询或打印成

绩合格证书。取得成绩合格证后，考生如到从事期货业务的经营机构任职，可由所在机构向中国期货业协会申请从业资格。

四、期货经纪人的其他要求

作为个体的期货经纪人，除了要获得期货从业资格之外，在能力和经验等方面也会有要求，这一点与证券经纪人较为类似，在证券经纪人章节会有更详细的阐述，这里我们从期货公司的角度来说明。

期货市场是一个越来越规范的市场，故要求经纪人能够遵纪守法，具备高度的工作责任心，讲究诚信，积极地维护客户的利益。虽然市场上仍存在一些违规甚至违法的案例，但市场中最终的胜出者一定会是规范操作、有效管理和立足客户需求的经纪人和期货公司。

由于目前期货相关专业的教育并不普及，期货公司招聘经纪从业人员时，常常要求市场营销或经济类相关专业，但都需要有一定期货业务知识的基础，具备一定的市场分析能力。又由于期货经纪人的首要工作任务是开发市场，较好的社会交往能力和良好的人际关系也是必要的，如果能有一定的客户资源就更好了。

相对于证券交易而言，期货交易还没有被投资者普遍了解和接受，其中的风险也相对较高，故国内的期货投机热情还没有被完全激发出来，期货市场还有很大的开拓空间，这也要求经纪人能够有信心去面对暂时存在的困难，有毅力去克服可能会遇到的挫折。要面对困难和压力，做好期货经纪工作，最需要的是对金融和期货行业充满兴趣和热情。

主要概念

期货　期货市场　期货交易所　期货公司　保证金制度　期货经纪业　期货经纪人

练　习

1. 什么是期货？简单说说你对期货产生原因的理解。
2. 期货市场有什么重要功能？广义上它由哪些部分组成？
3. 什么是期货公司？它在期货市场中发挥什么作用？
4. 期货公司内部一般有哪些部门？
5. 期货交易有哪些特点？
6. 一般投资者进行期货交易时的程序是怎样的？
7. 期货经纪业有哪些相关制度？
8. 期货经纪人的主要工作内容是什么？
9. 怎样获得期货从业资格？

实　训

请选取一个自己感兴趣的期货上市交易品种，了解它的交易方法和相关知识，并在班内互相交流。

大连商品交易所的上市品种——棕榈油

你以前了解棕榈油吗？为什么它是我国期货市场上的重要品种？其实，我们每一个人都在日常生活中经常食用和使用以棕榈油为原材料的产品。

一、棕榈油的历史

棕榈油是从油棕树上的棕果中榨取出来的，它被人们当成天然食品来使用已超过5 000年的历史。油棕是一种四季开花结果及长年都有收成的农作物。油棕的商业性生产可保持25年。油棕是世界上生产效率最高的产油植物，油棕树通常2～3年开始结果，8～15年进入旺产期，18～20年后开始老化、产量降低，这个时候通常需要砍掉重植。油棕树的原产地在西非。1870年，油棕树传入马来西亚，当时只是作为一种装饰植物，直到1917年才第一次进行商业化种植。现在，经过改良后的油棕树已经在非洲、拉丁美洲和东南亚广泛种植。其中棕榈油产量高度集中在马来西亚和印度尼西亚。

二、棕榈油的生产

人们通过水煮、碾碎、榨取的过程，可以从棕榈果肉中获得毛棕榈油（CPO）和棕榈粕（PE）；同时在碾碎的过程中，棕榈的果实（即棕榈仁）被分离出来，再经过碾碎和去掉外壳，剩下的果仁经过榨取得到毛棕榈仁油（CPKO）和棕榈仁粕（PKE）。油棕果实中含两种不同的油脂，从果肉中获得棕榈油，从棕榈种子（仁）中得到棕榈仁油，这两种油中前者更为重要。以上所有的这些产品，均被有效地应用于食品、化工、农业等领域。

三、棕榈油的主要用途

棕榈油具有两大特点：一是含饱和脂肪酸比较多，稳定性好，不容易氧化变质；二是棕榈油中含有丰富的维生素A和维生素E。将棕榈油进行分提，使固体脂与液体油分开，其中固体脂可用来代替昂贵的可可脂制作巧克力；液体油用作凉拌、烹饪或煎炸用油，其味道清淡爽口。大量未经分提的棕榈油用于制皂工业。用棕榈油生产的皂类能起耐久的泡沫和具有较强的去污能力，棕榈油还可用于马口铁的镀锡及铝箔的碾压。因此，棕榈油在世界上被广泛用于餐饮业、食品制造业及油脂化工业。

我们平常吃的饼干、糕点、薯条、方便面中都含有棕榈油，我们使用的香皂、洗发水、化妆品中也都有棕榈油的身影。

如果你有兴趣的话，不妨去更多地了解棕榈油吧，并看一看棕榈油期货的标准合同。

第五章　证券经纪

【学习目标】

1. 掌握有价证券的概念和种类，了解证券市场的产生与发展，理解证券市场的基本功能和结构，掌握证券公司的概念和业务。

2. 掌握证券交易的流程，了解证券交易的相关常识，理解证券经纪业务的原则。

3. 掌握证券经纪人的概念与工作内容，了解证券经纪人的任职条件。

开篇案例

亿安科技的“异动”

亿安科技的前身为深圳市锦兴实业股份有限公司（简称“深锦兴”），于1992年5月7日在深圳证券交易所上市交易。亿安科技股票在1999年10月25日到2000年2月17日短短的70个交易日中，股价由26元/股左右不停地上涨，到2000年2月15日，亿安科技股价突破百元大关，成为自沪深股票实施拆细后首只市价超过百元的股票，这引起了市场的极大关注。

鉴于股票出现的异常波动，中国证监会对此股票交易展开调查。调查表明，亿安科技股票的飙升纯属广东欣盛投资顾问有限公司、广东中百投资顾问有限公司、广东百源投资顾问有限公司和广东金易投资顾问有限公司四家公司的操纵行为。上述四家公司自1998年10月5日起，集中资金，利用627个个人股票账户及3个法人股票账户，大量买入亿安科技股票，持仓量从1998年10月5日的53万股（占流通股的1.52%），到最高时2000年1月12日的3 001万股（占流通股的85%）。同时，这四家公司还通过其控制的不同股票账户，以自己为交易对象，进行不转移所有权的自买自卖，影响证券交易价格和交易量，联手操纵亿安科技的股票价格。截至2001年2月5日，上述四家公司控制的627个个人股票账户及3个法人股票账户共获利4.49亿元，股票余额77万股。

从调查的结果来看，炒作亿安科技股票的这四家公司明目张胆地违反了《公司法》和《证券法》，肆无忌惮地操纵股票价格，牟取暴利。为此，中国证监会对联手操纵亿安科技股票价格的四家广东投资顾问公司进行了如下处罚：没收违法所得并罚款8.98亿元，限3个月内卖出剩余股票77万股，盈利予以没收。

思考：证券市场上存在哪些风险？这些风险与证券经纪人有什么样的关系？

第一节　证券概述

一、证券概述

（一）证券的定义

证券是指各类记载并代表一定权利的法律凭证，它用来证明持有人有权依其所持凭证记载的内容而取得应有的权益。证券可以采取纸面形式或相关监管机构规定的其他形式。

从定义上看，我们日常生活中经常接触到的车票、电影票等都属于广义的证券，不过，我们要研究的显然不是这一类证券，而是有价证券。

有价证券是指标有票面金额，用于证明持有人或该证券所指定的特定主体对特定财产拥有所有权或债权的凭证。这类证券本身并没有价值，但由于它代表着一定量的财产权利，持有人可凭该证券直接取得一定量的商品、货币，或是取得利息、股息等收入，因而可以在证券市场上买卖和流通，客观上具有了交易价格。在以后的学习中，凡无特别说明，证券均指这类狭义的有价证券。

（二）证券的种类

1. 政府证券和公司证券

按照发行主体，证券可分为政府证券和公司证券。政府证券通常是指由中央政府、地方政府或政府机构发行的债券。公司证券是公司为筹措资金而发行的有价证券，包括股票、公司债券和商业票据等。其中，银行及非银行金融机构发行的证券通常被称为金融证券。

2. 公募证券和私募证券

按募集方式，证券可分为公募证券和私募证券。公募证券是指发行人通过中介机构向不特定的社会公众投资者公开发行的证券，这类证券审核较严格并采取公示制度。私募证券是指向少数特定的投资者发行的证券，这类证券审核相对宽松，也不需要进行公示。

3. 股票、债券和其他证券

按证券所代表的权利性质，证券可分为股票、债券和其他证券三类。股票和债券是证券市场中最主要的两个品种，其他证券包括基金证券和证券衍生品。

二、证券市场

（一）证券市场的产生与发展

1. 证券市场的产生

证券市场是股票、债券、投资基金等有价证券发行和交易的场所，它是市场经济发展到一定阶段的产物。证券市场从无到有，主要归因于以下三点。

（1）证券市场的形成得益于社会化大生产和商品经济的发展。在自给自足的自然经济条件下，受生产力水平的制约，生产所需的资本极其有限，单个生产者的积累就能满足再生产的需要，不需要、也不可能存在证券和证券市场。从自然经济向商品经济发展的初期，由于社会分工不发达，生产力水平低下，社会生产所需要的资本除了自身积累外，可以通过借贷资本来筹集，但当时的信用制度仍是简单落后的，无法形成证券市场。随着生产力的进一步发展，社会分工日益复杂，商品经济日益社会化，社会化大生产产生了巨额资金的需求，依靠单个生产者自身的积累难以满足需求，即使依靠银行借贷资本也不能解决企业自有资本扩张的需要。因此，客观上需要有一种新的筹集资金的机制来满足社会经济进一步发展的要求。

（2）证券市场的形成得益于股份制的发展。随着商品经济的发展，生产规模日渐扩大，传统的独资经营方式和家族型企业已经不能胜任对巨额资本的需求，于是产生了合伙经营的组织；随后又由单纯的合伙组织逐步演变成股份公司。股份公司通过发行股票、债券向社会公众募集资金，实现资本的集中，用于扩大生产。股份公司的建立、公司股票和债券的发行，为证券市场的产生提供了现实的基础和客观的要求。

（3）证券市场的形成得益于信用制度的发展。只有当货币资本与产业资本相分离，货币资本本身取得了一种社会性质时，公司股票和债券等信用工具才会被充分运用。随着信用制度的发展，商业信用、国家信用、银行信用等融资方式不断出现，而证券市场为有价证券的流通、转让创造了条件。因此，随着信用制度的发展，证券市场的产生成为必然。

2. 证券市场的发展

1602年，在荷兰的阿姆斯特丹成立了世界上第一个股票交易所。

1698年，在英国已有大量的证券经纪人，伦敦柴思胡同的乔纳森咖啡馆就是因为有众多的经纪人在此交易而闻名；1773年，英国的第一家证券交易所即在该咖啡馆成立。1790年，美国的第一个证券交易所——费城证券交易所成立。1792年5月17日，24名经纪人在华尔街的一棵梧桐树下聚会，商定了一项名为“梧桐树协定”的协议，约定每日在梧桐树下聚会，从事证券交易，并订出了交易佣金的最低标准及其他交易条款。

1929—1933年，资本主义国家爆发了严重的经济危机，导致世界各国证券市场的动荡，不仅证券市场的价格剧烈波动，而且证券经营机构的数量和业务锐减。这次经济危机使证券市场遭受了沉重打击，也引起了各国对证券市场进行管制的重视。第二次世界大战后至20世纪60年代，欧美与日本经济的恢复和发展以及各国的经济增长促进了证券市场的恢复和发展，公司证券发行量增加，证券交易所开始复苏。从20世纪70年代开始，证券市场出现了高度繁荣的局面，不仅证券市场的规模更加扩大，而且证券交易日趋活跃，其重要标志是反映证券市场容量的重要指标——证券化率的提高。

在我国，最早出现的股票是外商股票，最早出现的证券交易所也是由外商开办的“上海股份公所”和“上海众业公所”。1872年，李鸿章创办轮船招商局，这是我国第一家股份制企业。1918年，北平证券交易所成立，这是中国人自己创办的第一家证券交易所。

新中国成立后，我国资本市场经历了从无到有、从小到大、从区域到全国的发展历程。1981年7月，我国改变了“既无外债，又无内债”的传统计划经济思想，重启国债发行。1982年和1984年，企业债和金融债开始出现。1987年9月，中国第一家专业证券公司——深圳特区证券公司成立。上海证券交易所于1990年11月26日成立；深圳证券交易所于1990年12月1日成立。1990年10月12日，郑州粮食批发市场开业并引入期货交易机制，成为新中国期货交易的实质性发端。

1992年10月，国务院证券管理委员会和中国证监会成立，标志着中国资本市场开始逐步纳入全国统一监管框架，全国性市场由此开始发展。1993年的《公司法》和1998年的《证券法》是规范资本市场的两部重要法律，对促进中国资本市场的健康发展、维护社会经济秩序、促进社会主义市场经济发展发挥了重要作用。2006 年，在众多历史遗留问题得到妥善解决、机构投资者迅速壮大、法律体系逐步完善的基础上，中国资本市场出现了一系列积极而深刻的变化，为充分发挥资本市场的功能，市场各方对多层次市场体系和产品结构的多样化进行了积极探索。

【阅读材料】

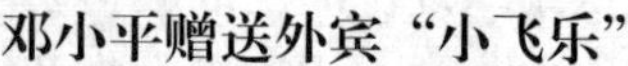

邓小平赠送外宾“小飞乐”

1986 年 11 月 14 日，邓小平会见美国纽约证券交易所董事长约翰·凡尔霖率领的美国证券代表团。

当时，凡尔霖给邓小平带来了两件特殊的礼物——美国纽约证券交易所的证券样本和一枚纽约证券交易所的徽章。

股票是市场经济的象征，这在中国是被当作资本主义的专利长期弃之不用的，因此，邓小平能否接受这两件礼物，凡尔霖心中忐忑不安。

然而，邓小平不仅高兴地收下了他的礼物，而且还将一张面额为人民币 50 元的上海飞乐音响公司股票——新中国发行的第一张股票回赠给凡尔霖。这张“小飞乐”股票成为第一张被外国人拥有的股票，凡尔霖成为中国上市公司第一位外国股东。

（二）证券市场的基本功能

证券市场综合反映国民经济运行的态势，常被称为国民经济的“晴雨表”，客观上为观察和监控经济运行提供了直观的指标，它的基本功能包括以下方面。

1. 筹资-投资功能

证券市场的筹资-投资功能是指证券市场为资金需求者提供了通过发行证券筹集资金的机会，也为资金供给者提供了投资对象。在证券市场上交易的任何证券，既是筹资的工具，也是投资的工具。

2. 定价功能

证券是资本的表现形式，所以证券的价格实际上是证券所代表的资本的价格，它是证券市场上证券供求双方共同作用的结果。证券市场的运行形成了证券需求者和证券供给者的竞争关系，这种竞争的结果是：能产生高投资回报的资本，市场的需求就大，相应的证券价格就高；反之，证券的价格就低。因此，证券市场提供了资本的合理定价机制。

3. 资本配置功能

证券市场的资本配置功能是指通过证券价格引导资本的流动，从而实现资本的合理配置。在证券市场上，证券价格的高低是由该证券所能提供的预期报酬率的高低来决定的，即证券价格的高低实际上是该证券筹资能力的反映。这样，证券市场就能引导资本流向可产生高回报的企业或行业，从而使资本产生尽可能高的效率，进而实现资本的合理配置。

（三）证券市场的结构

证券市场的结构是指证券市场的构成及其各部分之间的量比关系。证券市场的结构可以有许多种，但较为重要的结构有以下三种。

1. 层次结构

层次结构通常是指按证券进入市场的顺序而形成的结构关系。按照这种顺序关系，证券市场的构成可分为发行市场和交易市场。证券发行市场又称“一级市场”或“初级市场”，是发行人以筹集资金为目的，按照一定的法律规定和发行程序，向投资者出售新证券所形成的市场。证券交易市场又称为“二级市场”或“次级市场”，是已发行的证券通过买卖交易实现流通转让的市场。

2. 品种结构

品种结构是指依有价证券的品种而形成的结构关系。这种结构关系的构成主要有股票市场、债券市场、基金市场、衍生品市场等。

3. 交易场所结构

按交易活动是否在固定场所进行，证券市场可分为有形市场和无形市场。通常人们把有形市场称为“场内市场”，是指有固定场所的证券交易所市场。相反，人们通常把无形市场称为“场外市场”，是指没有固定场所的证券交易所市场。随着现代通信技术的发展和电子计算机网络的广泛应用、交易技术和交易组织形式的演进，已有越来越多的证券交易不在有形的场内市场进行，而是通过经纪人或交易商的电传、电报、电话、网络等洽谈成交。

三、证券公司

证券公司又称券商，是指依照《中华人民共和国公司法》的规定和经国务院证券监督管理机构批准，从事证券经营业务的有限责任公司或股份有限公司。证券公司的主要业务有证券承销、经纪、自营、投资咨询以及购并、受托资产管理和基金管理等。

（一）证券经纪业务

证券经纪业务又称代理买卖证券业务，是指证券公司接受客户委托代客户买卖有价证券的业务。证券经纪业务分为柜台代理买卖证券业务和通过证券交易所代理买卖证券业务。目前，我国公开发行上市的股票、公司债券及权证等证券，在交易所以公开的集中交易方式进行，因此，我国证券公司从事的经纪业务以通过证券交易所代理买卖证券业务为主。证券公司的柜台代理买卖业务主要为在代办股份转让系统进行交易的证券的代理买卖。

在证券经纪业务中，经纪委托关系的建立表现为开户和委托两个环节。按照相关法规的规定，证券公司办理经纪业务，应当置备统一制作的证券买卖委托书，供委托人使用。客户的证券买卖委托不论是否成交，其委托记录应当按照规定的期限保存于证券公司。

证券公司接受证券买卖的委托，应当根据委托书载明的证券名称、买卖数量、出价方式、价格幅度等，按照交易规则代理买卖证券，如实进行交易记录；买卖成交后，应当按照规定制作买卖成交报告单交付客户。证券交易中确认交易行为及其交易结果的对账单必须真实，并由交易经办人员以外的审核人员逐笔审核，保证账面证券余额与实际持有的证券相一致。

（二）证券承销与保荐业务

证券承销是指证券公司代理证券发行人发行证券的行为。发行人向不特定对象公开发行的证券，法律、行政法规规定应当由证券公司来承销的，发行人应当同证券公司签订承销协议。

证券承销业务可以采取代销或者包销方式。证券代销是指证券公司代表发行人发售证券，在承销期结束时，将未售出的证券全部退还给发行人的承销方式。证券包销是指证券公司将发行人的证券按照协议全部购入或者在承销期结束时将售后剩余证券全部自行购入的承销方式，前者为全额包销，后者为余额包销。我国《证券法》还规定了承销团的承销方式：向不特定对象发行的证券票面总值超过人民币 5 000 万元的，应当由承销团承销。承销团由主承销商和参与承销的证券公司组成。

发行人申请公开发行股票、可转换为股票的公司债券，依法采取承销方式的，或者公开发行法律、行政法规规定实行保荐制度的其他证券的，应当聘请具有保荐资格的机构担任保荐人。证券公司履行保荐职责应按规定注册登记为保荐机构。保荐机构负责证券发行的主承销工作，负有对发行人进行尽职调查的义务，对公开发行募集文件的真实性、准确性、完整性进行核查，向中国证监会出具保荐意见，并根据市场情况与发行人协商确定发行价格。

（三）投资咨询与财务顾问业务

证券投资咨询业务是指证券公司及其相关业务人员运用各种有效信息，对证券市场或个别证券的未来走势进行分析预测，对投资证券的可行性进行分析评判；为投资者的投资决策提供分析、预测、建议等服务，倡导投资理念，传授投资技巧，引导投资者理性投资的业务活动。根据服务对象的不同，证券投资咨询业务又可进一步细分为面向公众、特定对象、本公司投资管理部门、投资银行部门等的投资咨询服务。

财务顾问业务是指与证券交易、证券投资活动有关的咨询、建议、策划业务，具体包括：为企业申请证券发行和上市提供改制改组、资产重组、前期辅导等方面的咨询服务；为上市公司重大投资、收购兼并、关联交易等业务提供咨询服务；为法人、自然人及其他组织收购上市公司及相关的资产重组、债务重组等提供咨询服务；为上市公司完善法人治理结构、设计经理层股票期权、职工持股计划、投资者关系管理等提供咨询服务；为上市公司再融资、资产重组、债务重组等资本营运提供融资策划、方案设计、推介路演等方面的咨询服务；为上市公司的债权人、债务人对上市公司进行债务重组、资产重组、相关的股权重组等提供咨询服务以及中国证监会认定的其他业务形式。

（四）自营业务

证券自营业务是指证券公司以自己的名义，为本公司买卖依法公开发行的各类证券的行为，它有利于活跃证券市场，维护交易的连续性。证券公司必须以自身的名义，通过专用的自营席位进行，并由非自营业务部门负责自营账户的管理，包括开户、销户、使用登记等。

由于证券公司在交易成本、资金实力和获取信息等方面具有优势，自营业务有一定的投机性，业务风险较大，也有操纵市场和内幕交易的潜在动机。所以，一方面，证券公司内部要对自营业务进行严格管理，建立"防火墙"制度，建立有效的风险监控报告机制；另一方面，证券公司也需要有外部的监督，许多国家都对证券经营机构的自营业务制定了严格的法律法规。

（五）客户资产管理业务

客户资产管理业务是指证券公司根据有关法律、法规和投资委托人的委托，作为管理人，与委托人签订资产管理合同，将委托人委托的资产在证券市场上从事股票、债券等金融工具的组合投资，以实现委托资产收益最大化的行为。

证券公司从事客户资产管理业务，应当按规定向中国证监会申请客户资产管理业务资格。经中国证监会批准，证券公司可以从事为单一客户办理定向资产管理业务、为多个客户办理集合资产管理业务、为客户办理特定目的的专项资产管理业务。

（六）融资融券业务

融资融券业务是指向客户出借资金供其买入上市证券或者出借上市证券供其卖出，并收取担保物的经营活动。融资融券可以给证券市场带来新的资金增量，有明显的活跃交易的作用，能够完善市场的价格发现功能，并为投资者提供了新的盈利模式。当然，也不能忽略其可能增大市场波动、可能增加金融体系系统性风险的弊端。

（七）中间介绍业务

证券公司中间介绍业务是指证券公司接受期货经纪商的委托，为期货经纪商介绍客户的业务。它包括：招揽投资者从事股指期货交易、协助办理有关开户手续、为投资者下单交易提供便利、协助期货公司向投资者发送追加保证金通知书和结算单、中国证监会规定的其他业务。开展中国介绍业务的证券公司将自己的客户介绍给期货公司，使其成为期货公司的客户，证券公司从中收取介绍佣金。证券公司不接触客户的资金，也不对投资者的期货交易进行结算。

【阅读材料】

新中国第一家证券公司

1987年9月，作为新中国第一家证券公司的深圳经济特区证券公司正式成立。特区证券公司成立的初衷并不是专为股票的买卖提供交易场所，而是为了国库券的流通。当时，在搞活经济的前提下，决策层为方便国库券持有人的资金流通，决定在深圳试点，尝试部分品种的国库券可以在未到期前进行柜台兑付，为此中国人民银行深圳分行牵头，联合12家单位组建了特区证券公司，行政上隶属于中国人民银行深圳分行。

自"深发展"于1988年在特区证券公司挂牌后，"股票"便成为街头巷尾的热门话题，"特证"也伴随着股票热潮成为大家向往的一个热闹场所。

资料来源：腾讯财经网，http：//finance.qq.com/zt2010/jtzqofwgwc.

第二节　证券经纪业务

由于我国的证券交易所采取会员制，一般的投资者不能够直接买卖证券，只能委托会员代为交易。交易所接纳的会员分为普通会员和特别会员。普通会员应当是经有关部门批准设立并具有法人地位的境内证券公司。境外证券经营机构设立的驻华代表处，经申请可以成为证券交易所的特别会员。可见，一般投资者要进行证券交易，只能委托证券公司。

一、证券交易流程

（一）开户

开户有两个方面，即开立证券账户和开立资金账户。通过这两个账户，投资者就可以采用电子化交易方式，证券和资金分别记录在相应的账户中，而不必进行直接的“一手交钱、一手交货”。

（二）委托

如前所述，在证券交易市场，一般投资者买卖证券是不能直接进入交易所办理的，而必须通过交易所的会员来进行，即投资者需要先对证券经纪商下达买进或卖出的指令，然后由证券经纪商代为完成交易，这就是“委托”。

证券经纪商接到投资者的委托后，先要对投资者身份的真实性和合法性进行审查。审查合格后，经纪商再将投资者的委托指令传送到证券交易所进行撮合。

由于投资者数量众多，委托必须遵循一定的规则进行。投资者的委托除了要指示买卖方向外，还要说明买卖的数量和价格。如果允许买空卖空，则有买空委托和卖空委托；根据委托价格的限制，有市价委托和限价委托；根据委托时效限制，有当日委托、当周委托、无期限委托、开市委托和收市委托等。

（三）成交

证券交易所交易系统主机接受申报后，要根据订单的成交规则进行撮合。符合成交条件的予以成交，不符合成交条件的继续等待成交，超过委托时效的订单失效。

在成交价格确定方面，如果是在竞价市场，买卖双方的委托由经纪商呈交到交易市场，交易市场再按照一定的规则进行订单匹配，匹配成功后按投资者委托的价格成交。如果是在做市商市场，证券交易的价格由做市商报出，投资者接受做市商的报价后，即可与做市商进行买卖，完成交易。

在订单匹配原则方面，主要有价格优先原则、时间优先原则、按比例分配原则、数量优先原则、客户优先原则、做市商优先原则和经纪商优先原则等。其中，各证券交易所普遍以价格优先原则作为第一优先原则。我国采用价格优先原则和时间优先原则。

（四）结算

证券交易成交后，首先需要对买方在资金方面的应付额和在证券方面的应收种类、数量进行计算，同时也要对卖方在资金方面的应收额和在证券方面的应付种类、数量进行计算。这一过程属于清算，包括资金清算和证券清算。清算结束后，需要完成证券由卖方向买方转移和对应的资金由买方向卖方转移的过程。这一过程属于交收。清算和交收是证券结算的两个方面。

对于不记名证券而言，完成了清算和交收，证券交易过程即告结束。对于记名证券而言，完成了清算和交收，还有一个登记过户的环节。完成了登记过户，记名证券的交易过程才告结束。

证券交易的总体流程如图 5－1 所示。

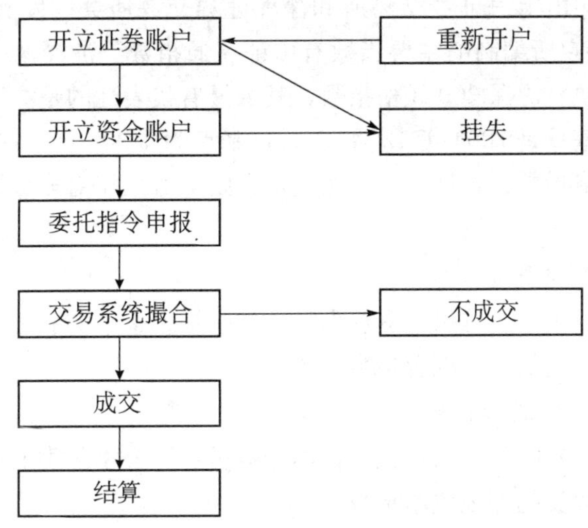

图 5－1 证券交易的总体流程图

二、证券交易常识

（一）我国的证券交易所

证券交易所是证券买卖双方公开交易的场所，是一个高度组织化、集中进行证券交易的市场，是整个证券市场的核心。证券交易所本身并不买卖证券，也不决定证券价格，而是为证券交易提供一定的场所和设施，配备必要的服务人员，并对证券交易进行周密的组织和严格的管理，为证券交易顺利进行提供一个稳定、公开、高效的市场。

我国内地有两家证券交易所，即上海证券交易所和深圳证券交易所。上海证券交易所于 1990 年 11 月 26 日成立，当年 12 月 19 日正式营业；深圳证券交易所于 1989 年 11 月 15 日筹建，1991 年 4 月 11 日经中国人民银行总行批准成立，当年 7 月 3 日正式营业。两家证券交易所均按会员制方式组成，是非营利性的事业法人。组织机构由会员大会、理事会、监察委员会和其他专门委员会、总经理及其他职能部门组成。

（二）我国的证券公司

证券公司是依照《公司法》和《证券法》设立的经营证券业务的有限责任公司或者股份有限公司。在我国，证券公司必须经国务院证券监督管理机构审查批准。世界各国对证券公司的划分和称呼不尽相同，美国的通俗称谓是投资银行，英国则称商人银行。

证券公司是证券市场重要的中介机构，在证券市场的运作中发挥着重要作用。证券公司本身也可以上市募集资金。我国的上市券商有中信证券、国金证券、西南证券、招商证券、海通证券、国元证券等。

（三）证券价格指数

证券价格指数包括股票价格指数、债券指数和基金指数等，这里只介绍我国主要的股票价格指数。

股票价格指数是衡量股票市场总体价格水平及其变动趋势的尺度，也是反映一个国家或地区政治、经济发展状态的灵敏信号。我国主要的股票价格指数有如下几类。

1. 中证指数有限公司及其指数

中证指数有限公司由上海证券交易所和深圳证券交易所共同发起设立，于 2005 年 9 月 23 日在上海成立。它所编制的主要指数有中证流通指数、沪深 300 指数、中证规模指数、沪深 300 行业指数、沪深 300 风格指数，其中最有代表性的是沪深 300 指数。

沪深 300 指数的基日是 2004 年 12 月 31 日，基点为 1 000 点。它以调整股本为权重，采用派许加权综合价格指数公式计算，并按规定原则上每半年对成分股进行一次调整，但调整比例不超过 10%。

2. 上海证券交易所的股价指数

上海证券交易所编制的股价指数有样本指数类、综合指数类和分类指数类，其中应用最为广泛的是综合指数类的上证综合指数。

3. 深圳证券交易所的股价指数

深圳证券交易所编制的股价指数也有样本指数类、综合指数类和分类指数类，其中应用得最多的是样本指数类的深证成本指数。

值得一提的是，深圳证券交易所还负责编制中小板指数。

三、证券经纪业务的原则

（一）坚持公开、公平、公正的原则

任何国家和地区发展证券业，要做到健康顺利的发展，都必须遵循“三公”原则。违背此原则，就会出现以权谋私、以股谋私、内幕交易等坑害普通投资人的不法行为。证券经纪人作为证券市场运作的具体操作人员，更应该带头维护市场的“三公”原则。

所谓公开，是指上市公司的信息公开、重大交易公开等。证券市场信息公开的主要内容有：初次发行的公开、上市的公开、征求委托书的资料公开、收购股权（经营权）的公开、公司对本身股份购买的公开、内部关系人的公开。

证券经纪人接受委托，代理客户进行证券买卖，同时还要坚持公平和公正的原则，按照价格优先、时间优先、委托优先的顺序办理，对不同的客户要一视同仁，按相同的费率和相关规定收取手续费。

根据规定，证券经纪人必须遵纪守法，讲究职业道德，按公开、公平、公正的原则为客户服务，不得有下列行为：以职务所知的消息从事证券买卖；泄露客户委托事项及其他职务上所知的秘密；受理客户的全权委托；对客户作赢利保证或分享收益；利用客户名义买卖证券；以他人的名义供客户买卖证券；代客户保管证券或款项；未依客户委托而代客户买卖证券；其他违反证券规章的行为。

证券经纪人必须严格遵守以上的规定，否则就会依法受到不同程度的处罚。

【阅读材料】

违规的经纪操作

浙江证监局曾接到一名投资者的投诉，称其账户上的 10 万元资产被营业部客户经理“炒”得只剩下 2 万余元。经调查，投资者在某营业部的经纪人的陪同下开户，存入了 100

万元。由于投资者缺少基本的证券投资常识，在营业部经纪人的言语诱惑下，投资者将账户交给了经纪人看管，经纪人还每周向客户提供虚假交易信息，欺骗投资者。经纪人在该账户上每天进行大量的交易，仅3个月的时间，该账户的交易量就达到了营业部全年客户交易额排名的第10位，经纪人也由此获得了大量的返佣提成。

在其他个别营业部也发生了同样的事件，其中某营业部一名客户的账户资金在两个月左右的时间里，被经纪人从58万元“炒”到不足20万元，产生佣金27万余元；某营业部一名客户的账户资金在3个月左右的时间里，被经纪人从20万元“炒”到不足2万元，产生佣金17万余元，导致客户利益受到严重损害，而经纪人则通过返佣得到了大量的佣金提成。

（二）不参与内幕交易

所谓内幕交易，是指金融或信息机构的知情者利用工作之便，将尚未公开的证券信息非法透露给投机者，让投机者在证券市场上利用这类信息牟取暴利的经济行为。由于证券交易所通常只有少数证券经纪人才能进去，许多买卖活动局外人很难知道，因此，证券内幕交易有很浓的神秘色彩。由于证券内幕交易欺骗不太知情的投资人，交易者盗窃信息并毁坏委托人和代理人之间的信任，各国都颁布了相关的法律限制这类活动。我国证券交易法规也严格禁止内幕交易活动。

（三）不接受不符合有关规定的委托

主管部门对不同类型的证券经纪人的营业范围都有具体的规定，例如证券交易所场内经纪人只能接受在本交易所上市股票场内交易的委托，而不能为客户提供其他股票场外交易的服务。证券经纪人一般交际较广，熟人较多，这些关系户可能会提出一些超出经纪人职权范围的委托要求，在此情况下，经纪人不能碍于情面，接受这些不符合规定的委托，而是要说明情况，予以拒绝。

四、证券经纪业务的技巧

（一）积极运用市场营销原理

证券经纪业务很大程度上属于市场营销活动，证券公司经纪业务的营销是市场营销原理与证券经纪业务相结合的产物，在市场营销过程中，证券公司经纪业务从业人员应该积极地运用市场营销的原理，以提高工作的效率。

证券经纪业务的营销活动主要包括客户招揽、产品及服务销售和客户服务三个方面。

（1）客户招揽即证券经纪业务从业人员通过营销渠道，采取多种促销方式，与客户建立关系并促成交易的过程。客户招揽包括目标市场选择、营销渠道选择、客户关系建立和客户促成等内容。

（2）产品及服务销售主要是指证券公司营销本公司提供的经纪业务服务及与经纪业务相联系的其他服务产品，如本公司设计的经纪业务服务综合产品、集合理财产品、专项理财产品、投资咨询服务产品等。

（3）客户服务是证券公司营销的重要组成部分，贯穿证券公司营销活动的始终，它主要包括交易通道服务、有形服务和信息咨询服务等附加服务，其中交易通道服务是证券经纪业务服务的核心。

可以看到，无论是证券公司经纪业务哪一个方面的业务活动，都与市场营销有密切的关联，证券公司经纪业务从业人员熟悉市场营销原理并积极地加以利用是非常必要的。

（二）努力构建客户资源网络

由于培育客户、开发市场是证券经纪人的首要工作任务，所以客户资源对于经纪人来说显得尤其重要。当然，没有谁从一开始就能轻松拥有大量的客户资源，总是需要经纪人一点一滴地去构建和维护自己的客户资源网络。这要求经纪人首先要有这样的意识：在日常工作及日常生活中自觉地去寻找、开发客户资源，并且善于利用已有的客户关系，发展出自己高效的客户资源网络。

（三）尽量贯彻服务精神

服务精神是指为某种事业、集体或他人工作的思想意识和心理状态。具有服务精神的经纪人有较强烈的服务客户的心理愿望。他们不会一开始就考虑业务量和佣金数量，而是会设身处地地站在客户的角度考虑问题，专注于发现并满足客户的需求。

要贯彻服务精神，要有长远眼光，为了长远利益关系宁愿牺牲一下眼前利益；为客户的真正潜在问题寻找信息，对现有的产品或服务进行改进；对客户所提出的问题以负责任的态度，及时地、不带偏见地解决问题；追踪客户的需求、抱怨，并让客户对服务进展有所了解；与顾客在彼此的期望方面保持沟通，监督客户满意度的执行。

第三节　证券经纪人

一、证券经纪人

（一）证券经纪人的概念

证券经纪人是指以收取佣金为目的，为促成证券交易而从事证券委托代理业务的公民、法人和其他经济组织。

（二）证券经纪人的工作内容

1. 开发市场

证券经纪人最主要的工作职责就是培育客户、开发市场，尤其是目前证券市场已经由卖方市场转化为买方市场，众多证券公司竞争激烈，客户成为各营业网点争夺的最重要资源。

2. 接受委托

接受客户委托，代其进行开户和交易是证券经纪人的又一重要职责。经纪人一般都需要把客户带到证券公司的开户柜台，帮助其完成开户。至于证券交易，随着电子化交易的发展，客户越来越多地通过电话或网络进行下单买卖，很少有客户会真的通过经纪人来买卖证券，但经纪人至少要为客户介绍交易程序。

3. 提供咨询

证券经纪人一方面有义务为新开户的客户介绍交易程序和方法、提示市场风险，另一方面要经常为老客户解答疑问，并且需要把一些重要的市场信息及时告知客户。

二、证券经纪人的任职条件

（一）合理的知识结构

证券经纪人敏锐的市场感觉、果断的决策能力和良好的心理素质来源于其合理的知识结构，来源于对证券市场的熟悉及相关法律法规的精通，来源于各种金融投资工具、资金管理方法、风险控制手段的灵活运用，还来源于不断学习和积累的市场实践经验。由于证券市场与国民经济密切相关，并涉及社会经济的方方面面，因而所涵盖的知识领域十分广泛，主要包括以下几个方面的专业知识。

1. 经济学知识

经济学是以整个人类社会经济系统及其历史发展过程为研究对象，从日常经济生活中的各种最为常见的经济现象着手，运用经济学特有的基本原理分析人类社会的经济活动，从中总结经济规律，制定经济政策，把握未来经济系统运行走势的科学。由于影响证券市场走势的因素一方面包括个人、家庭和厂商行为等的微观经济学的研究对象，另一方面还涉及大量经济系统的整体行为，如总供给、总需求、经济增长以及就业、通货膨胀、汇率和进出口等宏观经济学的研究范畴，因此证券经纪人只有先懂得经济学，了解经济运行的一般规律与特点，才能在结合全球政治经济形势和时事的基础上更好地作出判断。

2. 证券投资与公司财务的相关知识

对证券经纪人来讲，与证券投资相关的基础知识是其安身立命的根本，因而这类知识在其知识结构体系中居于基础和核心的地位。这类知识主要包括：证券与证券市场的历史、现状与未来发展趋势；股票、债券及基金等有价证券的性质、特点；创新金融工具（如期货、期权）的性质、特点；证券的发行与交易；证券投资分析方法，包括宏观产业分析、微观企业诊断、基本分析、技术分析等；投资基金及其运作；证券投资组合理论；证券的价值评估；企业的收购、兼并与重组；高新技术产业化、产权交易、创业板与风险投资等。

财务知识是经纪人知识构架中的核心知识之一，是证券投资分析的重要工具，对上市公司进行实质性分析评判，有赖于其对财务分析方法的掌握。以下财务知识应为证券经纪人所精通：股份公司会计制度及其实施细则；企业会计报表体系（资产负债表、利润表、现金流量表）的理解及其分析应用；企业财务分析（财务结构分析、偿债能力分析、经营能力分析、获利能力分析、成长性分析等）；企业价值评估的原理及其应用；证券信用等级评估原理及其应用；上市公司盈利分析与预测；上市公司股价走势分析；上市公司投资价值分析等。

3. 法律法规知识

为加强管理，规范证券市场行为，国家制定了一系列的法律法规，证券经纪人如果不精通有关法律法规，就有可能造成工作失误，轻则影响自己声誉，重则要受到法律制裁。

就目前而言，与证券投资密切相关的法律法规主要有：《中华人民共和国刑法》、《中华人民共和国公司法》、《中华人民共和国证券法》、《中华人民共和国证券投资基金法》、《股票发行与交易管理暂行条例》、《中华人民共和国国库券条例》、《企业债券管理条例》、《可转换公司债券管理暂行办法》、《证券交易所管理办法》、《证券业从业人员资格管理办法》、《证券市场禁入规定》、《上海证券交易所交易规则》、《深圳证券交易所交易规则》、创业板市场的各项规则条例以及证监会、财政部、交易所等发布的一些章程和细则等。

4. 上市公司经营管理知识

证券经纪人要对个股的走势进行判断，必须了解该上市公司的经营管理，这样才能对公司的发展前景作出判断。这方面的知识包括：上市公司股东背景和股权结构变化；公司的发展战略；公司组织构架；公司的经营策略；公司资源优势；公司技术开发水平、技术储备；公司专业化或多元化经营策略及其利弊；公司员工素质；公司成长前景；公司经营战略的调整和资产重组；公司税收待遇等。

5. 数学、计算机及互联网技术

随着市场的发展，定量分析和网上交易将成为两大趋势，其中，定量分析工具将越来越普遍证券经纪人为适应这种发展，必须掌握更多的定量分析手段和工具，熟悉网上交易的原理、过程与环节。因此，下述数理基础知识和计算机网络技术等是证券经纪人必须掌握的：常用的经济预测模型及其方法；K 线图投资分析；常用技术分析及投资组合理论中的数学模型及其基本原理；各种证券分析软件的应用与开发；系统分析原理及计算机运用；常用互联网技术等。

6. 市场营销与公共关系

实践表明，拥有市场营销观念的证券经纪人比没有接触过市场营销概念的经纪人能更好地把握市场，对市场有更完整、深刻的理解与认识，这对于市场开发大有益处。这些知识包括：市场营销观念、市场调查及市场分析、市场细分与市场定位、投资者的市场细分与经纪人市场定位分析、公共关系学、证券市场开发策略和谈判技巧、客户关系管理等。

7. 心理学基础知识

心理学是研究人的心理规律，即认识、情感、意志等心理过程和能力、性格等心理特征规律的科学。证券经纪人掌握一定的心理学知识，至少有两方面的好处：第一，可以使经纪人自身有一个相对健康、平和的心态，面对证券市场的起伏能够正确把握自己，从而减少投资失误；第二，据此可以正确分析投资者的心态，更好地理解客户的投资动机和行为特征，有利于为客户提供深层次的服务。此外，证券经纪人掌握一定的心理学知识还有助于自己进一步把握市场整体的行为特征。

心理学知识包括：普通心理学基础、投资心理学及其应用、投资者投资动机分析、投资者投资行为分析、投资者心理状态分析、市场人气研究和判断等。

除此之外，市场经验的不断积累和完善也是十分重要的。证券经纪人应熟悉和了解证券市场的交易原则、证券投资交易技巧、资金管理办法及风险控制原则等，不断总结成功经验和失败教训，逐步摸索出适合自己的市场分析规律和投资组合管理策略，更好地为客户提供服务。

（二）过硬的心理素质

面对千变万化、风险莫测的证券市场，证券经纪人必须能够克服种种投资心理误区，保持处变不惊的心理状态。证券经纪人要做到自信、坚毅，即相信自己的能力，沉着稳健并有耐心。在面对大好市场机会时，要循序渐进而不急功近利；面对挫折，要能够不慌不忙，沉着应对。证券经纪人还要克服贪婪、浮躁、犹豫不定、目光短浅、眼高手低等人性弱点和不良习惯，不为各种诱惑所动，严格遵守各项规章制度和交易原则，这样才能有效地控制风险。总之，没有良好的心理素质及临危不惧的胆略是难以成为一名优秀证券经纪人的。优秀的证券经纪人要获得高于市场平均回报的业绩，就必须坚持做到任何时候都能处变不惊，并拥有果断的性格。

（三）必需的从业资格

2002 年 12 月 16 日，中国证监会公布《证券业从业人员资格管理办法》（以下简称《资格管理办法》），自 2003 年 2 月 1 日起实施。

1. 证券从业人员的范围

根据《资格管理办法》，证券从业人员包括：

（1）证券公司中从事自营、经纪、承销、投资咨询、受托投资管理等业务的专业人员，包括相关业务部门的管理人员。

（2）基金管理公司、基金托管机构中从事基金销售、研究分析、投资管理、交易、监察稽核等业务的专业人员，包括相关业务部门的管理人员；基金销售机构中从事基金宣传、推销、咨询等业务的专业人员，包括相关业务部门的管理人员。

（3）证券投资咨询机构中从事证券投资咨询业务的专业人员及其管理人员。

（4）证券资信评估机构中从事证券资信评估业务的专业人员及其管理人员。

（5）中国证监会规定需要取得从业资格和执业证书的其他人员。

2. 从业资格的取得和执业证书

中国证券业协会负责从业人员从业资格考试、执业证书发放以及执业注册登记等工作。中国证监会对中国证券业协会有关证券业从业人员资格管理的工作进行指导和监督。凡年满 18 周岁，具有高中以上文化程度和完全民事行为能力的人员均可参加证券业从业人员资格考试。从业资格不实行专业分类考试。资格考试内容包括一门基础性科目和一门专业性科目。通过了有关资格考试即取得相关从业资格。

根据证券市场发展的需要，中国证券业协会可在从业资格考试之外另行组织各项专业的水平考试，但不作为法定考试内容，由从业人员自行选择，供证券经营机构用人时参考。

取得从业资格的人员，符合下列条件的，可以通过证券经营机构申请统一的执业证书：

（1）已被机构聘用。

（2）最近 3 年未受过刑事处罚。

（3）不存在我国《证券法》第 109 条规定的情形。

（4）未被中国证监会认定为证券市场禁入者，或者已过禁入期的。

（5）品行端正，具有良好的职业道德。

（6）法律、行政法规和中国证监会规定的其他条件。

申请人符合《资格管理办法》规定条件的，中国证券业协会应当自收到申请之日起 30 日内，向中国证监会备案，颁发执业证书；不符合《资格管理办法》规定条件的，不予颁发执业证书，自收到申请之日起 30 日内书面通知申请人或者机构，并书面说明理由。

3. 执业管理

中国证券业协会应当建立从业人员资格管理数据库，进行资格公示和执业注册登记管理。取得执业证书的人员，经证券经营机构委派，可以代表聘用机构对外开展本机构经营的证券业务。证券经营机构不得聘用未取得执业证书的人员对外开展证券业务。

取得执业证书的人员，连续 3 年不在证券经营机构从业的，由中国证券业协会注销其执业证书；重新执业的，应当参加中国证券业协会组织的执业培训，并重新申请执业证书。

从业人员取得执业证书后，辞职或者不为原聘用机构所聘用的，或者因其他原因与原聘用机构解除劳动合同的，原聘用机构应当在上述情形发生后 10 日内向中国证券业协会报告，由中国证券业协会变更该人员执业注册登记。

取得执业证书的从业人员变更聘用机构的，新聘用机构应当在上述情形发生后 10 日内向中国证券业协会报告，由中国证券业协会变更该人员执业注册登记。

从业人员在执业过程中违反有关证券法律、行政法规以及中国证监会有关规定，受到聘用机构处分的，该机构应当在处分后 10 日内向中国证券业协会报告。

中国证券业协会及证券经营机构应当定期组织取得执业证书的人员进行后续职业培训，提高从业人员的职业道德和专业素质。

主要概念

证券　证券市场　证券交易所　证券公司　证券经纪人　证券经纪业务

练　习

1. 什么是证券？它有哪些种类？
2. 用自己的话说说证券市场是怎样产生的。
3. 证券市场有哪些重要功能？
4. 我国（不包含港澳台地区）有哪些证券交易所？分别是什么时间成立的？
5. 证券公司有哪些主要业务？你所知道的证券公司有哪些？
6. 怎样获得证券从业资格？又怎样获得证券执业资格证书？
7. 证券经纪人有哪些主要的工作内容？
8. 简述证券交易的流程。
9. 我国有哪些重要的证券价格指数？

实　训

了解一下自己的家乡有哪些上市公司，搜集它们的资料，并从中选取一些自己感兴趣的上市公司作一番研究，然后在班内互相交流。

范例：合肥百货

合肥百货大楼集团股份有限公司的前身是合肥百货大楼，创立于 1959 年，位于合肥市商业繁华地段长江中路。它是安徽省最大的综合性商业零售企业。1993 年 10 月经安徽省体改委批准，由合肥市百货大楼实业总公司、合肥美菱股份有限公司、合肥华侨友谊供应公司共同组建为定向募集股份有限公司。1996 年经批准组建为社会募集股份有限公司，并向社会公开发行股票，当年 7 月该公司股票上市交易。股票的简称是合肥百货，代码是 000417。

了解了合肥百货这个上市公司的基本情况后，结合宏观经济背景、行业信息以及自己平时到相关卖场消费时的观察等，对该公司进行简单分析。

第六章　房地产经纪

【学习目标】

1. 了解房地产市场的含义和房产市场交易的程序。

2. 理解房地产经纪人在交易过程的重要性，掌握房地产经纪人应具备的条件及业务内容。

3. 熟练掌握房地产经纪业务的程序与技巧，能够分析房地产经纪相关案例。

开篇案例

政策调控下房地产经纪业的转型

房地产市场的竞争日渐激烈，二手房中介也纷纷开始在冷淡的市场态势下抛出了服务牌。

有鉴于房地产市场由强势的卖方市场转向平衡型市场，甚至趋向买方市场的大势，链家地产正式引进IBM专业顾问团队，试图在企业战略、流程再造、销售转型、人才养成战略等方面打造优势竞争力。

与此同时，我爱我家房地产经纪有限公司（以下简称“我爱我家”）与北京燃气集团共同签署了租赁房屋燃气安全宣传合作协议。自2010年6月起，我爱我家与北京燃气集团紧密合作，以用气技能普及、案例展现为切入点，为通过我爱我家租房的广大承租人开展免费集中式的燃气安全巡检服务，对巡检过程中发现的燃气管道破裂、存在使用安全隐患的灶具胶管等问题实施免费维修，并可根据承租人需求，提供个性化的燃气服务。

链家地产董事长左晖坦言，受整体经济高速发展、家庭收入快速增长等因素的影响，我国房地产市场多年来均呈现严重的供不应求状况，这种长期化的供需失衡现象，形成我国房地产经纪行业的几大特色：一是造就了极端强势的长期卖方市场；二是以获取房源以及快速满足业主服务需求为中介行业的主流服务体系；三是以规模及效率为中介行业的核心竞争力。但面对史上最严厉的宏观调控，强势的卖方市场将受到空前挑战，从业者必须兼顾买卖双方的服务需求与服务体验。左晖认为，这波宏观调控将不只是调控房地产市场的交易量与房价，更将加速整个房地产经纪行业的服务转型与销售转型。

2009年，北京二手房交易量达到25万套以上。面对如此庞大的客户群，房地产经纪行业需要的是比与时俱进更具竞争力的前瞻性服务体系。

资料来源：房产中介打拼服务牌，市场调控加速经纪行业转型．(2010－06－09)［2020－02－10］．http：//www.chinanews.com/estate/estate-zjdl/news/2010/06-09/2332826.shtml.

思考：楼市的政策调控对房地产经纪行业带来了哪些影响？房地产市场与一般商品市场有什么差异？

第一节　房地产概述

一、房地产市场的含义

房地产是房屋建筑物与土地的总称，又称不动产，即土地、土地上建筑物及附着在其上的各种权益的总和。房地产业是一个通过对城乡土地开发和建设房屋建筑，并对新开发建设的城市房地产实施经营管理、修缮和服务等一系列的社会经济活动，属于第三产业部门，是国民经济的支柱产业之一。

房地产市场是地产和房产的买卖市场，即房屋建筑商品交换的场所和地产使用权商品转让交换关系的总和。我国的房地产市场实质是土地使用权和房屋建筑所有权有偿转让的市场，即房地产产权转让市场。

二、房地产市场的特点

房地产市场是一种具体市场，但就市场状况而言，它并未形成严格意义上的“交易所”形态，而是一个抽象的集体概念，由不同地区规模不等的交易所共同组成。房地产市场的客体是土地和建筑物，具有与一般商品市场不同的特征。

（一）流动性差

房地产产品无法移动，消费者只能在房地产所在地居住或使用，其周围环境的变化或发生的事情都会影响房地产的需求。

（二）高垄断性

在房地产市场上，一段时间内供求量总是保持在一定的范围内，因此在特定的时间和特定价格范围内，只有少量的买主和卖主，容易形成垄断。同时，由于房地产商品的固定性和耐用性，买卖双方的关系具有持续性的特点。

（三）可替代性差

在房地产市场上，由于土地数量的稀缺性和位置的固定性，使土地建筑物供给和需求的弹性比较小，可替代性差。房地产价格的制定不仅要受其成本的制约，还要受多种因素的影响，如国家的宏观调控政策、价格水平、支付能力、经济周期等因素都在不同程度上影响着房地产价格的制定和调整，这些因素的变化同时会加剧房地产价格制定的复杂性。

（四）可分离性

房地产不可移动性的特点决定了我国住房是租赁与买卖同时并存的市场，使用权与所有权既可分离也可统一。

（五）多元性

房屋具有投资大、资金周转慢、消耗周期长等特点，这要求在资金的筹措、住房规划和建设以及房屋商品的流通等方面，有一个全面的安排，这就决定了房地产市场除了具有商品流通市场的功能外，还必须具有开发市场、资金市场、劳务市场等多种功能。

（六）中介性

房地产交易一般要借助中介机构。按照土地流转的顺序，我国现阶段的房地产市场可分为土地所有权征购市场、土地使用权一级市场、土地使用权二级市场、土地使用权三级市场等类型。

目前我国还没有形成规范的房地产市场，政府组织一级市场还没有形成公平、公开和公正的土地出让和转让市场，缺乏竞争机制。二、三级市场组织也不健全，民间的中介机构行为不规范。市场经济的不断发展，客观上要求建立一个公开、合法、有序的房地产市场，要求大力发展房地产中介机构和房地产经纪人队伍。

【阅读材料】

我国的豪宅

随着2011年度“中国10大超级豪宅”排行榜的发布，广州“大一”连续三年成为该榜单的中国第一豪宅。

2011年度“中国10大超级豪宅”中，北京和上海分别有3家入榜，深圳有2家入榜；广州、大连各有1家入榜。报告显示，中国富豪将买豪宅列为奢侈品消费的第一选择。

《总裁》杂志社负责人说：“在上海、北京等一线城市，以别墅为代表的豪宅价格10年来平均升幅高达500%，而沪深股指10年来的升幅只有50%，随着国内物价飞涨以及对人民币升值的期望，对豪宅而言更多的不是消费而是投资和保值。中国富豪已经成为国际市场豪宅的主要买家。”

资料来源：中国历年十大顶级豪宅排行榜．(2013-03-04)［2020-02-10］. https://wenku.baidu.com/view/0aaa838c8762caaedd33d429.html.

三、房地产市场的作用和分类

（一）房地产市场的主要作用

房地产市场是房地产业进行社会再生产的基本条件，并可带动建筑业、建材工业等诸多产业的发展。房地产市场通过市场机制，及时实现房地产的价值和使用价值，可提高房地产业的经济效益，促进房地产资源的有效配置和房产建设资金的良性循环。房地产市场能引导居民消费结构合理化，有利于改善居民的居住条件，提高居民的居住水平。因此，房地产市场是房地产市场体系中最有代表性，也是最重要的部分，处于主体地位。土地历来都是生产要素，因而从事土地买卖、租赁、抵押活动的地产市场，也是生产要素市场的组成部分。

（二）房地产市场的基本分类

在我国，城市土地归国家所有，农村土地归集体所有，永久出让土地所有权是不允许的。因此，一般说来，地产市场的交易活动是土地使用权的转让或租赁。由于人口、环境、文化、教育、经济等因素的影响，房地产市场在各个区域间的需求情况各不相同，房地产市场供给和需求的影响所及往往限于局部地区，所以，房地产市场的微观分层特性也较为明显，具体表现在：土地的分区利用情况造成地区及一个城市的不同分区，不同分区的房产类型存在差异，同一分区内建筑档次也有不同程度的差异。

1. 按组成要素分类

按组成要素，房地产市场可分类如下：

(1) 土地使用市场。这是指国家对城市土地使用权的有偿出让和获得土地使用权者将开发的土地使用权有偿转让的场所。

(2) 房产市场。这是指房产的转让、租赁、抵押等交易场所，包括房屋现货和期货的交易场所。

(3) 房地产资金市场。这是指通过银行等金融机构，用信贷、抵押贷款、住房储蓄、发行股票、债券，以及开发企业运用商品房预售方式融资的市场。

(4) 房地产劳务市场。这是指开展物业管理、室内外装饰、维修、设计等活动的市场。

2. 按房地产流通顺序分类

根据房地产流通顺序，房地产市场可分类如下：

(1) 一级房地产市场。它又称土地一级市场（土地出让市场），是土地使用权出让的市场，即国家通过其指定的政府部门将城镇国有土地或将农村集体土地征用为国有土地后出让给使用者的市场。一级房地产市场是由国家垄断的市场。

(2) 二级房地产市场。它又称增量房地产市场，是指生产者或者经营者把新建、初次使用的房屋向消费者转移，主要是生产者或者经营者与消费者之间的交易场所。

(3) 三级房地产市场。它又称存量方房地产市场，是购买房地产的单位和个人再次将房地产转让或租赁的市场，也就是房地产再次进入流通领域进行交易而形成的市场，其中包括房屋的交换。

二、三级房地产市场是一级房地产市场的延伸和扩大，起繁荣市场的作用。

【阅读材料】

温州炒房团

有着“中国犹太人”之称的温州人，经过二三十年的财富积累，所掌握的民间资本已有6 000亿元之巨。敢闯敢干的温州商人携巨款四处寻找投资机会。国人注意到温州民间资本的威力，最早是由炒房开始的。温州人炒房，最初是从炒自家门口的房产开始的。1998年至2001年，温州的民间资本大量投入当地房地产，促使当地房地产价格以每年20%的速度递增，市区房价快速从2 000元/平方米左右飙升到7 000元/平方米以上。2001年8月18日，第一个温州购房团共157人浩浩荡荡开赴上海，三天内买走了100多套房子，将5 000多万元现金砸向上海楼市。同时，另一支购房团前往杭州。随后几年，约2 000亿元温州的资金投向各地房地产，其中北京、上海两地集中了1 000亿元。此外，温州资本还先后大举进入了青岛、重庆、沈阳等城市。一时间，“温州炒房团”广为人知，备受关注，也饱受争议。

资料来源：房产路：温州一直走在前列．（2013-08-13）[2020-02-10]. https://WZ.news.fang.com/2013-08-13/10758062.htm.

思考：围绕着“温州炒房团”产生了哪些争议？你怎么看待“温州炒房团”？

四、房地产交易的一般程序

（一）地产市场交易的程序

1. 土地使用权出让的程序

土地使用权的出让有三种方式：协议、招标和拍卖。

（1）协议出让的一般程序。

第一，由市、县土地管理部门向受让方提供出让土地使用权地块的有关资料和有关规定，包括土地的坐落位置、用途、建筑容积率、密度，各项详细规划要求，土地使用权的出让形式和年限等。

第二，由有意受让土地使用权一方在限期内提交土地开发建设方案、出资金额及支付方式等文件。

第三，土地使用权代理部门收到有意受让方的上述文件后，应在规定时间内作出回复。

第四，经协商取得一致意见后，双方签订土地使用权有偿出让合同。

第五，受让方按照合同支付出让金后，向城市土地管理部门办理土地使用登记手续，同时办理土地使用证。

（2）招标出让的一般程序。

第一，出让方通过新闻媒介发出招标公告，指明位置、面积、用途、年限、投标者的资格以及其他有关事项。

第二，应邀的投标者在规定的期限内向土地管理部门交纳保证金，并密封投标。

第三，土地管理部门会同有关专家对投标书进行评审，决定中标者，颁发中标证书。

第四，中标者在规定日期内与土地管理部门签订出让合同，并支付定金。

第五，中标者在合同规定时间办理登记手续。

（3）拍卖出让的一般程序。

第一，出让方在新闻媒介发布拍卖广告，包括拍卖时间、地点，拍卖地块的位置、面积、用途、年限等内容。

第二，由出让方代表在指定的地点公开拍卖，选择应价最高的受让方当场成交。

第三，由中标的受让方在限期内与出让方签订出让合同，受让方支付出让金，并向土地管理部门领取土地使用证书和办理土地使用权登记手续。

2. 土地使用权抵押的程序

经出让或转让所获得的土地使用权可以用作向金融机构贷款的抵押或者其他债务抵押。抵押的一般程序为：

（1）抵押贷款双方应在协商一致的基础上签订土地使用权抵押贷款合同。

（2）受理抵押的金融机构应向土地管理部门申请土地使用权抵押登记。抵押贷款合同的终止期不得超过原来合同的终止期。抵押贷款终止后，抵押权人应在规定时间内向土地管理部门办理抵押登记注销手续。

另外，土地使用权受让人将土地使用权做债务抵押时，应由双方签订合同，并向土地管理部门办理抵押登记手续，抵押权因债务清偿或其他原因消失时，应办理注销抵押的登记手续。

（二）房产市场交易的程序

1. 房产买卖的一般程序

（1）登记。房产买卖的双方分别登记买卖房产的详细情况，包括房屋的地点、间数、套型、用途、买卖价格、业主或代理人情况。

（2）签证。交易双方应按照规定交验有关证件，如房屋所有权证、国有土地使用证、建筑许可执照等。经确认产权合法后，在专职房产交易签证员到场的情况下，买卖双方签订房产价格的评估报告。

（3）评估。根据买卖合同或协议以及对房地产实际勘测的情况，参照有关房产评估原则，由专职的房产评估师作出房产价格的评估报告。

（4）立契过户。房产买卖双方携带有关证件到房地产交易所办理立契手续过户，也可出具正式委托书，由代理人或经纪人办理过户手续。

（5）缴纳税费。根据国家有关法律法规规定，交易双方应缴纳的税费包括契税、印花税、营业税、产权转移登记税，以及签证、评估、勘测、测绘手续费和证件工本费。

2. 房产租赁的一般程序

（1）申请。租赁双方必须签订由房地产行政管理部门统一印制的房产租约，并签名盖章，然后持此租约及有关证件到房屋所在地的房地产行政管理部门申请办理租约审核手续。

（2）受理。房地产行政管理部门负责所辖范围内的房屋租赁审核申请。

（3）查验。租赁审核人员应认真查验租赁双方签订的租约、出租房屋的产权证件、租赁双方的有关证件，并到现场查勘出租房屋的质量、安全情况，查验合格后填写《房屋租约审核登记表》。

（4）审批。经办人员将填好的《房屋租约审核登记表》签名盖章后，送给部门负责人或指定专人复核、审批。

（5）交费。房产租赁审批后，租赁双方应按当地房地产市场管理办法中规定的收费标准交纳手续费。

（6）归档。房地产部门将《房屋租约审核登记表》、租约及其他有关附件，按户归档存查。

3. 房产互换的一般程序

房产互换是指房屋所有人双方交换房屋所有权的合同，一般程序为：

（1）订立书面合同。交换双方要将房屋的地址、结构、面积、楼层、用途、新旧程度、附属设备，以及房屋所有权号码、房屋是否设定了抵押或者租赁等情况在合同中记载清楚。

（2）进行房产评估。签订房屋交换合同后，要交有关部门分别对交换双方的房屋进行评估。根据评估结果，房屋价格较低的一方要向另一方以金钱补足差价。

（3）办理手续。双方将房屋交付给对方后，应到相关部门办理房屋所有权转移手续。

第二节 房地产经纪业务

一、房地产经纪业务概述

(一) 房地产经纪活动的标的物

房地产经纪活动的标的物是指房地产商品以及房地产商品所附着的产权、租赁关系。

房地产商品是指房产和地产的合称，又称不动产。房地产经纪所涉及的房产是指一般意义上的供人们居住、工作、生活、生产等的已建成投入使用的房屋；地产是指能够带来一定收益、满足一定需要的土地资产。房地产商品所附着的产权、租赁关系是指房地产产权和使用权转换过程中所发生的关系总和。房地产经纪人所经营的范围要围绕房地产以及房地产所产生的各种产权、使用权的变化关系来进行。

(二) 房地产经纪业务的具体内容

开发建筑后的房地产是房产与地产合一的房地产商品，其交易形式具有不同性质。

房地产经纪业务根据房地产交易所涉及的标的物的不同，有以下内容。

1. 房地产销售

房地产销售即房地产开发企业一次性将房地产出售给用户，从而一次性收回投资，经纪人对房地产销售提供中介服务。

2. 房地产预售

预售就是所谓的期房买卖，是在房产未建成前预先销售，提前收回投资以防止出现风险。预售现已成为流行的销售方式。房地产经纪人通过发布未来的房屋供给信息，将房地产的未来供给与需求进行对接。

3. 房地产租赁

房地产租赁是指国有、集体土地所有者和公房、私房、商品房所有者将使用权出租，分期实现房地产价值转移的方式，即在使用期内分期销售，是所有权和使用权的暂时分离。房地产经纪人对使用权的转移提供中介服务。

4. 房产互换

房产的所有权或者使用权的互换，实质上也是一种交易行为。双方各自按市场价定价，出现差额，又称差价互换。房地产经纪在其中起着收集互换信息并互换的作用。

5. 房屋典当

房屋典当是指房产所有者将其全部或者部分房屋典卖，这是将房屋所有权与使用权暂时转让的一种形式。出典人只有按期归还原典价给典当人，才能重新取得所有权和使用权。房地产经纪人在其中起着联系典当机构和有典当需要的房地产所有者的作用。

6. 房地产抵押

房地产抵押是指房地产所有者为了担保其债务，将其房地产所有权暂时转给债权人，如房地产抵押贷款等。房地产经纪人在其中一般起着帮助房地产所有者联系、选择合适的房地产抵押机构，以满足房地产所有者降低资金使用成本的需要。

二、房地产经纪业务的程序与技巧

（一）房地产经纪业务的业务程序

房地产经纪业务同样分为地产交易经纪业务和房产交易经纪业务，地产交易经纪业务与房产交易经纪业务的技术性和政策性都很强，但交易的基本原理和基本程序是一致的。房地产经纪业务程序的主要步骤如下。

1. 接受委托

房地产经纪人接受买方或卖方委托，一般情况下，以卖方委托为主，即房地产业主委托经纪人出售房地产。经纪人与委托人签订委托中介合同，合同一经签订，经纪业务即开始。

2. 寻找买方

经纪人按照合同规定的要求和标准为委托方寻找具有房地产购买意向的相对方。寻找买方的方法有熟人推荐、刊登广告或者从咨询的买方中筛选等。

3. 买方提出要约

经纪人应该根据买方提出的愿意购买房产的条件、要约，通过与经纪人所掌握的卖方信息进行比较，确定合适的目标范围。要约要用书面形式，并附保证金；如果谈判不成，要如数退还保证金。经纪人应该注意防止买方绕过经纪人直接同卖方接触，经纪人应对卖方信息有所保留，只提供必要的信息。

4. 答复要约

在卖方与经纪人订立中介合同的情况下，卖方主要是经纪人的客户。经纪人在向卖方转交要约时，要向卖方提供影响他对要约作出答复的重要情况。如买方可能接受卖方提出的要价，但提出的要约价格低于卖方的要价，经纪人应该将买方的心理准备价告知卖方。如果卖方决定接受买方的要约，同时提出一个反要约，经纪人则必须及时转告买方。

5. 合同谈判

如果买方的要约被卖方接受，应该通过谈判把协议变成符合法律程序的正式交易合同。合同中要明确规定交易双方的责任与义务，解决各种具体问题，如买方的付款期限、房地产买卖具体标的物等问题。经纪人在订立合同的过程中主要担任买卖双方政策顾问的角色，经纪人应该提出没有倾向性的政策和策略建议。

6. 产权转让

签订合同后，经纪人应该着手帮助交易双方履行合同。对买方，经纪人应帮助其筹资（如办理抵押贷款事项、分期付款），对卖方，经纪人应帮助其明确交易标的物和办理标的物转让手续。在此期间，如果一方不愿意或不能履行合同义务，经纪人应协调双方的立场。在转让产权时，经纪人作为见证人督促双方实际履行合同，并在产权转让完成时取得佣金。

（二）房地产经纪业务的技巧

1. 房地产经纪人寻找客户的技巧

房地产的特殊用途及其自身特点，决定了房地产经纪人的客户或潜在客户存在于一定的范围内。房地产经纪人或经纪机构根据自身的实力、经验、能力去选择委托人，或根据委托合同去选择房地产的购买者或承租人时，可以采用直接寻找客户的方法或间接寻找客户的方法。

直接寻找客户的方法主要有利用媒体做广告宣传、直接邮寄资料、参加房地产市场交易会等几种，但是此类方法往往需要投入一定的初期费用，存在一定的风险，而且回复率较低。

间接寻找客户的方法主要有通过对房地产信息进行登记、浏览报纸及其信息资源、新老客户交往、依靠行业协会收集客户信息等几种。这类方法的风险程度不一，通过人际关系间接寻找客户的方法安全性较高。

2. 房地产交易双方资料调查技巧

房地产经纪人需要在供求双方成交前对双方情况进行必要的了解和调查，以便掌握确凿的第一手资料，从而在协调双方的交易时赢得主动权，提高交易过程的安全性和交易成功率，同时也为自身工作赢得声誉，为今后吸引更多顾客、开拓市场打下基础。调查的主要目的是评估交易双方交易的可能性，提高中介业务的成功率。因此，调查活动也是有选择性的。调查了解的主要内容包括：房地产开发商的楼盘情况及信誉、房屋购买者或承租人的支付能力、消费者的购买诚意或购买动机等。

3. 房地产经纪人的谈判技巧

有资料表明，交易谈判的失败，除了价格上谈不拢（约占 20%）以外，有对经纪人谈判态度和方式不满（占 60%～70%）而中断交易谈判，还有因对委托人售后服务缺乏保证而中断交易谈判（约占 15%），这对于房地产经纪人或经纪机构的谈判能力和谈判技巧提出了更高的要求。

在房地产交易过程中，谈判的焦点往往是交易价格，而委托人授权经纪人可进行价格下调的幅度是十分有限的，只有经纪人与委托人一起在精确测算成本、分析行情及竞争对手的情况后才能作出决定。房地产经纪人作为提供交易中介服务的一方，往往既要与房地产的需求方进行谈判，又要与房地产的供应方进行谈判。

（1）谈判的“5S”技巧。

房地产经纪人进行谈判，首先要掌握的是“5S”技巧，即快速、微笑、真诚、机敏、研究。

快速（Speed）。在今天快节奏的经济生活中，快速无疑成为服务业发展的一个客观要求。具有快速响应客户需求的能力对于房地产经纪公司来说非常重要，这包括快速接电话、及时通知变化事项、准时参加约会、交款等待与办理相关手续的配合等，均应做到在需要的时间和地点提供必要的和优质的服务。

微笑（Smile）。微笑是相对于过度的笑容而言的。经纪人必须对顾客有体贴的心，才可能展露出真正的微笑，表现出心灵上的理解和宽容，这种微笑不是矫揉造作或曲意逢迎。

真诚（Sincerity）。经纪人如果有尽心为顾客服务的诚意，顾客一定能体会到。因此，经纪人应树立“诚信为本”的服务理念，并让这种服务理念贯穿于整个服务工作过程中，一方面要真诚地努力，另一方面要让顾客感受到你真诚的一面。真诚的工作态度有利于与顾客良好地沟通，有助于树立房地产经纪人的职业形象。

机敏（Smart）。机敏是指精明、整洁、利落。以干净利落的方式来接待顾客即为“机敏服务”。小聪明、小技巧等投机取巧的方法不可能实质性地解决客户的问题，甚至还会给公司或本人带来纠纷或损失。

研究（Study）。房地产经纪人平时要多研究顾客心理、接待技巧，以及商品房方面的知识等，在学习理论知识的基础上，还要走出店门去参加各售楼展销会等，以便更好地作出判断和提高经纪业务的成交率。

（2）面谈前的准备。

房地产经纪人应该充分地对面谈中的问题做好前期工作，良好的心理准备和充分的物质准备是面谈成功的保证。

自信是房地产经纪人应具备的最基本素质。房地产经纪人要对自己所介绍的房地产商品充满信心，对自己的工作充满信心，以激发谈判取胜的勇气，只有相信自己有能力满足客户的需求，做到“有求必应、真诚相待”时，才能时时掌握主动，把握时机。房地产经纪人还要主动倾听客户的诉求，实事求是地介绍房产的基本情况，避免夸大宣传房地产项目。

房地产经纪人还应有良好的精神状态，应仪态大方，谈吐自然，用自己良好的仪表给顾客留下一个好的印象。在介绍房地产商品时要简明扼要，重点突出，特别是不能疏忽顾客关心的细节。

一个优秀的房地产经纪人可以从交易面谈的过程中了解到客户的爱好、需求及面临的难处，揣摩客户的需求心理，提出种种建设性的意见，帮助客户打消顾虑，最终达到成交的目的。

（3）现场参观时的关键环节。

参观前的准备和组织工作，以及参观中的面谈工作十分重要。当客户乐意接受经纪人的邀请去参观商品房现房或正在施工中的期房时，就表明客户有比较强烈的购买欲望。房地产经纪人应随时准备回答客户提出的各种问题，诚实守信地对待客户，争取获得客户的信赖，因为客户的信赖是交易成功的前提。

（4）促成交易达成的技巧。

在现实生活中，顾客在作出购买行为之前往往会反复考虑，权衡得失。房地产经纪人要允许客户反复思考、反复比较之后再作出决定。房地产经纪人要有充分的耐心与客户保持联系，要激发客户，使客户的购买动机转变为购买欲望，进而完成购买行为。

经纪人可以使用的策略包括：不时地将国家有关的房改信息、政策及房产市场的供求情况传递给顾客；经纪人在力所能及的情况下，将客户可以接受的价格告诉委托人，争取让委托人在价格上作出些让步，或在其他配套服务的收费上和客户其他要求方面作出让步，这样就很容易使交易成功；当客户在支付房款的方式方面还有一些难处时，经纪人应站在客户的立场上为其想办法，如客户进行银行按揭贷款，就需要详尽地为客户介绍公积金贷款的具体办法。

4. 签订合同的技巧

房地产经纪人在一笔房地产交易中提供服务并促使交易成功后，理应获得委托人按合同支付给经纪人的佣金。经纪人防范被委托人甩掉，委托人也十分小心，害怕经纪人越权代理或与客户勾结来损害其利益，这种不信任的状态不利于交易达成。房地产经纪人的佣金是由经纪人与委托人协商确定的，双方的权利与义务在合同中应当注明，对于违约行为的处罚条款也应当十分明确。

（1）应签订书面的经纪委托合同。

委托合同中应订明佣金数额及支付时间，佣金最好要求分期支付，即按照经纪活动的进程逐期支付，或按照经纪人提供的服务内容或以时间为界限依据合同支付。所签订的经纪委托合同应经过公证或见证，以便及时确认合同的真实性、合法性。

（2）在签订委托合同之前，应对委托人的资信进行了解。

委托人信用是经纪人能否及时得到佣金的关键影响因素，经纪人在对委托人应该专门进行资信调查，这样做既能够保证自己及时得到足额佣金，也能够保证相对方的合法利益。资信调查主要是通过对委托人过去的违法情况和违约情况、曾经交往的情况以及社会资信评级的全面了解来实现的。

（3）委托人与经纪人应相互合作。

委托人与经纪人应建立相互支持的合作关系，才能签订一个互惠互利的委托合同。随着房地产交易市场的日趋规范和相关法律制度的建立，委托人和经纪人都增强了法律意识，都能按合同条款履行，房地产经纪人被甩、收不到佣金现象将逐渐消失。

（4）在委托合同中应明确违约条款。

在委托合同中订明违约条款，可以在处罚违约方时有充分的依据。当委托人拖延支付佣金或拒付佣金时，经纪人可以采取行动保护自己的合法利益。

第三节　房地产经纪人

一、房地产经纪人的概念

房地产经纪是世界上最古老的行业之一。《罗马法典》中就对此项经营活动有过明确规定。我国明代小说中帮人买卖房产土地而收取银两的“牙人”，其实就是我国最早的房地产经纪人。历史上，我国对房地产经纪人及其行为有过各种各样的称呼，如“房牙”“房串串”“房纤手”“地皮串串”等，国外房地产经纪人的称呼主要有“房地产师”“房地产士”“房地产销售员”等。无论怎样称呼，他们的基本工作内容都是一样的，即把房地产交易双方连接在一起，以取得佣金作为报酬。

所以，房地产经纪人指的是那些收集、整理房地产信息，熟悉房地产市场行情，在房地产交易中为客户提供居间、代理等服务的公民、法人及其他经济组织。

【阅读材料】

最早的房产合同中的中介人

编撰于清末的《陶斋藏石记》中收录了端方所经手的历代石刻铭文，包括大量造像、题名和秦汉、魏晋南北朝时期的零散残刻，其中记载了一份东汉时期较为标准的房产合同：“建初六年（公元 81 年）十一月十六日乙酉，武孟子男靡婴买马熙宜、朱大弟少卿冢田。南广九十四步，西长六十八步，北广六十五，东长七十九步，为田廿三亩奇百六十四步，直钱十万二千。东陈田比介，北、西、南朱少比介。时知券约赵满、何非，沽酒各半。”“知券约”即公证人的意思。在这份 2 000 多年前的房产合同中，记录下了当时中介人的名字：赵满、何非。

二、房地产经纪人的特点

房地产交易金额巨大，交易过程复杂，存在较大的风险隐患，所以房地产经纪人除了具有经纪人的一般特征外，还有以下特点。

（一）专业性强

房地产行业是个综合性行业，在投资、开发、经营、管理等各个环节都涉及各方面的专业知识。因此，房地产经纪人必须具备扎实的专业知识。房地产经纪人只有十分熟悉国家的有关房地产法律、法规及有关政策，并熟悉房地产开发经营过程中的有关土地使用权转让、建筑施工、房地产估价、抵押贷款、物业管理等方面的专业知识，才能为房地产交易双方提供专业服务。

（二）以房地产信息为生存资本

房地产经纪人汇集大量交易信息，形成信息资源库。他们借此加强买方与卖方的沟通与交流，敦促双方达成交易。从一定意义上说，掌握市场信息量的多寡成为房地产经纪人存亡的关键。房地产经纪人正是发挥了这种信息传递的桥梁作用，才得以稳步发展。

（三）服务面广，社会影响大

房地产经纪业务员贯穿房地产经纪活动的全过程，服务对象广，服务内容庞杂，服务面相当广泛。由于房地产价值巨大，关系客户的切身利益，因而房地产经纪人责任重大，其业务的社会影响也很大。

（四）收入较高

由于房地产的高价值性，每笔房地产交易的金额都很高，房地产经纪人所得的佣金也相应较高。正是由于收入较高，行业竞争也就非常激烈。房地产经纪人要想生存和发展，就必须通过为客户提供优质、高效的服务及拥有良好的声誉，才能赢得客户的信赖与合作，从而获得较高的收益。

（五）必须负责交易过程中的全部工作

房地产交易双方的关系不同于一般的商品交换关系，一般市场买卖双方的关系随着商品交换而结束，而房地产市场则由于商品的固定性和耐用性，商品售出后还有管理和维修的问题，从而使双方关系具有相对持久性和稳定性。所以，房地产经纪人的服务模式要求经纪人负责交易中的全部工作，即从委托受理到带客看房、签约和后期服务都由一位经纪人来完成，让客户享受到最大的方便。在交易过程中，房地产经纪人不断地与客户沟通，提供专业化的意见和建议，进行感情沟通，最大限度地了解客户的需求与思维变化。

（六）兼顾房地产买卖双方的利益

房地产经纪要兼顾房地产买卖双方的利益，最大限度地为卖方获得好价钱，帮助买方规避风险。房地产业属于高投入、高附加值、高利润的行业，它的投资周期长、政策性强、涉及性广、专业性很强。对于大多数厂商和个人来说，更多的是在房地产市场中获得能够进行合适的产业活动或满足生活要求的合适地皮和房屋，他们一般对房地产市场的行情、法律手续不是很熟悉，需要高素质的房地产经纪人为他们作出合理的选择，委托专业房地产经纪人是降低交易风险的最好办法。为了最大限度地规避风险，专业的房地产经纪人除了要掌握房地产信息以外，还应了解交易过程中涉及的建筑、金融、法律等各方面的知识。

【阅读材料】

上海房产经纪行业建立黑名单

“飞单”、欺骗客户、不规范交易，一直以来都是损害房地产经纪行业利益的不良行为，而且常常与个别经纪人的品行相关。上海市房地产经纪人协会联合沪上房地产中介五大行（中原地产、21世纪不动产、汉宇地产、易居臣信、合富置业）推出“黑名单”制度，同时，五大中介公司承诺不录用企业报备、经上海市房地产经纪行业协会查实列入“不诚信记录”的人员。

根据五大品牌中介企业的承诺，经纪公司对全体员工进行诚信教育，一旦发现有违背职业道德的员工，将及时报备上海市房地产经纪行业协会，经行业协会核实并被列入“不诚信记录”的人员，中介五大行将永久不予录用。

上海房地产经纪行业协会表示，“诚信档案”的建立，将杜绝以往极个别从业人员通过跳槽来隐藏自己不良记录的现象。通过这一透明的机制，让害群之马无所遁形，一旦发生不良行为，将遭到各大品牌中介乃至全行业的排斥，使之在整个行业内无法立足。相信这一举措能对规范房地产中介行业起到积极的作用，对广大从业人员也有一定的威慑力。

五大行希望越来越多的中介公司加入诚信行业建设的行动中来。在上海市房地产经纪行业协会的带动下，房地产中介行业必将更加诚信、规范、和谐。从公司到员工都会以诚信、透明、公正、专业的服务，树立行业良好形象。

据上海市消费者权益保护委员会统计，仅2009年上半年，投诉房产中介的案件就多达298起。驱逐行业内有诚信问题的经纪人，一直是上海房地产经纪行业内各方高度关注的问题。2007年，上海房地产经纪行业协会就曾推出“违规逐出”行动，建设经纪人诚信档案数据库，但是当时这项制度推出时并不具有强制性，中介公司根据自身需要签约加入。制度推出后，中原地产等一些房地产经纪公司签约加入，与此同时，也有一些公司自己设有“黑名单”，内部进行人员控制。

“房地产经纪公司各自管理有很多问题，房地产中介行业一直存在准入门槛较低、中介人员频繁‘跳槽’现象。‘黑中介经纪人’常常在一家中介公司违规被辞退后又前往另一家公司工作，由于其违规行为没有受到处罚，因此，不诚信的作风又会蔓延到其他公司，危害消费者利益，并且严重损害整个中介行业的形象。”

据上海房地产经纪行业一业内人士透露，从目前行业的情况来看，严重违规的情况包括违规收取客户意向金、定金、佣金，通过各种手段危害公司利益，有触犯国家法律的行为等。随着“黑名单”制度的建立，行业内将建立信息公开的平台，使“黑中介经纪人”无法从业，从而提高行业服务水平。

资料来源：上海房产经纪行业建立黑名单．（2009－08－27）［2020－20－10］．http：//finance.sina.com.cn/china/dfjj/20090827/07596670950.shtml.

思考：不规范的房地产经纪行为有哪些表现？

三、房地产经纪人的条件

我国加入 WTO 后，面临着全球范围内各方面的市场竞争，经纪人的作用与地位更加重要，同时社会对经纪业务从业人员的素质要求也更高，经纪人需要具备更高的文化素养，丰富的专业理论知识、法律知识、经济业务基础知识，较强的市场信息收集、识别能力，对市场机会、市场风险的把握能力以及良好的商业道德和自律意识。

（一）成功的房地产经纪人应具备的素质

1. 掌握丰富的房地产专业知识

房地产专业知识包括房地产信息、房地产产品专业知识以及房地产交易的相关法律知识。经纪人在掌握上述知识的同时，还要通晓房地产开发与经营、建筑学、房地产交易、房地产价格评估等专业知识。

2. 具备一定的市场营销能力

如何寻找、开发和选择客户，如何开拓市场，是房地产经纪业务顺利开展的重要一步。在房地产交易大致处于供不应求的状态下，卖者少而买者多，不少人买房就像抢一样。此时，买卖双方对经纪人这个中间人都忽视了，经纪人更多的只是在买卖双方之间传达信息，而不太会提出专业的意见。随着房地产市场的不断完善，对房地产经纪人的营销技能必定要求很高，所以，策略、分销、促销策略都是房地产营销中必不可少的东西。作为一个优秀的房地产经纪人，必须具备上述素质。

3. 熟悉相关法律条款

房地产方面的三部法律，即《中华人民共和国城市房地产管理法》《中华人民共和国土地管理法》《中华人民共和国城乡规划法》以及据此制定的部门和地方性法规，几乎涵盖了整个房地产事务。除了了解上述法律知识以外，房地产经纪人还要熟悉民法、经济法、行政法、行政诉讼法、民事诉讼法的一些知识。协助签约是房地产交易的最后一个环节，房地产经纪人必须在签订买卖合同时站在中立的立场上，对合同的条款进行公正的解释，以保护买卖双方的合法权益。

4. 具有一定的金融知识

按揭买房目前已成为房地产交易付款的基本形式。房地产经纪人必须熟悉银行利率、利息计算、贷款种类、贷款手续、还款方式以及公积金等知识，同时还必须对国际金融惯例、现行金融政策与金融形势有一定的了解。

5. 掌握谈判技巧

促成买卖双方成交是房地产经纪人面临的最现实的问题，要求房地产经纪人在从事经纪业务时掌握火候，在谈判时运用一些策略和技巧以促成交易。

（二）房地产经纪人的职业道德

关于职业道德，房地产经纪人必须做到“四必须”“八不能”。

“四必须”：（1）房地产经纪人必须诚实守信，具有良好的品德；（2）房地产经纪人必须忠实保护客户的利益；（3）房地产经纪人必须遵章守纪，其经营活动必须符合法律、法规以及行业管理的规定和要求；（4）房地产经纪人必须业务精、能力强，具有强烈的事业心和责任感。

“八不能”：（1）房地产经纪人不能从事或参与涉及国家专控商品以及国家机密的经纪活动；（2）房地产经纪人不能从事走私违禁品、假冒伪劣商品的经纪活动；（3）房地产经纪人不能从事国家和社会禁止的经纪活动；（4）房地产经纪人不能超越客户的委托范围和权限，越权进行有关的经纪活动；（5）房地产经纪人不能私自设立和收取账外佣金或索要额外款项；（6）房地产经纪人不能承办或接受自身能力以外的经纪活动；（7）房地产经纪人不能超越中介服务地位，进行实物买卖或私下交易；（8）房地产经纪人不能违犯国家税法，进行骗税、逃税活动。

（三）提高房地产经纪人队伍整体素质的途径

市场竞争表面上看是品牌、规模的竞争，事实上总是会归结到人才的竞争上来。人才是将来房地产经纪机构的核心竞争力。房地产经纪业务的开展，需要大批精通房地产经济和房地产法律，熟悉房地产市场运作的专门性人才。目前这方面的人才无论在数量上还是在质量上都远远不能适应房地产经纪机构发展的需要，必须大力培养。

1. 认真做好房地产经纪人员入门培训

对每一位拟从事房地产经纪活动的人员，在入门培训时都要进行房地产经纪人职业道德教育，使拟从业人员掌握相关的法规规定和行为准则，并敦促其自觉遵守，帮助拟从业人员树立遵纪守法、诚实守信、热忱为社会服务的职业道德，为其今后规范地从事房地产经纪活动打下良好基础。

2. 根据房地产经纪人员的具体从业情况进行业务培训

一是要求被培训者掌握房地产经纪、交易登记、税费、房屋建筑、市场营销、相关法律等专业知识。二是掌握获取房地产市场行情的方法和主动获取法律、政策、市场行情等方面信息的意识和能力。三是具备一定的分析能力和较好的语言技巧，具有灵活运用各种服务技能的能力及良好的礼仪风范。四是能遵守国家法律和有关行业规范，爱岗敬业，诚实守信，忠诚于自己所服务的公司，维护企业和经纪人形象。

3. 开展房地产经纪人员的继续教育培训工作

随着社会经济的发展，房地产经纪活动的规则和要求不断发生变化，相关法律、法规、政策也在不断地完善。为了适应房地产行业的发展和解决经纪实务中所产生的问题，应适时地对房地产经纪从业人员进行继续教育培训，使他们不断地学习和了解新的法律、法规和政策，总结经验，在学习中提高自身素质。

（四）房地产经纪人的从业规定

为了进一步规范我国房地产经纪市场，提高房地产经纪人的整体素质，国家对房地产经纪人员实行执业资格制度，即凡从事房地产经纪活动的人员，必须取得房地产经纪人员相应的职业资格证书并通过注册生效，未取得职业资格证书的人员，一律不得从事房地产经纪活动。通过完善相关的法律，制定行业规范执行标准，并明确相关主体部门，健全房地产经纪管理制度，实施经纪人年度注册验证制度，建立房地产经纪行业个人会员挂牌和信息记录制度等，从而推动房地产经纪市场的健康发展。

根据人力资源和社会保障部、住房和城乡建设部《关于印发〈房地产经纪专业人员职业资格制度暂行规定〉和〈房地产经纪专业人员职业资格考试实施办法〉的通知》（人社部发〔2015〕47号），房地产经纪专业人员职业资格仍属于国家职业资格，其性质由原来的准入类变更为水平评价类，其含义是取得相应级别职业资格证书的人员，表明其已具备从事房地产经纪专业相应级别专业岗位工作的职业能力和水平。

房地产经纪人协理、房地产经纪人职业资格考试实行全国统一大纲、统一命题、统一组织的考试制度，由中国房地产估价师与房地产经纪人学会负责管理和实施，人力资源和社会保障部、住房和城乡建设部按职责分工负责指导、监督和检查。

1. 房地产经纪人报考条件

申请参加房地产经纪人职业资格考试，除应遵守国家法律、法规和行业标准与规范，秉承诚信、公平、公正的基本原则，恪守职业道德外，还应符合下列条件之一：

（1）通过考试取得房地产经纪人协理职业资格证书后，从事房地产经纪业务工作满6年。

（2）取得大专学历，工作满6年，其中从事房地产经纪业务工作满3年。

（3）取得大学本科学历，工作满4年，其中从事房地产经纪业务工作满2年。

（4）取得双学士学位或研究生班毕业，工作满3年，其中从事房地产经纪业务工作满1年。

（5）取得硕士学历（学位），工作满2年，其中从事房地产经纪业务工作满1年。

（6）取得博士学历（学位）。

申请参加房地产经纪人协理职业资格考试，则应同时具备下列条件：

（1）遵守国家法律、法规和行业标准与规范，秉承诚信、公平、公正的基本原则，恪守职业道德。

（2）具备中专或者高中及以上学历。

根据上述条件，大学在读的学生可以报名参加房地产经纪人协理职业资格考试。

2. 房地产经纪人资格考试的内容

房地产经纪人协理考试的科目有“房地产经纪综合能力”和“房地产经纪操作实务”。每个科目的考试时间均为1.5小时，分两个半天进行。

房地产经纪人考试的科目有4个，分别是：“房地产交易制度政策”“房地产经纪职业导论”“房地产经纪专业基础”“房地产经纪业务操作”。每个科目的考试时间均为2.5小时，分4个半天进行。

房地产经纪人协理、房地产经纪人职业资格考试均采用闭卷、计算机化考试，即在计算机终端获取试题、作答并提交答题结果。

四、房地产经纪人享有的权利与承担的义务

（一）房地产经纪人享有的权利

（1）房地产经纪人有权依法发起设立或加入房地产经纪机构，承担房地产经纪机构关键岗位工作，指导房地产经纪人协理开展房地产经纪业务，经所在机构授权订立房地产经纪合同等重要业务文书，执行房地产经纪业务并获得合理佣金。

（2）在开展房地产经纪业务时，房地产经纪人员有权要求委托人提供与交易有关的资料，支付因开展房地产经纪活动而发生的成本费用，并有权拒绝执行委托人发出的违法指令。

（3）房地产经纪人协理有权加入房地产经纪机构，协助房地产经纪人处理与经纪有关的事务并获得合理的报酬。

（二）房地产经纪人承担的义务

（1）公平、公正、如实开展经纪活动的义务。房地产行业有其特殊性，在交易过程中会涉及许多问题，如所有权问题、使用问题、房地产质量问题、使用寿命问题、环境问题、基础设施问题、未来城市规划问题等，所以，房地产经纪人在经纪过程中必须对相关事项了解清楚并如实告知买卖双方，忠实于委托人的利益。房地产经纪人和房地产经纪人协理应当利用专业知识和职业经验处理或协助处理房地产交易中的细节问题，向委托人披露相关信息，诚实守信，恪守合同，完成委托业务，并为委托人保守商业机密，充分保障委托人的利益。

（2）制作文书的义务。房地产经纪人对于当事人之间的房地产交易事项，除了促使买卖双方立即履行其各自的义务外，还应当及时制作文书，记载交易的各项内容及事项，并签名后交付买卖双方存档，房地产经纪人所制作的这种文书主要是为当事双方正式合同的订立提供依据，如果一方不接受文书或不在上面签字，经纪人有立即通知另一方的义务。

（3）不接受给付的义务。经纪人在其经纪活动中，负有不能为当事人领受或给付钱物的义务，经纪人自己也不能从事任何实物性买卖，否则经纪人公平中介就无法实现，经纪人的经纪行为也就失去了法律意义。

（4）依法纳税的义务。依法纳税是每个公民的义务，对于房地产经纪人来说尤其如此，依法纳税是房地产经纪人行为规范化和合法化的具体表现。凡是从事房地产交易的经纪人，都应毫无例外地履行依法纳税义务。

（5）接受培训以及再教育义务。房地产经纪人和房地产经纪人协理必须接受职业继续教育，不断提高业务水平。

主要概念

房地产　房地产经纪人　一级房地产市场　二级房地产市场　三级房地产市场

练　习

1. 房地产经纪业有哪些特点？
2. 房地产经纪人的作用有哪些？你对房地产经纪人这个职业有什么认识？
3. 简述房地产经纪人的业务程序。
4. 如何才能成为一名合格的房地产经纪人？

实　训

1. 分组收集地方性报刊，并统计房地产相关的广告资料，整理相关信息，然后在班内进行交流。

2. 确定一个本地楼盘，由教师带领参观，并到售楼部了解其销售的基本情况，最后把实训内容以报告形式落实到作业本上。

范例：滨湖万科城

滨湖万科城项目由万科开发建设，是合肥万科继金色名郡、金域华府之后倾力打造的第三个精装修高端住宅项目。项目占地面积160.83亩，地块位于滨湖新区四川路与云谷路交口西北角，规划为70年居住用地，容积率≤3.5，绿地率≥40%，参考单价为500万元/亩，竞买保证金为1.61亿元。

项目位置：滨湖新区徽州大道与云谷路交汇处西行约900米。

交通状况：邻近快速公交1路底站、18路底站、滨湖区间车61路滨湖万科城。

建筑类型：小高层、高层。

物业类别：普通住宅。

主力户型：78～128平方米。

开发商：合肥万科皓智地产有限公司。

物业公司：万科物业。

物业费（每月）：前三年2.2元/平方米，三年后2.7元/平方米。

周边商业：中国银行、建设银行、浦发银行。

周边医院：合肥市滨湖医院。

周边学校：合肥市第四十六中。

周边公园：塘西河公园、滨湖湿地公园。

楼盘的方位图和内部规划简图（略）。

第七章　保险经纪

【学习目标】

1. 了解保险业的发展历程、原则、职能及分类。
2. 掌握保险经纪人的资格条件和保险经纪人从业人员任职资格。
3. 理解保险经纪人的特点、功能和分类。
4. 掌握保险经纪人的业务范围、业务流程。

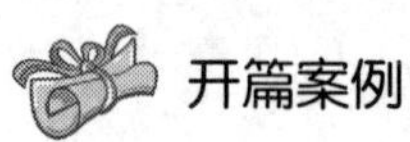

开篇案例

“马航事件”中的保险赔付

2014 年 3 月 8 日凌晨，马来西亚航空公司一架航班号为 MH370 的波音 777－200 客机从吉隆坡飞往北京，计划 6:30 抵达北京首都国际机场，却在凌晨 1:20 失去联系。客机燃油最多支持 7 小时，客机最后的消息来自南印度洋海域。3 月 24 日，马来西亚总理纳吉布在吉隆坡宣布，马航失联航班 MH370 在南印度洋坠毁，机上无一人生还。

国际空难事故的解决一般适用《蒙特利尔公约》。航空事故的赔偿一般包括两部分：第一部分是商业保险的赔偿，包括乘客自己购买，或航空公司、旅行社代为购买的航空意外险，都可以获得相应的赔偿；第二部分是责任赔偿，即发生事故的航空公司依据相关法律必须负担的赔偿，如果乘客没有投保任何形式的意外险，则只能获得此部分的赔偿。据不完全统计，国内 24 家保险公司约 190 人次购买了商业险，理赔预估金额超过 3 000 万元人民币。此外，根据《蒙特利尔公约》，马航至少需要赔付每名乘客不超过 11.31 万欧元的特别提款权，换算为人民币约 120 万元。

第一节　保险概述

一、保险的概念

根据《中华人民共和国保险法》，保险是指投保人根据合同约定，向保险人支付保险费，保险人对于合同约定的可能发生的事故因其发生所造成的财产损失承担赔偿保险金责任，或者当被保险人死亡、伤残、疾病或达到合同约定的年龄、期限等条件时承担给付保险金责任的商业保险行为。

关于保险的概念，可从以下两个方面来理解：

（1）从经济角度来说，保险是分摊意外事故损失的一种财务安排。投保人参加保险，是将其不确定的大额损失变成确定的小额支出，即保险费。而保险人集中了大量同类风险，能借助大数法则来正确预计损失的发生额，并根据保险标的的损失概率制定保险费率，通过向所有被保险人收取保险费建立保险基金，用于补偿少数被保险人遭受的意外事故损失。因此保险是一种有效的财务安排，并体现了一定的经济关系。

（2）从法律角度来看，保险是一种合同行为，体现的是一种民事法律关系。根据合同的约定，一方承担支付保险费的义务，换取另一方为其提供经济补偿金给付的权利，这正体现了民事法律关系的内容，即主体之间的权利和义务关系。

二、保险业的产生与发展

（一）保险业在中国的发展历程

我国自黄帝时代起，就采取了一些与社会保障有关的措施，如“通货财”“存亡更守”“无有相贷”“疾病相救”等。到了尧舜时代，主张天下为公，《尚书·尧典》中载：“克明俊德，以亲九族。九族既睦，平章百姓。百姓昭明，协和万邦。黎民于变时雍。”到周代已开始设立与社会保障有关的机构，《吕氏春秋·季春纪第三》中记载：“天子布德行惠，命有司发仓廪，赐贫穷，振乏绝……”《周礼·地官司徒·大司徒》中记载：“以保息六养万民：一曰慈幼，二曰养老，三曰振穷，四曰恤贫，五曰宽疾，六曰安富。”实际上，古代自周朝以来对老弱病残者或鳏寡孤独者都实施过许多不同形式的救济。有设立的公产、义田和义仓，也有“居养院”“普济院”“育婴堂”等。如周秦时代已有仓储制度。《周礼·地官司徒·封人/均人》中记载：“遗人掌邦之委积，以待施惠。乡里之委积，以恤民之阨……县都之委职，以待凶荒。”西汉时代也有“常平仓”制度，以备特别之用。常平仓的作用在于平抑谷价。汉唐以来，历代各地都设置有“社仓”和“义仓”。社仓也称为乡仓，是社内设立的公共之仓，由社内各家随所得劝募粟麦，储藏仓内，每年收藏不使损坏，预备灾荒时赈给社内需要者。义仓由富裕者的义捐或特别课税收集米黍，由官府管理，在重要地方设置仓库加以储藏，待荒年或青黄不接时散发，以赈济贫民。义仓制也可看做我国古代保险制度的雏形。

1805 年，英国东印度公司在广州设立于仁保险公司，这是近代中国出现的第一家保险公司。直到 19 世纪 80 年代，中国新兴的民族资产阶级提出了“商战”的口号，1885 年招商局在上海创办了“仁济和保险公司”，这是中国近代第一家民族资本保险公司。但是在半殖民地半封建的近代中国，中国民族资本保险公司始终摆脱不了外商的控制和支配，一直无法得到长足发展。直到新中国成立，我国的保险业才得到快速发展。

1949 年 10 月 10 日，中国人民保险公司正式成立。至 1958 年年底，中国人民保险公司已有分支机构 4 600 多个，从业人员 5 万多人。但是，由于历史原因，我国的国内保险业务中断 20 多年，直到 1980 年，中国人民保险公司才恢复国内保险业务，之后，我国的保险业进入快速发展时期。到 2010 年，我国的原保险保费收入达到了 1.4 万亿元，全球 300 多家保险公司进入中国保险市场，本土保险公司有千余家，中国人寿、人寿保险、太平洋保险、平安保险等几家大公司占据着 90%以上的市场份额。

1995 年 10 月 1 日，《中华人民共和国保险法》颁布实施；1996 年 7 月 25 日，中国人民银行颁布了《保险管理暂行规定》；1997 年 11 月 30 日，中国人民银行发布了《保险代理人管理规定（试行）》。

1998 年 11 月 16 日，中国保险监督管理委员会成立，它取代中国人民银行行使保险监督管理职责，并先后采取了多种手段来规范保险市场。

中国保险监督管理委员会于 2000 年 1 月颁布了《保险公司管理规定》，于 2000 年 8 月发布了《保险兼业代理管理暂行办法》，于 2000 年 11 月 16 日颁布了《保险代理机构管理规定》《保险经纪公司管理规定》《保险评估机构管理规定》；2002 年 10 月 28 日，第九届全国人民代表大会常务委员会第三十次会议通过了《关于修改〈中华人民共和国保险法〉的决定》；此后，《保险法》于 2009 年、2014 年、2015 年又作了修订。

（二）世界保险业的发展历程

大约在公元前 2000 年，在地中海从事海上贸易的商人，往往自发地结成船队一起漂洋过海，到异国他乡做生意。许多载货船只在海上航行中因遭遇了风暴袭击或触礁而沉没。凡遇到此类灾害的商人往往倾家荡产。人们无力阻止灾害的产生，也无法事先防止或避免这种损失，只好寻找事后妥善处理的办法。经验告诉他们，采取一人受损、众人分摊的办法既能保障受灾者的生活来源，又能维持其继续经营的条件。于是商人们便自发组织起来签订一种契约，规定凡在契约上签字的商人，在航海中遇到灾害事故，所受损失由全体契约人共同分摊。这是最初的应付海上灾害事故的具有保险性质的办法。1771 年，英国劳埃德咖啡馆的一批顾客建立了一个海上保险团体，并于 1774 年成立了劳合社，专门经营海上保险。19 世纪初，劳合社海上承保额已占伦敦海险市场的 90%。后来，劳合社不断发展壮大，逐渐成为英国的海上保险中心，并成为世界上最大的保险组织。

现代火灾保险业起源于英国的火灾保险制度。1666 年 9 月 2 日，英国伦敦发生了一场大火，烧掉了全市 85%以上的房屋，受灾者多达 13 000 多户，损失 1 000 万英镑以上。这场大火促使人们思考如何解决火灾损失的问题。1667 年，尼古拉·巴蓬开始在伦敦经营房屋火灾保险事业，按照房屋风险等级计算和收取保险费。1680 年，他扩资成立了火灾保险公司。

人身保险的产生和发展与海上保险的发展是分不开的。15 世纪末，欧洲已盛行奴隶贩卖活动，许多奴隶贩子将奴隶作为货物投保海上保险，这就是说，产生了以人的生命作为保险标的的保险。到 16 世纪中叶时，德国纽伦堡市创立了儿童强制保险。意大利的洛伦佐·佟蒂在 1656 年起草完成了《联合养老保险法》。1693 年，英国人埃德蒙·哈雷编制了世界上第一张生命表，首次将其用于计算人寿保险费率，对人身保险的产生和发展起了巨大的推动作用。第一次世界大战后，人身保险在欧美各国得到了迅速发展。目前人身保险占全部保险业务的 50%以上，日本人身保险业务占保险业务的 70%以上。

责任保险是一种以被保险人的民事损害赔偿责任为标的的保险。责任保险最早产生于法国。早在 19 世纪初，《拿破仑法典》中就有责任赔偿的规定。1855 年，英国开办了铁路承运人责任保险。进入 20 世纪以后，大部分西方国家对各种公共责任采取了强制保险的办法。有些国家对企业生产的各种公共产品实行严格的责任制度，企业产品无论是否有缺陷，只要造成他人死亡或财产损失，企业就负有赔偿损失的责任。责任保险成为制造商和自由职业不可缺少的一种保险。

1702 年，英国人首先创办了雇主损失保险公司，开展了诚实保险业务。现在，信用和保证保险已成为经济生活中一种不可缺少的险种。目前该险种还包括合同保证保险、供给保证保险、出口信用保险等。

当今世界，几乎所有的国家都开展保险业务。目前全世界的保险公司超过万家，其中美国就有 7 000 多家。全世界的保险收入，1950 年为 207 亿美元；1991 年为 14 140 亿美元，1999 年为 23 240 美元，2010 年则达到 46 300 美元，且保险费平均每年以 10%的速度递增。

三、保险的原则和职能

(一) 保险原则

1. 最大诚信原则

最大诚信原则是指保险双方在签订和履行保险合同时，必须保持最大限度的诚意，双方都应恪守信用，互不欺骗和隐瞒。虽然从理论上说，最大诚信原则对保险人和投保人具有相同效力，但是实际上主要是针对投保人。因为投保人对保险标的的风险最为清楚，可事先了解保险条款和保险单内容，然后决定是否投保，因此处于主动地位，而保险人主要是根据投保人的陈述来决定是否承保和如何承保。例如，某人在投人身保险时，没有如实陈述自己患有某疾病，后因此病死亡，则保险公司无须赔偿，只需退还保险金。

2. 可保利益原则

可保利益原则是指投保人或被保险人对保险标的因具有各种利害关系而享有的经济利益。当保险标的安全存在时，被保险人的利益存在；当保险标的遭到损害时，被保险人的利益就受到损害和冲击。可保利益原则是保险合同必须遵循的原则，在签订和履行保险合同的过程中，投保人或被保险人必须对投保标的具有可保利益，否则合同就是非法的或无效的。

3. 近因原则

近因原则是指保险合同只赔偿由被保风险引起的损失，而不赔偿其他原因造成的损失。当被保险人的损失是直接由于保险责任范围内的事故造成的，保险人才给予赔偿，即保险事故的发生与损失事实的形成两者之间必须有直接因果关系的存在，才能构成保险赔偿的条件。

4. 损失赔偿原则

损失赔偿原则是指在保险标的遭受保险责任范围内的损失时，保险人应按照合同规定，以货币形式赔偿被保险人所受的损失，或者以实物赔偿，或修复原标的。不论采取哪种形式赔偿，只能够使被保险人在经济上恢复到受损前的同等状态即可。损失赔偿原则既确保被保险人通过保险可以获得经济保障，同时又要防止被保险人利用保险牟利，从而保证保险业的健康发展。

(二) 保险的职能

1. 分散风险的职能

保险把集中在某一单位或个人身上的因偶发的灾害事故或人身伤亡所致经济损失，通过直接摊派或收取保费的办法平均分摊给所有被保险人，以确保某单位或个人经济生活的安定。通过此职能的作用，风险不仅在空间上得以分散，在时间上也得以分散。

2. 补偿损失职能

保险把集中起来的保险费用于补偿被保险人因合同约定的保险事故或人身伤亡事件所致的经济损失，保险所具有的这种补偿能力就是补偿损失职能。

3. 防灾防损职能

保险是承担风险的，保险公司作为保险经营者，为了稳定经营，常通过人为的事前预防来减少损失的发生。保险公司通常是以提供损失管理服务来实现防灾防损职能的。

4. 投资职能

由于保险的补偿与给付的发生同保险费的收取具有一定的时间差，这就为保险人进行投资活动提供了可能。同时，保险人为了使保险经营稳定，必须保证保险基金的保值增值，这就产生了保险投资职能。

【阅读材料】

“非典”对保险业的影响

中国保险市场因为“非典”忽然沸腾起来。截至 2003 年 5 月 8 日，保监会批准同意 11 家保险公司开办了 17 项应对“非典”的保险产品和保险服务。此外，多家保险机构也对外宣布了巨额的捐赠行动。“这不是一般意义上的开发产品和捐赠，而是保险公司社会角色的重要体现，也是检验整个社会风险管理机制的必要一环。值得注意的是，遭遇公共危机突袭时，大众的风险保障规划意识亟待加强。”平安集团市场总监兼平安人寿保险公司副总经理潘宏源 5 月 13 日对记者说。

潘宏源认为，“非典”事件事实上是一次相当程度上的公共危机事件，除政府尽可能支配资源系统进行危机处理外，大众也需要对自己的风险管理系统进行检视，判断自己的风险保障规划是否足够完善，保险公司的社会角色因此凸显。

大众风险管理包括预防机制和检视保障。消费者主要检视自己是否有保险、已有的保险是否可以覆盖这样的风险、所买保障是否满足未来子女的成长需要。此外，消费者还必须加强防护，特别是要加强对身故风险的安排。如果此前规划不足，此时就需要做一些特别的安排，可以专门购买与此类风险相关的保险。

业内人士认为，即便是这样的防护，也难免由于个人财力等各种原因出现缺漏之处，所以，大众防护网还需要另一个层面——公益救助，需要有能力的企业或个人伸出援手。保险本来就是理性社会的一种救助机制——当灾难发生的时候，保险公司必须是第一时间站到受难者身边的人，所以，保险公司的企业使命一定要包含社会责任。

保险专家认为，“非典”事件是一场危机，但在危机中可以发现和创造转机，它对于大众增强风险意识，提高公共危机事件下的风险管理能力，具有一定的促进作用。

尽管目前国内的保险公司已经开始陆续推出相关的“非典”保险和保险捐赠，不过，和国际上发达国家或地区成熟的保险市场相比，中国保险业在应付如“非典”这样的突发性事件时，在时差和反应能力上都有着明显的差距，无论是速度还是进度都慢了半拍。国内的寿险、健康险及大病保险早就涵盖了“非典”责任在里面，如此好的机遇却没有很好宣传。开发和报批的过程也使得直接推出的“非典”保险不够迅速。从这两方面看，国内保险公司在市场反应能力上还落后于国际保险公司。

对普通消费者来说，购买保险实际上是对个人未来风险的安排。“非典”虽然仅仅只是一个突发性事件，但对于广大民众提高保险意识、防范未来风险却很有意义。

第二节 保险经纪业务

一、保险经纪的业务范围

各国允许保险经纪人的经营范围包括财产保险、人寿保险以及再保险。在美国，允许保险经纪公司兼营财产险和责任险、团体人寿和健康保险的经纪业务，并安排再保险。在韩国，保险经纪人分为人身保险经纪人和损害保险经纪人。

我国没有对保险经纪人按险种进行细分，但按保险方式进行定义，规定：保险经纪人是为投保人和保险人订立保险合同提供中介服务的有限责任公司；再保险经纪人是为原保险人与再保险人安排分出、分入业务提供中介服务的有限责任公司。

经过保险监管部门批准，我国保险经纪公司可以经营以下业务：

(1) 以订立保险合同为目的，为投保人提供防火、防损或风险评估以及风险管理咨询服务。通过保险经纪人提供的以上专门服务，可以使被保险人的防灾工作、风险管理工作做得更好，就可以以较低的费率获得保障利益。

(2) 以订立保险合同为目的，为投保人拟订投保方案，办理投保手续。投保方案的选择是一项专业技术性很强的工作，被保险人自己通常不能胜任，保险经纪人可以依靠其专业素质，根据保险标的情况和保险公司的承保情况，为投保人拟订最佳投保方案，办理投保手续。

(3) 在保险标的或被保险人遭遇事故和损失的情况下，为被保险人或受益人代办检验、索赔。

(4) 为被保险人或受益人向保险公司索赔。

(5) 再保险经纪人凭借其特殊的中介人身份，为原保险公司和再保险公司寻找合适的买（卖）方，安排国内分入、分出业务或者安排国际分入、分出业务。

(6) 保险监管机关批准的其他业务。

此外，我国不允许保险经纪公司兼营保险代理业务。

【阅读材料】

国际上保险经纪人的业务范围

现代保险经纪已有百年历史，保险经纪在一些保险发达国家是保险营销的一种重要形式。通过分析保险经纪在这些发达国家的发展情况，对发展我国保险经纪可以有所借鉴。

在国际保险市场上，英国的保险经纪制度影响最大，保险经纪人的力量最强。据统计，英国保险市场上有800多家保险公司，保险经纪公司超过3 200家，共有保险经纪人员8万多名。英国保险市场上60%以上的财险业务是由经纪人带来的，劳合社的业务更是必须由保险经纪人来安排。

英国的保险经纪人制度起源于海上保险。英国第一家保险经纪公司成立于1906年，并于1910年被英国政府贸易委员会予以注册。1977年，英国通过了《保险经纪人法》，并设立了专门的法案机构即英国保险经纪人协会和英国保险经纪人注册理事会（IBRC）。

英国对保险经纪人的管理相当严格，主要表现在：(1) 设立专门的监管机构即保险经纪人注册理事会，颁布了相关法规，对保险经纪人的信誉、宣传及服务进行监管。在英国，只有经过保险经纪人注册理事会注册的个人或法人才能以“保险经纪人”的身份开展业务。(2) 进行严格的财务管理。《保险经纪人法》规定，保险经纪人的资产要超过负债，而且要开设独立的“保险经纪人账户”；保险经纪人每年要向注册理事会提交审计过的账户及有关证明；执业保险经纪人必须提交一定的保证金，最低金额为25万英镑，最高为75万英镑。(3) 严厉的惩罚条例。保险经纪人注册理事会最严厉也是唯一的处罚办法就是将违法者除名，被除名的公司或个人不得再以保险经纪人名义从事经纪活动。

在德国保险市场上，保险经纪人的作用显著。在德国，保险代理人被称作是保险人“延长的手”，而独立保险经纪人则有被保险人的“同盟者”之称。目前，德国的保险经纪人总数为3 000多人。在个人保险业务方面，8%的业务量是由经纪人带来的，高于银行代销（5%）和保险公司直销（7%）。而在工业企业保险业务的销售上，保险经纪人举足轻重，50%～60%的业务量是由经纪人带来的，远远超过了保险代理人（10%～20%）的业务量。在德国，对保险经纪人的管理主要依据《民法》来进行。德国《民法》规定，保险经纪人在从事保险经纪活动过程中，因自身过错造成委托人损失的，应单独承担民事法律责任。保险经纪人必须投保职业责任保险，以维护他们所服务对象的利益。由于德国的相关法规没有关于保险经纪人资格条件的规定（这一点与其余欧美国家不同），最近几年，越来越多的个人和机构进入保险经纪行业，他们大多以金融顾问、保险顾问或保险咨询专家的身份，从事一些具有保险经纪性质的活动。一些大工业公司除了依靠职业保险经纪公司进行风险管理和保险安排外，甚至自己设立保险经纪事务所，负责本公司的风险鉴别、评估工作。保险经纪已经深入德国民众生活。

美国保险市场是世界上最大的保险市场之一。1998年，全美全部业务的保费收入达7 364.7亿美元，居世界首位。寿险业务保费收入为3 493.9亿美元。美国保险市场上保险公司众多，达5 000多家。保险经纪人在美国市场上发挥着一定的作用，但远没有英国那么重要。在寿险方面，保险经纪人几乎不介入。一些州（如纽约州）规定，保险经纪人不得办理人寿保险和年金保险业务。

在财险方面，美国以保险代理人和保险经纪人为中心进行保险营销。经纪人主要招揽大企业或大项目的保险业务，经纪公司多设在大城市。经纪人的佣金支付标准以保险人经营业务的性质和种类等因素来确定。商业火灾险的佣金率一般为保费收入的19%，一般商业责任险的比率为18%，汽车险为16%，劳动力补偿险为10%左右。双方通过讨价还价还可以有所浮动。虽然保险经纪人在美国市场上的作用不是特别突出，但有关部门对其监管仍相当严格。除了联邦政府和各州的立法规范外，政府还在各地区委派了许多保险特派员，他们有权对违规的保险经纪人发出警告、进行罚款、责令暂停营业甚至吊销营业执照。

资料来源：国外的保险经纪．领导决策信息，2000（25）：25.

通过相关法规的学习，结合对国际行业状况的了解，我们总结出保险经纪人的主要业务如下。

1. 风险管理咨询

保险经纪人通过实地考察等方式了解客户所面对的风险，为客户识别、衡量、评价自身存在的各种风险提供专业的建议，协助客户建立全面风险管理体系，具体包括：辨识、评估客户风险，制定风险分析报告；了解客户的风险偏好、对各种风险的容忍度和承受能力；提出控制、分散、转移风险的建议和具体计划；协助客户落实风险管理计划。

2. 保险方案设计

保险经纪人根据项目的特点、客户的风险情况和实际需要，为客户设计保险方案，选择合适的保险单条款，确保投保人、被保险人的利益和要求。

3. 投保安排

保险经纪人可以通过自己的业务网络或招标的方式，为投保人、被保险人选择最合适的承保人，并可代办投保手续或者协助客户办理投保手续。

4. 保单管理与维护

保险经纪人需为客户提供详细保单条款和内容的有效培训，阶段性地回顾客户的保险计划，避免由于疏忽造成客户利益受损；密切关注客户的风险变化情况，并提出相应的保单条件变更建议；及时提醒客户履行保单下的权利和义务；为客户提供最新市场信息。

5. 索赔服务

保险经纪人对于其办理过的保险业务往往比较了解，同时又熟悉保险市场情况和各项索赔程序，可协助客户向保险人要求赔偿和结付。保险经纪人可以为客户制定索赔管理程序，帮助客户争取及时、公平和适当的赔偿。

6. 再保险安排

保险经纪人可以为保险公司选择最适合的再保险方案，协助客户的承保人安排再保险业务，并提供再保险索赔服务。保险经纪人可以帮助承保人寻找分保渠道，代表保险公司与再保险公司就分保条件、分保价格进行谈判。

二、保险经纪人的业务流程

保险经纪人可以协助客户进行专业化的保险安排，改变客户与保险公司之间信息不对称的地位，根据客户的风险特点和风险管理的需要，利用其规模购买优势，在保险市场上择优选择保险公司，争取使客户以最小的保险成本获得最完善的保险保障。保险经纪人的业务流程如图 7－1 所示。

（一）客户保险需求分析

保险经纪人在决定是否接受客户委托之前，首先要与客户进行简单的保险需求沟通，了解客户的基本情况，判断是否属于自己的业务范围，以及本机构的专业力量是否能够胜任客户的服务要求。

（二）接受客户委托

保险经纪人与客户进行简单的保险需求沟通并决定接受客户委托后，应在双方友好协

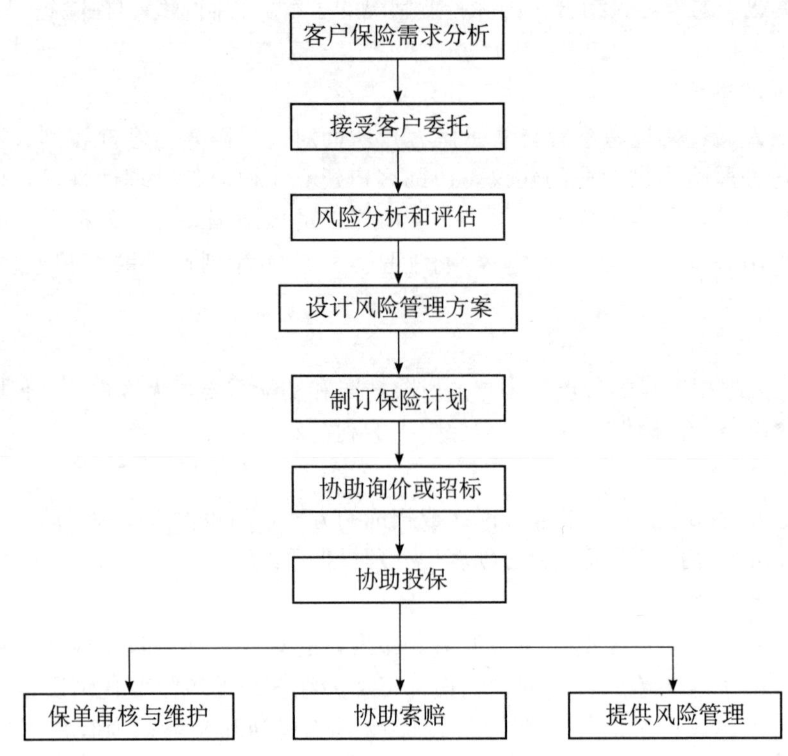

图 7-1　保险经纪人的业务流程

商的基础上确立合作关系，必要时签署书面合同。客户把委托标的的风险管理或其他工作全权委托给保险经纪公司，由后者对委托事项进行分析、处理。

（三）风险分析和评估

在接受客户委托后，保险经纪人对风险标的进行研究，并现场勘察以识别和分析风险，作出风险评估报告。

（四）设计风险管理方案

保险经纪人在风险评估的基础上，结合客户的风险控制要求、客户的经济能力等因素，制订风险转移和自留方案，并确定哪些风险需要进行投保。

（五）制订保险计划

保险经纪人根据客户所面临的风险及其支付能力确定所需投保的风险后，以专业化的服务为客户制订投保计划，并在征询客户意见后修改完善计划。

（六）协助询价或招标

保险经纪人在取得客户的书面授权后，依据客户确认的保险方案制作询价单或招标书，按照客户的要求向当地或海外的保险公司进行询价或招标，并由专业人员对各保险公司的报价进行比较，制作报价分析报告，全面、客观地对保险责任和服务体系进行分析，最后向客户推荐合适的承保人及相应的保险产品。

（七）协助投保

在保险购买建议经客户确认后，保险经纪人协助客户办理各险种的投保手续，促成合同的签订。完成投保手续后，保险经纪人可向承保人收取一定比例的佣金，因为虽然保险经纪人主观上是为投保人服务，但客观上为承保人提供了业务来源。

（八）保单审核与维护

在保险公司出单后，保险经纪人依据自身的专业知识，对保险内容和条款、附加条款进行认真审核，审核无异议后再将保单递交给客户。在保险合同有效期内，保险经纪人对保单进行跟踪维护，如遇客户人员增减、保费增减、索赔、退保等问题时，积极协助客户与保险公司交涉并办理相应手续。

（九）协助索赔

保险事故发生后，保险经纪人协助客户向承保公司报案并及时了解事故情况；应客户委托，代客户向保险公司索赔，包括联系保险公司和准备索赔文件；应客户委托，利用丰富的保险经验和专业技巧，就索赔事宜与保险公司谈判，为客户争取最大利益。

（十）提供风险管理

如果客户需要，保险经纪人还要为聘任其担任风险管理顾问的客户或通过其投保的客户提供各种咨询服务，包括日常的风险管理咨询，以及与保险相关的保险法律咨询。

三、保险经纪人的主要业务技术

（一）保险经纪人的目标市场定位

保险经纪人在执业过程中，应当以市场为中心，以消费者的需求为导向，根据自身情况选择适当的客户群，针对客户群的需求制定相应的经营策略。

1. 小型商业保险购买者

小型商业保险购买者的需求相对简单，它们具有以下特征：

（1）需要购买标准的保险保障产品。

（2）对保险条款并不熟悉。

（3）在无充分保险的情况下对损失的承受能力非常有限。

（4）大多数人视保险为一种商品。

以这类保险购买者为目标客户的保险经纪人的组织结构可以相对简单，但需要足够的、具备综合专业知识和能力的从业人员，能够为客户提供保险风险管理、各类保险产品的有效组合、保单维护、协助索赔等一系列服务。

2. 中、大型商业保险购买者

中、大型商业保险购买者明显不同于小型商业保险购买者，它们具有以下特征：

（1）熟悉风险管理和保险经纪人的经营方法。

（2）往往需要适合其特殊需要的保险保障计划而非传统的定式保险合同。

（3）有些从事国际性业务，有众多的营业场所。

（4）有众多的人力和财力资源保证，因而能够选择运用除传统保险机制外的其他风险转移方法。

（5）大多数企业往往需要专业化的风险管理服务。

以这类保险购买者为目标客户的保险经纪人的组织结构较为复杂，必须拥有各类专业技术人员，各类专业人员之间具有很强的团队协作精神，并且能够在全国乃至全世界范围内为客户提供专业的风险管理服务。

（二）为客户制定风险管理策略

客户的保险计划同其风险管理是密不可分的。在确定购买保险产品之前，保险经纪人通常都要为客户进行风险分析和评估，协助客户进行风险管理，主要包括下述内容。

1. 风险分类

风险是客观存在的，损失的发生具有不确定的状态。风险具有三个基本特征：客观性、损失性和不确定性。风险主要有以下类型：市场风险、产品风险、经营风险、投资风险、外汇风险、人事风险、体制风险、购并风险、自然灾害、公关危机、外交风险等。

2. 风险识别

风险识别是对潜在的和客观存在的各种风险系统地、连续地进行识别和归类，并分析产生事故的原因和过程。风险识别的方法主要有：风险清单分析法、流程图分析法、事故分析法、财务分析法、实地调查法、道氏分析法等。

3. 风险估测和评价

风险估测是指在风险识别的基础上，通过对收集的大量详细损失资料加以分析，运用概率论和数理统计方法，估计和预测风险发生的概率和损失幅度。风险估测不仅使风险管理建立在科学的基础上，而且使风险分析定量化。损失分布的建立、损失概率和损失期望的预测，为风险管理者进行风险决策、选择最佳管理技术提供了科学的依据。

风险评价是指在风险识别和风险估测的基础上，把风险发生的概率、损失严重程度，结合其他因素综合起来考虑，得出系统发生风险的可能性及其危害程度，并与公认的安全指标进行比较，确定系统的危险等级，然后根据系统的危险等级决定是否需要采取控制措施，以及控制措施采取到什么程度。

4. 选择风险管理技术

保险经纪人应根据风险评价结果设计系列组合措施，为客户选择最佳、最适合的风险管理技术，把客户的风险总损失降到最低。风险管理技术分为控制型风险管理技术和财务型风险管理技术。控制型风险管理技术的目的是降低损失频率和减少损失幅度，重点是改变引起意外事故和扩大损失的各种条件，包括风险避免、损失预防和损失压制。财务型风险管理技术是通过财务计划、资金筹措等经济手段，对风险事故造成的经济损失进行补偿的风险管理技术，包括自留风险和转移风险。

（三）为客户选择保险人

保险经纪人要利用自身专业优势，以及对保险市场的了解，为客户选择最合适的保险人。保险经纪人对保险人的评估主要从以下几方面进行：服务质量、承保责任范围、承保能力、机构网点、理赔服务、技术支持、承保价格、勘察和风险管理、财务稳定性、声誉和经验。

（四）为客户办理投保手续

客户自己办理投保手续往往是一件烦琐的事，特别是客户对保险不太了解时，而保险经纪人对此项业务却非常熟悉，所以通常由保险经纪人为客户办理投保手续，主要包括以下工作：帮助客户填写投保单、获取其他投保信息、实施勘察、信息披露、确认保险人出单、向客户解释条款。

（五）保单维护服务

保单维护是客户服务的一项日常工作，是保险经纪人服务专业性的重要体现。保险经纪人按月或按季度制作保单维护表，并由客户服务中心直接发给相关客户。

（六）协助客户进行索赔

保险经纪人在接到出险通知后，通常要开展以下工作：

(1) 迅速向保险人递交出险通知书。

(2) 根据保单提醒被保险人注意自己的权利和义务。

(3) 安排完成索赔申请。

(4) 确定是否已指定公估人，并告知客户公估人的作用。

(5) 协助被保险人准备证明该索赔的文件和信息。

(6) 如遇重大损失，保险经纪人应出席公估人和保险公司员工参加的现场会议。

四、再保险经纪人的业务

在再保险的经营活动中，再保险经纪人起着极为重要的作用。再保险经纪人不仅介绍再保险业务，提供保险信息，而且在再保险合同有效期内继续为分保险公司服务。

（一）再保险经纪人对分出公司的业务

(1) 选择最佳的再保险买方。

(2) 协商确定再保险价格和其他分保条件。

(3) 提供各种技术咨询服务。

(4) 帮助办理索赔事宜。

（二）再保险经纪人对分入公司的业务

虽然再保险经纪人视分出公司为自己的客户，但在为分出公司服务的同时也为分入公司招揽了业务且提供了其他服务。

（三）充当双方之间的信息传递中介

根据再保险合同的最大诚信原则，分出公司在与分入公司订立合同之前，必须将业务的性质、内容、预计业务量、风险集中程度和过去的损失等有关情况、材料充分提供给分入公司，这种信息的传递可以通过再保险经纪人来进行。同样，如果分入公司对接受分保义务、履行再保险责任提出某些条件，也可以通过再保险经纪人反馈给分出公司。倘若保险期限内承保标的风险情况发生变化，再保险经纪人必须将该变化通知分入公司，让其就再保险条件与分出公司重新进行协商。

第三节 保险经纪人

一、保险经纪人的概念及特点

（一）保险经纪人的概念

美国全国保险经纪人协会拟定的《保险经纪人示范法规》规定：保险经纪人是基于被保险人的利益，为保险双方订立合同提供介绍、咨询服务或接受其委托洽订原保险和再保险的任何个人、合伙组织、公司或其他法人实体，但保险经纪人无权代表被保险人或原保险人使保险合同或再保险合同生效。任何经许可成为保险经纪人的个人、合伙组织、公司或其他法人实体代表他人招揽原保险或再保险保单，或者在保险公司和他人之间传递原保险和再保险投保单或参与上述保险和再保险的协商，将属于该法所称保险经纪人。

英国《保险法词典》的定义为：保险经纪人是保险人和被保险人之间以安排保险为目的的中介人。保险经纪人是被保险人的代理人，而非保险人的代理人。

我国《保险法》第 118 条规定：保险经纪人是基于投保人的利益，为投保人与保险人订立保险合同提供中介服务，并依法收取佣金的机构。

（二）保险经纪人的特点

虽然各国对保险经纪人的定义不尽相同，但保险经纪人都具备以下特点。

1. 保险经纪人是投保人或被保险人利益的代表者

各国的法律都明确规定，保险经纪人应该代表投保人或被保险人的利益，为投保人或被保险人提供防灾或风险评估、风险管理咨询服务，安排保险方案，办理投保手续，并在出险后为投保人或受益人代办检验、索赔的机构。保险经纪人忠实维护投保人、被保险人的合法权益是其职业的基本要求。

2. 保险经纪人能为客户提供专业化、全方位的服务

保险经纪人在为客户服务过程中，通常是由各方面的专业人士组成团队，通过了解客户风险状况，对客户的保障需求进行充分分析，凭借对保险条款的精通、对理赔手续的熟悉，以及对保险公司信誉、实力、专业化程度的了解，与保险公司进行各方面的谈判和磋商，设计最符合客户实际情况的保险方案，以使客户花费最少的保费获取最大的保障。

3. 保险经纪人的投保范围不受限制

保险经纪人可以为客户量身订制合理的风险管理和保险方案，并在市场上寻找最合适的保险公司承保。在对保险公司及产品的选择上，保险经纪人不受任何限制，甚至可以通过招标、投标的方式获得最优的保险方案。

4. 保险经纪人的服务具有规模效应和成本优势

由于保险经纪人手中拥有大量的客户，保险公司视保险经纪人为一个特殊的客户群，通常会给予保险经纪人更优厚的承保条件，保险经纪人的每一个客户自然也会受益。

5. 保险经纪人独立承担法律责任

法律规定，因保险经纪人在办理保险业务中的过错，给投保人、被保险人造成损失的，由保险经纪人独立承担民事法律责任。

二、保险代理人与保险经纪人的区别

（一）代表的利益不同

保险代理人代表的是保险公司的利益，保险经纪人代表的是投保人的利益。

（二）法律责任不同

保险代理人在保险人委托范围内开展业务，其行为后果的有关法律责任由保险人承担；保险经纪人因过错造成客户损失，由保险经纪人承担有关法律责任。

（三）职能任务不同

保险代理人的主要职能是为保险公司推销保险产品、收取保费，经保险人授权，可代签保单；保险经纪人的主要职能是保险业务咨询与招揽、风险管理与安排、市场询价和报价、损失索赔与追偿等。

（四）手续费支付方式不同

保险代理人直接向保险人收取手续费。保险经纪人接受投保人委托向保险公司办理投保手续，依照财政部和保险监管机关的有关规定向保险人收取手续费；为被保险人代办索赔等手续，由被保险人支付佣金；向客户提供风险评估、风险管理咨询服务，由客户支付其咨询费。

三、保险经纪人分类

（一）根据委托方的不同分类

根据委托方的不同，保险经纪人可分为狭义的保险经纪人（专指原保险市场的经纪人）和再保险经纪人。

1. 狭义的保险经纪人

狭义的保险经纪人是指直接介于投保人和原保险人之间的中间人，它直接接受投保客户的委托。按业务性质的不同，狭义的保险经纪人又可分为寿险经纪人和非寿险经纪人。

2. 再保险经纪人

再保险经纪人是指介于再保险分出公司与接受公司之间，与再保险分出公司签订委托协议，基于再保险分出公司的利益，为再保险分出公司与再保险分入公司办理再保险业务提供中介服务，并按约定收取佣金的保险经纪人。再保险经纪人不仅介绍再保险业务、提供保险信息，而且在再保险合同有效期间对再保险合同进行管理，继续为分出公司服务，如合同的续转、修改、停止等问题，并可向再保险接受公司递送分保账单。

（二）根据业务性质的不同分类

根据业务性质的不同，保险经纪人可分为寿险经纪人和非寿险经纪人。

1. 寿险经纪人

寿险经纪人是指在人身保险市场上代表投保人选择保险人、代办保险手续并从保险人处收取佣金的保险经纪人。

2. 非寿险经纪人

非寿险经纪人是指为投保人安排各种财产、责任保险，在保险合同双方间斡旋，促成保险合同订立并从保险人处收取佣金的保险经纪人。由于保险产品的复杂性，非寿险经纪人必须掌握相关的专业知识，以便能与业务投保人进行沟通，为投保人提供风险评估、风险管理、选择最佳保险人和索赔等服务。

（三）根据人员规模的不同分类

根据人员规模的不同，保险经纪人可分为小型保险经纪人和大型保险经纪人。

1. 小型保险经纪人

根据英国法律规定，小型保险经纪人是指公司员工少于 25 人的保险经纪人。小型保险经纪人主要从事的保险业务有个人业务、商业业务和人寿保险的年金业务。

2. 大型保险经纪人

大型保险经纪人是相对于小型保险经纪人而言的，其特点是人员多、机构全、业务广。大型保险经纪人通常是采用公司形式的组织机构。

（四）根据组织形式的不同分类

根据组织形式的不同，保险经纪人可分为个人保险经纪人、合伙保险经纪人和保险经纪公司。

1. 个人保险经纪人

大多数国家都允许个人保险经纪人从事保险经纪业务活动，个人保险经纪人是保险经纪人行业的重要组成部分。我国目前尚不允许个人形式的保险经纪人存在。

2. 合伙保险经纪人

英国等一些国家允许以合伙方式设立合伙保险经纪组织，并且要求所有的合伙人必须是经注册的保险经纪人。合伙保险经纪人是由各合伙人订立协议、共同出资、合伙经营、共享收益、共担风险，并对合伙企业债务承担无限连带责任的营利性组织。

3. 保险经纪公司

保险经纪公司一般采用有限责任公司和股份公司形式，这是所有国家都认可的保险经纪人组织形式。各国对保险经纪公司的清偿能力都有要求，规定保险经纪公司要有最低资本金，并缴存营业保证金或购买职业责任保险。

四、保险经纪人的作用

（一）对投保人、被保险人的作用

保险经纪人的功能已经从最初的单纯协助投保人、被保险人安排保险，发展达到协助客户进行风险管理及投资理财等活动。

1. 为投保人、被保险人提供风险管理服务

保险经纪人是客户的风险管理顾问，有能力站在客户的立场上为其全面识别、评估和管理风险，保险经纪人可以通过风险自留、风险回避、风险控制、风险分离、风险集合、风险转移等手段提供风险管理。

2. 为投保人、被保险人安排保险计划

保险经纪人具备综合评价保险公司的能力，能根据投保人、被保险人的风险等级情况，为客户选择合适的保险公司。保险公司在协助客户选择保险公司后，可代理客户办理投保手续、交纳保险费，以提高投保效率，节约客户的时间和精力。

3. 为投保人、被保险人提供专业索赔服务

保险经纪人在客户出险后应尽快通知保险人，取得初步处理意见并立案记录，如有必要立即赶赴现场，协助客户减少损失。保险经纪人可向客户提出专业建议，协助客户准备相关索赔资料，协调事故责任认定和最终赔偿协议的达成，如有需要，可代客户从保险人处收取赔偿金，如遇重大赔案，还可参与保险人及公估人的谈判等。

4. 为投保人、被保险人提供保险经纪增值服务

保险经纪人可以为有特殊需求的客户提供风险转让、转包、出租、担保和项目融资，建立健全索赔机制，编制应急计划，建立设备及车辆管理系统，利用资本市场转移风险等

服务。

5. 为保险人提供再保险经纪服务

保险经纪人在接受保险公司或再保险公司的委托后，可以安排分保合同或提供临时分保服务。

（二）对保险人的作用

1. 扩大保险需求

保险经纪人站在客户一方，可以更容易得到客户的信赖，使保险销售更加顺畅，进而增加保险人的保费收入。

2. 降低扩展成本

保险经纪人分布面广，保险公司只要支付保险经纪人的佣金，就可以在不同地区开展保险业务，可不受保险公司网点的限制。

3. 促进产品创新

保险经纪人可以根据客户风险的具体状况，选择不同的保险公司，进行非格式化保险合同的谈判，这样必会促使保险人加大研发力度，开发出更多新保险产品来满足市场需求。

五、保险经纪人的资格认定

2018 年 1 月 17 日，中国保险监督管理委员会第 6 次主席办公会审议通过了《保险经纪人监管规定》，并自 2018 年 5 月 1 日起实施。其中第 6 条规定："除中国保监会另有规定外，保险经纪人应当采取下列组织形式：（一）有限责任公司；（二）股份有限公司。"

（一）基本条件

保险经纪公司经营保险经纪业务，应当具备下列条件：

（1）股东符合相关要求，且出资资金自有、真实、合法，不得用银行贷款及各种形式的非自有资金投资。

（2）注册资本符合《保险经纪人监管规定》第 10 条的要求，且按照中国银保监会的有关规定托管。

（3）营业执照记载的经营范围符合中国银保监会的有关规定。

（4）公司章程符合有关规定。

（5）公司名称符合《保险经纪人监管规定》的要求。

（6）高级管理人员符合《保险经纪人监管规定》的任职资格条件。

（7）有符合中国银保监会规定的治理结构和内控制度，商业模式科学合理可行。

（8）有与业务规模相适应的固定住所。

（9）有符合中国银保监会规定的业务、财务信息管理系统。

（10）法律、行政法规和中国银保监会规定的其他条件。

单位或者个人有下列情形之一的，不得成为保险经纪公司的股东：

（1）最近 5 年内受到刑罚或者重大行政处罚。

（2）因涉嫌重大违法犯罪正接受有关部门调查。

（3）因严重失信行为被国家有关单位确定为失信联合惩戒对象且应当在保险领域受到

相应惩戒，或者最近 5 年内具有其他严重失信不良记录。

（4）依据法律、行政法规不能投资企业。

（5）中国银保监会根据审慎监管原则认定的其他不适合成为保险经纪公司股东的情形。

（二）保险经纪公司新设分支机构经营保险经纪业务的条件

（1）保险经纪公司及其分支机构最近 1 年内没有受到刑罚或者重大行政处罚。

（2）保险经纪公司及其分支机构未因涉嫌违法犯罪正接受有关部门调查。

（3）保险经纪公司及其分支机构最近 1 年内未引发 30 人以上群访群诉事件或者 100 人以上非正常集中退保事件。

（4）最近 2 年内设立的分支机构不存在运营未满 1 年退出市场的情形。

（5）具备完善的分支机构管理制度。

（6）新设分支机构有符合要求的营业场所、业务财务信息系统，以及与经营业务相匹配的其他设施。

（7）新设分支机构主要负责人符合《保险经纪人监管规定》的任职条件。

（8）中国银保监会规定的其他条件。

保险经纪公司因严重失信行为被国家有关单位确定为失信联合惩戒对象且应当在保险领域受到相应惩戒的，或者最近 5 年内具有其他严重失信不良记录的，不得新设分支机构经营保险经纪业务。

保险经纪公司分支机构应当在营业执照记载的登记之日起 15 日内，书面报告中国银保监会派出机构，在中国银保监会规定的监管信息系统中登记相关信息，按照规定进行公开披露，并提交主要负责人的任职资格核准申请材料或者报告材料。

（三）保险经纪人的信息报告与披露

保险经纪人有下列情形之一的，应当自该情形发生之日起 5 日内，通过中国银保监会规定的监管信息系统报告，并按照规定进行公开披露：

（1）变更名称、住所或者营业场所。

（2）变更股东、注册资本或者组织形式。

（3）股东变更姓名或者名称、出资额。

（4）修改公司章程。

（5）股权投资，设立境外保险类机构及非营业性机构。

（6）分立、合并、解散，分支机构终止保险经纪业务活动。

（7）变更省级分公司以外分支机构主要负责人。

（8）受到行政处罚、刑罚或者涉嫌违法犯罪正接受调查。

（9）中国银保监会规定的其他报告事项。

六、保险经纪从业人员相关规定

（一）从业人员

保险经纪人应当聘任品行良好的保险经纪从业人员。有下列情形之一的，保险经纪人不得聘任：

（1）因贪污、贿赂、侵占财产、挪用财产或者破坏社会主义市场经济秩序，被判处刑罚，执行期满未逾 5 年。

（2）被金融监管机构决定在一定期限内禁止进入金融行业，期限未满。

（3）因严重失信行为被国家有关单位确定为失信联合惩戒对象且应当在保险领域受到相应惩戒，或者最近 5 年内具有其他严重失信不良记录。

（4）法律、行政法规和中国银保监会规定的其他情形。

保险经纪从业人员应当具有从事保险经纪业务所需的专业能力。保险经纪人应当加强对保险经纪从业人员的岗前培训和后续教育，培训内容至少应当包括业务知识、法律知识及职业道德。

保险经纪人可以委托保险中介行业自律组织或者其他机构组织培训，并应当建立完整的保险经纪从业人员培训档案。

保险经纪人应当按照规定为其保险经纪从业人员进行执业登记。保险经纪从业人员只限于通过一家保险经纪人进行执业登记。保险经纪从业人员变更所属保险经纪人的，新所属保险经纪人应当为其进行执业登记，原所属保险经纪人应当及时注销执业登记。

（二）高级管理人员任职资格

保险经纪人高级管理人员是指下列人员：

（1）保险经纪公司的总经理、副总经理。

（2）省级分公司主要负责人。

（3）对公司经营管理行使重要职权的其他人员。

保险经纪人高级管理人员应当在任职前取得中国保监会派出机构核准的任职资格。

保险经纪人高级管理人员应当具备下列条件：

（1）大学专科以上学历。

（2）从事金融工作 3 年以上或者从事经济工作 5 年以上。

（3）具有履行职责所需的经营管理能力，熟悉保险法律、行政法规及中国银保监会的相关规定。

（4）诚实守信，品行良好。

从事金融工作 10 年以上的人员，学历要求可以不受第（1）项的限制。

保险经纪人任用的省级分公司以外分支机构主要负责人应当具备（1）和（2）规定的条件。

有下列情形之一的人员，不得担任保险经纪人高级管理人员和省级分公司以外分支机构主要负责人：

（1）担任因违法被吊销许可证的保险公司或者保险中介机构的董事、监事或者高级管理人员，并对被吊销许可证负有个人责任或者直接领导责任的，自许可证被吊销之日起未逾 3 年。

（2）因违法行为或者违纪行为被金融监管机构取消任职资格的金融机构的董事、监事或者高级管理人员，自被取消任职资格之日起未逾 5 年。

（3）被金融监管机构决定在一定期限内禁止进入金融行业的，期限未满。

（4）受金融监管机构警告或者罚款未逾 2 年。

（5）正在接受司法机关、纪检监察部门或者金融监管机构调查。

（6）因严重失信行为被国家有关单位确定为失信联合惩戒对象且应当在保险领域受到相应惩戒，或者最近5年内具有其他严重失信不良记录。

（7）法律、行政法规和中国银保监会规定的其他情形。

保险经纪人应当与其高级管理人员、省级分公司以外分支机构主要负责人建立劳动关系，订立书面劳动合同。

保险经纪人高级管理人员和省级分公司以外分支机构主要负责人不得兼任两家以上分支机构的主要负责人，兼任其他经营管理职务的，应当具有必要的时间履行职务。

非经股东会或者股东大会批准，保险经纪人的高级管理人员和省级分公司以外分支机构主要负责人不得在存在利益冲突的机构中兼任职务。

保险经纪人向中国银保监会派出机构提出高级管理人员任职资格核准申请的，应当如实填写申请表、提交相关材料。中国银保监会派出机构可以对保险经纪人拟任高级管理人员进行考察或者谈话。

保险经纪人高级管理人员应当通过中国银保监会认可的保险法规及相关知识测试。

保险经纪人的高级管理人员在同一保险经纪人内部调任、兼任其他职务，无须重新核准任职资格。保险经纪人调整、免除高级管理人员和省级分公司以外分支机构主要负责人职务，应当自决定作出之日起5日内在中国银保监会规定的监管信息系统中登记相关信息。

保险经纪人的高级管理人员和省级分公司以外分支机构主要负责人因涉嫌犯罪被起诉的，保险经纪人应当自其被起诉之日起5日内和结案之日起5日内在中国银保监会规定的监管信息系统中登记相关信息。

保险经纪人高级管理人员和省级分公司以外分支机构主要负责人有下列情形之一，保险经纪人已经任命的，应当免除其职务；经核准任职资格的，其任职资格自动失效：

（1）获得核准任职资格后，保险经纪人超过两个月未任命。

（2）从该保险经纪人离职。

（3）受到中国银保监会禁止进入保险业的行政处罚。

（4）因贪污、受贿、侵占财产、挪用财产或者破坏社会主义市场秩序，被判处刑罚执行期满未逾5年，或者因犯罪被剥夺政治权利，执行期满未逾5年。

（5）担任破产清算的公司、企业的董事或者厂长、经理，对该公司、企业的破产负有个人责任的，自该公司、企业破产清算完结之日起未逾3年。

（6）担任因违法被吊销营业执照、责令关闭的公司、企业的法定代表人，并负有个人责任的，自该公司、企业被吊销营业执照之日起未逾3年。

（7）个人所负数额较大的债务到期未清偿。

七、保险经纪人的职业道德

保险经纪人的职业道德是指在保险经纪业务活动中应当遵循的，体现保险经纪职业特征的，调整保险经纪职业关系的行为准则和规范。从本质上，保险经纪人的职业道德是保险经纪从业人员在从事保险经纪过程中逐步形成的、普遍遵守的首先原则和行为规范，是社会对从事保险经纪人的一种特殊道德要求，是社会道德在保险经纪职业生活中的具体体现。

根据《保险经纪从业人员职业道德指引》，保险经纪人应遵守 7 个基本道德准则，即守法遵规、诚实守信、专业胜任、勤勉尽责、友好合作、公平竞争、保守秘密。

(一) 守法遵规

对于保险经纪人而言，守法遵规同样是最基本的职业道德，具体要求主要表现为：遵守《中华人民共和国保险法》，遵守相关法律和行政法规；遵守保险监管部门的相关规章和规范性文件，服从保险监管部门的监督与管理；遵守社会公德；遵守保险经纪行业自律组织的规则；遵守所属机构的管理规定，不得损害所属机构的利益。

(二) 诚实守信

诚实守信是保险经纪从业人员职业道德的灵魂。保险经纪人虽然代表的是投保人或被保险人，但在具体业务中经常涉及第三方，即保险人。保险经纪人是投保人与保险人之间沟通与联系的桥梁和纽带，因此，应对保险人和投保人或被保险人同时做到诚实守信。保险经纪从业人员应该以维护和增进保险经纪、保险业的信用和声誉为重，以卓著的信用和良好的道德形象，赢得客户、保险人及全社会的信任。

(三) 专业胜任

保险及其产品的特殊性要求保险经纪人员首先要有扎实的基础知识，如基础文化知识、政策法规知识等；其次要精通保险专业知识，如保险基础知识、保险法律知识、保险经纪知识等。由此可见，保险经纪人的职业性质决定了对其专业素质和职业技能的要求较高。与保险代理人一样，我国对保险经纪从业人员也实行资格认证制度，即要求从事保险经纪职业的人必须先通过保险监管部门组织的保险经纪从业人员资格考试，取得资格证书，然后取得所属保险经纪机构核发的执业证书，才能进行执业。在执业过程中还要加强业务学习，不断更新知识，提高业务素质和技能。

(四) 勤勉尽责

勤勉尽责是对保险经纪从业人员工作态度的基本要求，具体表现为以下几个方面：

(1) 秉持勤勉的工作态度，勤奋工作，积极尽职，为客户提供最优的服务，努力避免执业活动中的失误。

(2) 代表客户利益，对客户的各项委托尽职尽责，确保客户利益得到最好的保障，且不因佣金的高低而影响客户利益。

(3) 忠诚服务，不侵害所属机构利益，切实履行对所属机构的责任和义务，接受所属机构管理。

(4) 不擅自超越客户的委托范围或所属机构的授权。

(5) 在执业活动中主动避免利益冲突；不能避免时，应向客户或所属保险经纪机构作出说明，并确保客户和所属机构的利益不受损害。

(五) 友好合作

保险经纪从业人员在从事保险经纪活动时，既要与关系方保持密切友好的合作关系，也要与保险经纪内部人员保持融洽和谐的合作关系。第一，要与投保人、被保险人、保险人等有关各方友好合作，确保执业活动的顺利开展；第二，要注意市场分工条件下与其他保险中介机构，如保险代理机构、保险公估机构的友好合作，实现共同发展；第三，要加强同业人员之间的交流与合作，实现优势互补，形成群体的整体协同效应。

（六）公平竞争

与对手公平竞争，不诋毁、贬低或负面评价其他保险公司、其他保险中介机构及其从业人员。依靠专业技能和服务质量展开竞争，竞争手段应正当、合规、合法，不借助行政力量或其他非正当手段开展业务，不向客户给予或承诺给予保险合同以外的经济利益。

（七）保守秘密

保守秘密是保险经纪从业人员一项义务，包括以下两个方面：

（1）为客户保守秘密，如企业客户的经营行为、业务特征、风险控制等信息，个人客户的收入、资产、健康等信息。

（2）为所属机构保守商业秘密，如客户的信息资料、重要的内部文件等。

八、保险经纪人的法律责任

保险经纪人的违法行为的法律责任，包括依法承担行政责任、民事责任和有关责任人员应依法承担的刑事责任。

（一）保险经纪人的行政责任

根据法律和行政法规的规定，保险监管部门对有违法行为的保险经纪人处以罚款、吊销保险经纪人的执业证书或资格证书、核减保险经纪公司的业务范围、宣布保险经纪公司停业整顿、吊销保险经纪公司的许可证等制裁措施，被称为保险经纪人承担的行政责任。

（二）保险经纪人的民事责任

按照《中华人民共和国民法通则》的规定，结合保险的特点，保险经纪人承担民事责任的形式，主要是赔偿损失和支付违约金。保险经纪人在保险经纪业务中，违反法律规定给当事人造成损失时，应该赔偿所受到的损失。

《中华人民共和国保险法》第175条规定："违反本法规定，给他人造成损害的，依法承担民事责任。"根据此条规定，给投保人、被保险人或保险人造成损害的，应该根据《中华人民共和国保险法》《中华人民共和国民法通则》等相关法律规定承担民事责任。

《中华人民共和国保险法》第128条对保险经纪人的民事责任有更明确的规定："保险经纪人因过错给投保人、被保险人造成损失的，依法承担赔偿责任。"

（三）保险经纪人的刑事责任

刑事责任是当保险经纪人的违法行为构成犯罪时，对其根据《中华人民共和国刑法》《中华人民共和国保险法》等有关法律规定所应承担的法律责任。

主要概念

保险　保险经纪人　再保险经纪人　风险管理

练　习

1. 什么是保险？保险的作用有哪些？

2. 什么是保险经纪人？其业务范围主要有哪些？

3. 举例说明保险经纪人是如何充当投保人的“保险顾问”的。

4. 再保险经纪人有哪些特点？其主要业务内容包括哪些？

5. 案例分析：

2003 年 5 月，江泰保险经纪公司（以下简称江泰公司）接受江苏省大型企业双沟集团的委托，为其制订保险方案，安排保险事务。7 月上旬，淮河流域发生 50 年一遇的特大洪水，怀洪新河紧急开闸行洪，致使河水涌入位于淮河中游的双沟集团厂区。在公司上下全力抗洪救灾的紧要关头，一辆外单位卡车误将担负全厂供电的电杆撞断，造成高压线路短路，公司变电站的主变压器及大量配电设备被烧毁，全厂断电达四天之久。断电使大部分抗洪设备陷于瘫痪，受灾范围进一步扩大，双沟集团和双沟酒业的成品酒仓库、原材料仓库、酿酒车间、制曲车间等同时被淹。双沟集团紧急召集江泰公司，协助向保险公司索赔。

江泰公司组成双沟水灾索赔工作小组赶赴现场，通过现场查勘，初步掌握了企业受损情况，收集、整理了大批数据资料，于 8 月初正式向中国人保泗洪县支公司提出索赔申请：分别就成品酒、酒醅（蒸馏之前窖池中正在发酵的原材料）、大曲、原辅材料、包装材料、热电站、酿酒车间窖池、房屋建筑、机器设备等各项损失及施救费用和清理费用向保险公司提出总额 3 700 万元的索赔申请。

保险公司对索赔申请中的受损财产进行了初步清点，双方对受灾最重的两个成品酒库的第一、二层成品酒，制曲车间酒曲，原辅料和部分包装材料的赔偿达成共识，而对酒醅、窖池、房屋建筑、电站及机器设备等项目的损失核定则存在较大意见分歧。按照江泰公司的提议，双方商定，委托衡量行保险公估公司进行核损。

在双沟索赔工作中，经纪人的介入使被保险人利益得到充分有效的维护，具体表现为：

（1）科学完善的保险方案使被保险人在索赔中处于主动地位。根据江泰公司的安排，双沟集团 2003 年的保险合同中，洪水、水灾等自然灾害和意外事故均属于保险责任范围之内，因此这次受灾的保险财产全部属于赔偿范围。此外，保单中增加了重置价值条款、仓储财产按季度申报等重要补充条款，完善的保险方案确保了客户的损失得到最大限度的补偿。

（2）江泰公司帮助被保险人由弱势变为均势、被动变为主动。过去企业只能按照保险公司的要求购买格式化保单；出险后也只是通知保险公司，等着保险公司的赔款通知，赔与不赔，赔多赔少完全由保险公司说了算。今年，江泰公司为双沟集团量身定做了全新的科学合理的保险方案，保费由过去的 100 多万元降至 50 多万元，节约了大量的保费。

（3）江泰公司化解了保险人与被保险人之间的矛盾。由于保险双方利益的对立，保险人与被保险人有时难以沟通。例如企业看到报废纸箱与好纸箱同时受到洪水浸泡，于是希望把它们与好纸箱一起向保险公司索赔，江泰公司及时与企业谈判代表进行沟通，给他们讲解有关保险原理，指出这些报废纸箱的现值等于其残值，保险公司即使答应赔付，这些报废纸箱也没有索赔价值，企业代表当即放弃了索赔要求。保险公司代表深有感触地说：我们磨破了嘴皮都不能说服企业，江泰公司只用几句话就解决了问题。

（4）选择信得过的公估人，全方位地维护企业利益。被保险人对保险公估行业了解甚少，过去在需要保险公估的时候只能听从保险公司的安排。此次双沟水灾索赔案中，江泰公司凭借对于保险公估市场广泛深入的了解，选择了业务精通、办事公正的衡量行，并在保险公估协议中注明："保险公估人在提出公估报告前，必须就报告内容向甲乙双方进行说明、解释，在征得甲乙双方认可后方可公布最终报告。"这充分保证了公估报告的公正性。

问题：

（1）在我国，保险代理经纪人、保险经纪人与保险公估人的区别有哪些？

（2）从案例中比较保险经纪人代为索赔和投保人自己索赔各有哪些优缺点？

第八章　劳动力经纪

【学习目标】

1. 掌握劳动力和劳动力市场的概念及其特点，掌握劳动力经纪人的作用、类型和工作方法，理解劳动力经纪人的素质要求。

2. 了解我国劳动力市场的现状，掌握劳动力经纪业务的流程，理解劳动力经纪人的素质要求。

开篇案例

劳务经纪人走俏乡村

“喂，是谢民和吗？明天上午我还有 1 亩多花生要挖，请你找几个人来帮工，有时间吗？”“要得，明天七点钟到你那边……”9 月 23 日，重庆市荣昌区河包镇经堂村村民刘帮贵在劳务经纪人谢民和的帮助下，联系好了帮工队，1 亩多花生给 200 元，不仅管收割，还为他拉回家。

谢民和告诉笔者，现在农村年轻人外出打工的多了，农忙时缺少劳动力，需要帮工的也多了，他组织的农忙帮工队目前已发展到 14 人，一到农忙时节，抢手得很，不仅帮缺劳动力的农民解决了收种难题，一年下来，自己也能收入万余元。

据悉，荣昌外出打工的农民越来越多，每到农忙季节，很多农民工外地、家里两头跑，费时费钱费力。农村劳务经纪人适时而生，他们骑着摩托车走村串户，脑袋里装着劳动力信息与农业机械信息，遇到农忙时节，谁家需要“钟点工”，一个电话就能联系一些农村劳动力或农机手，专门给种植大户和缺劳户提供农作物收割、播种、田间管理等服务，并收取劳动报酬。

目前，荣昌的劳务经纪人已有 1 600 多名，农忙时节已组织帮工 1 万余人，合理利用了农村剩余劳动力，有力推动了农业生产发展和农村产业结构调整。

资料来源：闫宝明．好风凭借力，创业正当时．(2017 - 03 - 14)［2020 - 02 - 10］．http：//gs.people.com.cn/nz/2017/0314/c183926 - 29853207.html.

思考：农村的劳务经纪人有什么局限性？

第一节 劳动力市场概述

一、劳动力及劳动力市场

劳动力即人的劳动能力，是蕴藏在人体中的体力与脑力的总和。它也是进行生产必不可少的要素之一，离开劳动力，生产资料本身是不可能创造任何产品的。在生产过程中，劳动力要发挥作用，除了必须具备一定的生产经验和劳动技能或科学文化知识外，还必须具备一定量的生产资料。劳动者在生产过程中运用自己的劳动力和生产工具，作用于劳动对象，既可以创造出物质财富，也可以不断提高自己的劳动技能。

作为商品的劳动力，和其他商品一样，也具有使用价值和价值。劳动力商品的价值由生产和再生产劳动力商品的社会必要劳动时间决定，它包括三个部分：维持劳动者自身生存必需的生活资料的价值，用以再生产他的劳动力；劳动者繁衍后代所必需的生活资料的价值，用以延续劳动力的供给；劳动者接受教育和训练所支出的费用，用以培训适合再生产需要的劳动力。劳动力商品的价值还受历史和道德因素的影响。

劳动力市场又称人才市场、劳务市场、就业市场等，是劳动力交易的场所，以及这种交易关系的总和。

二、劳动力市场的类型

(一) 按组织模式分类

劳动力市场的组织模式是就其开办主体及运作方式而言的，可以划分为政府劳动力市场、民办劳动力市场和自由劳动力市场。

1. 政府劳动力市场

它是指由政府及其劳动、人事部门直接领导和组织的市场。它的组织机构通常包括就业培训、职业介绍、人才交流中心和大型国有企业劳动人事部门等。它也是我国劳动力市场的主体，其主要任务是：满足国有企事业单位的招工、用工需求；组织各类劳务人员的合理流动；促进各类人才的正常交流；开展劳务合作，进行跨部门、跨地区，乃至跨国家的劳务输出、输入活动。

2. 民办劳动力市场

它主要是由各企事业单位及城镇区街、农村区乡创办的各种劳动服务公司或劳动力管理站，以及一些社会团体和私人举办的各种劳动服务组织构成。民办劳动力市场是政府劳动力市场的延伸和补充，更充分地发挥市场调节机制，也可以受政府劳动力市场的组织机构的指导或委托而开展业务。它的主要任务是：向街道、乡镇企业提供劳动力资源；一般企业劳动力的调剂流动；提供专项劳务服务；开辟新的就业渠道；完成政府劳动力市场的委托任务。

3. 自由劳动力市场

它是指不经过劳动力中介服务机构，供需双方直接协商的各种劳动力交易场所和关系的总和。它又可以分为两类：一类是各种自发形成的劳动力交易的零散的场所；另一类是依托于网络形成的劳动力交易的关系，如目前数量众多的劳务和人才网站，它的优点是分散、面广、灵活，缺点是不易管理，容易发生危害用工方或劳动者权益的事件。

【阅读材料】

51job

51job为前程无忧网站域名的简称。“前程无忧”是国内第一个集多种媒介资源优势的专业人力资源服务机构。它集合了传统媒体、网络媒体及先进的信息技术，拥有一支经验丰富的专业顾问队伍，提供包括招聘猎头、培训测评和人事外包在内的全方位专业人力资源服务。2004年9月，前程无忧成为首个在美国纳斯达克上市的中国人力资源服务企业，融资8 000多万美元，标志着前程无忧的发展进入一个新的阶段。

（二）按劳动力层级分类

按劳动力层级分类，劳动力市场可以分为普通劳动力市场、人才市场和企业家市场。

【阅读材料】

企业家市场的“围城”

“我们一直想把海尔的张瑞敏挖到另一家公司担任CEO。”一位高级猎头顾问对记者说。

他当然还没有做到——首要的问题是国有企业的老总是组织部任命的，他们要走，须征得各级组织部门的同意，“他们更像是官员，而不是企业家。”这些企业家要走出多年的“围城”谈何容易。

但是，如果中国的大型国企的老总不能进入市场，不能通过猎头公司来调配，“那么就不能形成我们所期望的企业家高级人才市场。”上海人才行业协会会长、上海人才有限公司副总经理陆珉强烈呼吁国企负责人应由市场配置，这既是国企改革发展的需要，也是发展本土猎头公司的机会。

与张瑞敏等相比，蔡某是一个出了“城”的人，作为一家年销售额达6亿元的公司的总裁，他把自己当成一个不折不扣的职业经理人。“这是个质变的过程，我以前是不折不扣的官员，因为我就在政府机关、国有企业工作。”现在的他，离开了中央直属大型国企高层的位置，受聘于浙江一家大型民营企业，担任总裁、副董事长，年薪百万。

（三）按供需范围分类

按供需范围，劳动力市场可以分为区域劳动力市场、全国劳动力市场和国际劳动力市场。

三、我国劳动力市场的发展

我国的劳动力市场大体经历了以下四个发展阶段。

（一）就业介绍型阶段

我国劳动力市场的萌生可以追溯到深圳特区的设立。由于特区建设的需要和劳动人事政策的宽松，更由于1978年后农村联产承包责任制的推行使农民不仅获得了农业生产和经营的自主权，也获得了对自己劳动的支配权，一支以农民为主体、各类待业人员参加的打工队伍，持续不断地涌入特区。各种投资主体举办的劳动力职业介绍机构随之大量涌现，深圳市成为我国新型劳动力配置的发源地。随着我国经济体制改革和劳动人事制度改革的不断推进，一方面，我国城镇各种非公经济组织大量兴起，另一方面，我国城市经济社会改革给农民提供了更多的就业机会。因此，数百万农村富余劳动力和新增待业人员进城务工和发展第三产业。一些省市和地区学习深圳模式，以政府劳动部门为主体的职业介绍机构和多种所有制职业介绍机构应运而生。这一阶段的劳动力市场以简单的就业中介为主，劳动力市场的功能与作用整体上处于探索期。

（二）流动安置型阶段

随着国有企业改革的逐步推进，产生了大量下岗待业职工。党和政府十分关心解决下岗职工的生活和再就业问题，采取各种办法保障他们的基本生活。同时，各级党委和政府广开就业培训，拓宽就业门路，做好再就业工作。1993年4月，国务院颁发了《国有企业富余职工安置规定》；1998年6月，中共中央、国务院下发了《关于切实做好国有企业下岗职工基本生活保障和再就业工作的通知》。我国劳动力市场紧紧围绕国有企业下岗职工再就业这个中心，收集和发布岗位供求信息，提供就业咨询和指导，做了大量积极有益的工作，特别是各级政府劳动部门所属的公共职业介绍机构实行免费培训和中介服务，在促进企业下岗职工流动就业方面，始终起着主渠道和引导作用。

（三）权益保护型阶段

各地劳动力市场经过多年的发展，在促进我国劳动力资源余缺调节，促进劳动者就业，促进经济结构调整与社会发展，以及增加农民收入等方面都发挥了积极的作用。但是，劳动力市场运作不规范、监督不力的状况确实存在。少数职业介绍机构侵犯求职者合法权益，谋取不正当利益，甚至采用不法手段诈骗求职者钱财，以及少数劳动者和少数用人单位不履行合同义务，侵犯劳动者合法权益的事情屡屡发生。

1994年11月，劳动部颁发了《农村劳动力跨省流动就业管理暂行规定》，该规定总结了改革开放以来农民进城务工的利弊得失，针对有关农民跨省流动就业的主要问题，作出了具有可操作性的规定。1998年1月，劳动和社会保障部制定并下发了《职业介绍服务规程（试行）》，明确了职业介绍服务标准、服务范围和服务程序，加强了对职业中介机构运作行为的监管。

2000年12月，劳动和社会保障部颁发了《劳动力市场管理规定》。该规定明确指出，各级劳动保障行政部门应当积极组织开展公共就业服务，促进发展多种类型职业介绍机构，为劳动者就业和用人单位招用人员服务。同时，还规定了开办职业介绍机构及求职与就业的条件；规定了职业介绍机构分为非营利性和营利性两类，以及两类职业介绍机构的业务范围和严格禁止的中介行为；规定了违反《劳动力市场管理规定》的处罚办法与处罚标准。

这些重要的劳动力市场管理规章的出台，有效地保护了劳动者和用人单位双方的合法权益，推动了劳动力市场的健康发展。

（四）结构优化阶段

2008年席卷全球的金融危机对宏观经济造成巨大冲击，国内就业形势也变得更加严峻。我国经济经过多年的高速发展，在产业结构调整升级过程中，劳动力市场也需要通过市场机制形成人力资源协同发展，以促进各类新业态、新模式、新产业发展，尤其需要加强产业链和生态群建设，通过创造多样化需求带动就业，协同培养市场机制发展，拓展就业新空间，在新旧动能接续转换中促进就业。

党的十八大提出“劳动者自主就业、市场调节就业、政府促进就业和鼓励创业”的方针，不仅明确了市场就业机制，更是在肯定劳动者就业主体地位的同时，肯定劳动者作为创业者的用人主体地位，并将就业创业作为一个融合的主体，使劳动者既是就业主体，也是用人主体，创业促进就业进入一个新时代，“大众创业，万众创新”成为时代热潮。

党的十九大报告将“实现更高质量和更充分就业”作为重要目标，反映了新时代党和政府从改善民生的大局出发，从全面建成小康社会的高度，对就业工作提出新要求，同时也顺应了广大人民追求美好生活的期望，对于推动经济发展、保障和改善民生、全面建设小康社会具有重要意义，中国特色劳动力市场发展要紧紧围绕这一目标要求，助力劳动报酬与劳动生产率同步提高，助力扩大中等收入群体，助力畅通就业渠道，推动实现更高质量和更加充分的就业。

四、我国劳动力市场的现状

（一）劳动力市场供给需求矛盾突出

中国是世界上劳动力资源最丰富的国家之一。截至 2018 年末，我国总人口为 13 亿 9 538 万人（不包括香港、澳门特别行政区和台湾地区以及海外华侨人数，下同），比 2017 年末增加 530 万人。2018 年全年出生人口 1 523 万人；死亡人口 993 万人；人口自然增长率为 3.81‰。从年龄结构看，2018 年中国 0～15 岁（含不满 16 周岁）总人口为 2 亿 4 860万人，占总人口比重的 17.8%；16～59 岁（含不满 60 周岁）总人口为 8 亿 9 729 万人，占总人口比重的 64.3%；60 周岁及以上总人口为 2 亿 4 949 万人，占总人口比重的 17.9%。其中，65 周岁及以上总人口 1 亿 6 658 万人，占总人口比重的 11.9%。从性别结构看，2018 年我国男性人口 7 亿 1 351 万人，女性人口 6 亿 8 187 万人，总人口性别比为 104.64。从城乡结构看，2018 年我国城镇常住人口 8 亿 3 137 万人，比上年末增加 1 790 万人；乡村常住人口 5 亿 6 401 万人，减少 1 260 万人；城镇人口占总人口比重（城镇化率）为 59.58%，比 2017 年末提高 1.06 个百分点。

随着人口老龄化，学界普遍认为我国的“人口红利”已经消失或临近结束，青年劳动力越来越紧缺。对于企业来说，我国劳动力的成本在持续上涨，部分外资企业开始撤资，把产业向印度、越南等人力成本更低的国家转移。

【阅读材料】

最难就业年

自从 2013 年以来，媒体当中经常出现“最难就业年”的提法，似乎就业形势就从来没有缓解过。

根据教育部发布的信息，2018 年高校毕业生人数达到 820 万，超过 2017 年的 795 万，高校毕业人数创历史最高。根据人社部的毕业生数据，如果加上中职毕业生和 2017 年尚未就业的学生数量，2019年待就业的加在一起约有惊人的1 500万，因此2019年被称为“史上最难就业年”。

从就业形势来看，虽然一些热门行业依然火爆，人工智能研究生起薪已高达30万元，同时战略新兴产业对毕业生的需求旺盛，传统行业转型升级也急需高端人才，然而在国内化解过剩产能造成一部分职工下岗、经济下行压力下企业用工不足等大背景下，2018年的就业形势依然复杂，任务非常艰巨。

（二）劳动力总体素质低下

我国多年来对基础教育的投入和对高等教育的重视，总体上大大提升了我国劳动力的素质，劳动力的受教育程度持续提升，但由于人口基数较大，劳动力素质的平均水准与发达国家相比仍有差距。2017年中山大学发布的《中国劳动力动态调查：2017年报告》显示，我国劳动力的平均年龄为37.62岁，受教育程度以中等教育为主，平均受教育年限为9.02年，而发达国家劳动力的平均受教育年限早就达到了12年以上。

（三）就业结构正在发生变化

1. 三大产业就业结构持续调整

1978年我国第一、二、三产业人均创造产值比例为1∶7∶5，而从业人员的比例为5∶1∶1。到2016年，第一、二、三产业人均创造产值比例约为1∶5∶4，从业人员的比例为1∶1∶1.6，从业人员结构比1978年有明显改善，产业间的就业人口调整是产业结构优化的必然结果，它极大地提高了整个社会的劳动生产率。

2. 流动就业结构缓慢变动

我国是流动就业大国，主要流动方向是农村到城市、中西部地区到东南沿海地区、经济落后地区到经济发达地区，其中，流动就业主体是农民工群体。到2017年末，全国农民工总量达2.9亿人，其中外出农民工1.7亿人。

当然，流动就业数量也在进行着缓慢的调整。从2015年开始，全国流动人口规模从此前的持续上升转为缓慢下降，2015年国家统计局公布的全国流动人口总量为2.47亿人，比2014年下降了约600万人；2016年全国流动人口规模比2015年减少了171万人，2017年继续减少了82万人。

3. 技术进步改变就业面貌

互联网和即时通信工具的普及应用，人工智能的悄悄崛起，还有即将到来的5G时代，都在迅速地改变着各行各业的就业面貌，创造着新的就业岗位的同时，也淘汰着部分旧的岗位，当代大学生应该积极关注技术变化带来的就业冲击，并做好适应或应对的准备。

【阅读材料】

全球金融大裁员

早在2018年，花旗就计划在5年内把投资银行部门的科技和业务人员裁去50%，大约有1万人，并用人工智能算法代替他们的工作。花旗银行总裁表示，在整个集团中还有40%的人工是可以被AI算法代替的。巴克莱投行部负责人称，未来投行将会用更少的员工赚更多的钱，机器将接手“价值较低的任务”。2019 年，全球银行宣布的裁员人数约 75 000 人，八成以上来自欧洲。

思考：你觉得还有哪些行业的就业岗位会受到新技术的影响？

(四) 劳动力经纪业不够发达

劳动力市场作为实现劳动力资源市场化配置的方式，应是市场机制及其借以发挥作用的职业介绍等市场中介组织的总和。职业介绍等市场中介组织是劳动力市场的重要组成部分，应为市场机制在劳动力资源配置中发挥作用和提供保障。因此，发展劳动力市场不仅要塑造明晰的市场供求主体，而且要发展相应的职业介绍所等市场中介组织。改革开放以来，我国劳动力市场中城镇的职业介绍所等中介组织虽然有了长足发展，然而从整体上看还很不发达。广大农村地区基本上没有建立职业介绍服务体系。城镇职业介绍等市场中介组织运行极不规范和极不顺畅，各种类型的职业介绍机构基本处于分割状态，其许多职能仍掌握在劳动行政部门手中，功能小，服务面窄，致使劳动力市场不能承担起包括就业咨询、职业培训和社会保障在内的一整套服务，因而离实现劳动力资源市场化配置的要求相距甚远。尤其在职业介绍方面，受管理体制、信息来源和统计分析手段落后的影响，对劳动力供求、结构变换及发展趋势等信息的收集、整理与发布不够及时和准确，不仅难以为劳动力供求双方在较广泛的领域内实现相互选择提供服务，而且不能起到引导劳动力资源优化配置的导向作用。

产生上述问题的原因是多方面的：一是转换政府职能进展缓慢。利用市场机制配置劳动力资源，要求政府在配置劳动力资源方面的职能由统包统配转向为市场机制发挥作用创造条件和提供服务，而在这方面政府有关部门虽然开始减少统包统配人员数量，却未能为市场机制发挥作用创造应有的条件和提供相应的服务，有的甚至将政府原有的职能简单地移植到职业介绍等市场中介组织中来，这实际上是传统体制下用行政配置劳动力的翻版，有悖于其实现劳动力资源市场化配置的初衷。二是管理体制没有理顺。如目前“人才市场”和“劳务市场”分属政府两个主管部门管辖，相互之间缺乏沟通和联系，削弱了职业介绍等市场中介组织的整体功能。三是没有按照市场机制的内在要求发展职业介绍等市场中介组织。要发挥市场机制应有的作用，就要按照市场机制的内在要求发展职业介绍等市场中介组织，并为其提供包括就业咨询、职业培训和职业介绍等配套服务，由于各种原因以及在实际工作中重视发展职业介绍体系、轻视培育和发展其他市场中介组织，导致了职业介绍的发展与其他市场中介组织的培育不协调。

第二节　劳动力经纪业务

一、劳动力经纪业务类型

(一) 就业经纪

就业是劳动力资源得到利用的最主要形式。在市场经济条件下，职业的选择过程主要是以劳动者寻找合适的工作和雇主招聘合适的劳动者来实现的。劳动力经纪人因为掌握着充分的企业对劳动力需求，或者大量劳动者对劳动力供给的信息，通过自身的中介活动，大大提高就业的效率。

（二）临时用工经纪

在市场经济条件下，企业和家庭临时用工的形式很多，既有几个月或几周的短期用工，也有几个小时的钟点工，还有一些突击项目的临时用工等。临时用工的临时性和短期性，使得用工单位一般不愿意花费太多的精力自己去挑选劳动力，而临时工作人员也不愿专门去寻求一个短期工作的单位。这种情况下劳动力经纪人就有了用武之地。

（三）劳务输送经纪

随着经济活动开放程度的日益增加，地区间、国家间的劳动力流动越来越频繁。由于受距离、自然条件、社会制度、经济差异、文化习俗等限制，需要大量劳动力的单位很难了解哪个地区或国家能够提供合适的劳务人员，而有大量剩余劳动力的地区或国家又很难掌握劳动力需求方的情况。因此，劳动力经纪人在劳务输入或输出方面可以发挥重要作用。

二、劳动力经纪业务流程

（一）劳动力市场环境调查

1. 宏观环境调查

宏观环境因素虽然是间接影响因素，却是劳动力经纪业务的大背景，其影响持久而深刻。在开展劳动力经纪业务之前，就应该对宏观环境进行调查，例如对国家经济发展规划认真研读，对国家每年的经济工作重心了然于胸，对产业结构的调整和区域开发政策给予重视，这些都会从全局影响到劳动力的供求关系。与此同时，经纪人需要对所服务地区的经济结构、劳动力流向、城市发展规划等进行调研。涉外劳务的经纪人还需要关心所服务国家的政治环境的变化、劳务政策的变化和经济环境的变化。

【阅读材料】

利比亚劳务工人大撤离

2011 年 3 月 6 日凌晨，在北京市委、市政府的统一部署指挥下，北京企业最后一批驻利比亚劳务人员、来自北京建工集团利比亚项目部的员工全部安全撤离回国并得到妥善安置。

北京建工集团在利比亚承接的工程是一万套住宅项目，这也是北京建筑企业在“走出去”战略布局下，北京企业在利比亚当地建设的最大工程。撤离前，当地共有中国员工2 816人，其中大部分是劳务工人。利比亚事件发生后，北京市委、市政府迅速启动了撤离和安全保障应急机制。在统一部署指挥下，历经 11 天、共计 19 批次的撤离工作圆满结束。

2. 微观环境调查

微观环境因素对劳动力经纪业务产生直接的影响，经纪人需要对自己所服务的目标市场的微观环境保持敏感，及时进行调查和建档，包括目标市场内企业的分布、行业发展、地区劳动力数量和质量等。

（二）劳动力供需信息的收集整理

1. 劳动力供给的信息

劳动力供给是指一个经济体在某一段时间中可以获得的劳动者愿意提供的劳动能力的

总和。对劳动力供求信息的收集，一方面，可以借助公共媒体和资源，例如，多关注人力资源和社会保障部以及各省、市发布的“劳动力市场职业供求状况”的相关分析报告，人力资源和社会保障部每季度都会对全国多个大城市的用工情况进行调查统计，各省市每季度也会有类似的报告；另一方面，对更细化的地方性劳动力供给信息，也要投入力量进行细致的调研活动，以得到更精确和更及时的第一手资料，并开展建档工作。

2. 劳动力需求的信息

经济学上的劳动力需求是指在某一特定时期内，在某种工资率下愿意并能够雇用的劳动量。不过经纪人所要了解的劳动力需求信息比这个定义要宽泛得多，经纪人需要掌握有劳动力需求的单位、有需求的岗位、需求的数量、学历技能要求、聘用条件等，并且这些详尽的信息一定要分门别类地进行整理和归档，因为它们都有可能成为下一笔业务的线索。

其中，很重要又很容易被忽略的是岗位分析。岗位分析本来是人力资源管理的一个重要环节，在劳动力经纪业务中同样可以应用。它主要是为了解决以下6个重要问题：

(1) 工作的内容是什么（what)?

(2) 由谁来完成（who)?

(3) 什么时候完成工作（when)?

(4) 在哪里完成（where)?

(5) 怎样完成此项工作（how)?

(6) 为什么要完成此项工作（why)?

好的岗位分析可以帮助经纪人为劳动力的需求方找到合适的供给方，或者为供给方尽快地寻找到合适的需求方。

(三) 沟通供需双方

在准确把握市场环境因素和详细掌握供需双方的信息后，经纪人就可以根据具体情况进行供需双方的沟通了。沟通之前往往有一个通过各种渠道发布信息和等待回应的过程。这个环节是劳动力经纪活动的关键环节，供需双方的沟通做得及时精准，就能高效地促成劳动力交易。

当然，这种沟通可能是自主地运用手头的供需信息去寻找合适的买方或卖方，也可能是建立在接受委托的基础上。

(四) 组织劳动力

在帮助供需双方达成劳务协议，或者为委托人寻找到合适的相对方时，就要开始组织劳动力了。这个环节包括人员集中、笔试、面试、筛选、供需见面等。如果是跨地区或对外劳务派遣，这个环节会更复杂，还会有办理手续、联系运送、食宿安排等事务。

(五) 劳动力培训

在较大型的劳务经纪业务中，经纪人可能还需要按照用人单位的要求对劳务人员进行培训。根据单位要求，劳务培训可以分为专业培训、岗位培训、技能培训等。承接培训业务对经纪公司的要求较高，培训质量的高低对未来业务的影响也较大。

(六) 办理手续，签订合同

在跨地区尤其是跨国的劳务输送中，手续尤其繁复，涉及聘用合同、留职停薪、体检、劳务保证、办理护照、申办签证、办理出境卡、购买机票等事务。在一般的劳动力经纪业务中，当然也会有手续与合同问题。

（七）劳动力输送

经纪人协助签订合同、办理手续后，必要时，还要负责劳动力的运送，保障劳动者的安全，最终交付给用人单位。

（八）跟踪与反馈

经纪人应该为已经办理过的劳动力经纪业务建立详尽、完善的档案，还要进行业务跟踪，这一方面是因为可能会有一些后续问题，甚至有纠纷需要处理，另一方面是为了及时获得反馈信息，为以后的业务作参考，或为后续业务作准备。

第三节 劳动力经纪人

一、劳动力经纪人发挥的作用

（一）沟通劳动力资源余缺，优化劳动力资源配置

劳动力经纪人作为劳动力市场中的中介，在劳动力的供需双方之间架起了沟通的桥梁，使得劳动力从盈余单位能够更加顺畅地流动到短缺单位。显然，经纪人在宏观上发挥了优化劳动力资源配置的功能。

（二）促进就业，有利于经济发展和社会稳定

目前我国的就业形势较严峻。据统计，2018 年我国新增城镇就业 1 361 万人。在新的经济形势下，我国需要加强全方位公共就业服务，促进多渠道就业。劳动力经纪人的工作在客观上有利于促进就业，也有利于经济的发展和社会的稳定。

（三）增加信息交流，推动产业进步

劳动力的流动也伴随着信息的流动，经纪人是信息的搜集者、处理者和发布者，他们的工作增加了市场中信息的交流，这种信息的交流一方面在数量上调剂了余缺、增加了就业，另一方面在质量上指示了市场对劳动力的要求，帮助劳动者按市场要求提高自己的素质，并间接地推动产业结构的调整和产业的进步。

二、劳动力经纪人类型

根据业务范围的不同，劳动力经纪人可分为农村劳动力市场经纪人、城镇劳动力市场经纪人、跨地区劳动力市场经纪人和国际劳动力市场经纪人。

（一）农村劳动力市场经纪人

农村劳动力市场经纪人在充分开发利用劳动力资源、加速农村剩余劳动力转移方面发挥着重要作用。根据其活动空间，农村劳动力市场经纪人又可以细分为定点型经纪人和流动型经纪人。前者是指经纪人有固定的经纪活动地点，劳动力供求双方可以在固定的场所提出自己的要求，委托经纪人代为办理；后者是指经纪人穿梭于城乡劳动力供应者和需求者之间，流动性地从事劳动力中介活动。

（二）城镇劳动力市场经纪人

城镇劳动力市场经纪人是指以大中城市劳动力市场为依托，为劳务供需双方充当媒介并收取佣金的机构或个人。他们服务的对象很广泛，包括城镇待业青年、下岗职工、大中

专毕业生、技工学校毕业生、农村进城务工人员等。

（三）跨地区劳动力市场经纪人

由于国内不同地区间经济发展水平和产业结构都有较大差异，在劳动力供求上也会出现矛盾。跨地区的劳动力市场经纪人在不同地区间发现劳动力供需的缺口，联系供需双方，组织劳动者，进行培训和输送。

（四）国际劳动力市场经纪人

目前，发展中国家对劳动力输出越来越关注。劳动力输出不仅能创造外汇收入，也能减轻国内就业压力，这就需要国际劳动力经纪人从中发挥作用。

【阅读材料】

中国劳务输出的瓶颈

在国际劳务市场上，来自印度、巴基斯坦等国家的工人由于英语好，现场管理、车间主任、经理助理等高级职位多由他们担任。新加坡宾馆选服务员，不要漂亮的中国女孩，喜欢菲律宾人，就是因为她们有一口流利的英语。

刁春和先生说，拿护士这个职业来说，如果因为语言不通或者理解不准确给病人吃错药、打错针，很可能出人命，因此这一职业对英语能力要求极高。澳大利亚要求从事护士职业的外国人雅思成绩必须达到 7 分，比去那里读硕士的要求都高。尽管我国护士数量很多，技术水平也很高，但可以流利地用英语交流的护士却少之又少。曾有一家科威特医院来中国招聘，参加考试的 200 多人最终只有 6 人通过了考试。

三、劳动力市场经纪人的素质要求

（一）遵守法律规范

劳动力市场经纪人除了要学习与经纪人管理有关的法律法规外，还要熟悉《劳动法》，掌握劳动就业制度、工资法律制度、劳动保护制度、劳动争议调解等，充分保障劳动者的合法权益。另外，还应该了解国家和各地的人才市场管理规定，了解国家和各地区劳动力经纪和劳务中介的操作规范和政府职能，了解各地对从事职业介绍和跨地区劳动力输入输出的规定。

其他的相关法律还包括《民法通则》和《合同法》，需掌握法人和代理部分的主要内容，掌握合同订立、变更和解除等有关规定。

（二）讲求职业道德

劳动力经纪业务与一般行业的经纪活动相比，要涉及更多人的切身利益。劳动力市场中层出不穷的纠纷和欺诈事件，一方面要求供求双方更加理性和谨慎，另一方面也对经纪人的职业道德提出了更高的要求。

（三）提高文化素养

现代劳动力经纪活动面广，业务复杂，经纪方式多种多样，经纪人不但需要利用网络等现代通信工具搜集和筛选信息、联系供需双方，还需要掌握公共关系学、心理学、社会学等专业知识，以及经济学、税收等基础知识。涉外劳动力经纪人还需要具备一定的外语口语及翻译能力，熟悉国际劳务合作方面的知识。

（四）提升业务技能

劳动力经纪人要与各种行业打交道，与形形色色的人接触，还要办理种类繁多的手续。劳动力经纪人的业务技能如何，会直接影响到业务的成功率，进而影响到收入水平。劳动力经纪人要努力提高的业务技能包括信息搜集能力、信息整理分析能力、资源整合能力、客户管理能力、开拓创新的能力等。

主要概念

劳动力市场　劳动力经纪业务　劳动力经纪人　企业家市场　国际劳动力市场

练　习

1. 劳动力市场有哪些类型？
2. 目前我国的劳动力市场有什么特点？
3. 你认为我国的劳动力市场存在哪些问题，劳动力经纪人可以在其中发挥什么作用？
4. 劳动力业务有哪些类型？
5. 劳动力经纪业务的一般流程是怎样的？
6. 你认为成为一个优秀的劳动力经纪人，最重要的素质是什么？

实　训

1. 通过调研，撰写一份大学生就业情况的报告，并提出促进大学生就业的经纪业务的建议。

2. 仔细研读以下劳务派遣合同，思考并讨论：国际劳务的经纪活动有哪些特点？此业务过程中有哪些特别需要注意的要点？

劳务派遣合同

____________（其总部设在____________，以下称“甲方”）与____________（其总部设在____________，以下称“乙方”）经过友好协商，乙方同意为甲方在____________国____________项目提供劳务，为此双方签订本劳务派遣合同。

（一）合同目的

本合同的目的：乙方根据本合同条款向甲方派遣____________人员和其他人员（以下称“派遣人员”），甲方向乙方支付报酬。为保证甲方项目的顺利完成，双方应互相协作，认真执行合同。

（二）人员派遣

1. 应按双方商定的计划派遣人员。甲方对所需派遣的人员应提前两个月用书面形式正式通知乙方。乙方同意在派出前一个月向甲方提交派遣人员一览表，包括姓名、出生日期、工种、护照号码及____________国申请入境所需要的资料____________。

2. 乙方负责办理乙方人员（从其居住国）的出境手续，并承担与此有关的各项费用。在____________国的入境和居住手续由甲方办理，并负担与此有关的各项费用。

3. 根据计划的需要，派遣人员可以随时增加或减少。

4. 如需要增加派遣人员时，甲方同意提前两个月向乙方总部提出派遣人员计划。

5. 如需要减少人员，则应由双方代表商定后实施。

（三）准备费

甲方同意付乙方派遣人员的准备费每人____________元。准备费应在向乙方提交派遣计划的同时电汇乙方____________银行____________（账号）。

（四）工资

1. 派遣人员的工资应按附件中所商定的工资表支付。工资的计算应从派遣人员离开乙方所在国____________机场之日起到离开____________国____________机场之日止。乙方同意在安排航线时尽可能选取最短路线，缩短时间。

2. 派遣人员的基本工资为____________元。

3. 基本工资以月计算，凡不满一个月的按日计算，日工资为月工资的1/25。

4. 根据____________国目前的经济情况，派遣人员基本工资每年应增长15%。

（五）工作时间及加班

1. 乙方人员的工作时间为每月____________天，每周____________天，每天8小时。

2. 每周休假一天，具体休假日期可由双方在现场安排。

3. 由于材料短缺、气候条件等影响不能正常施工时，经双方协商可以临时调整工作内容。如因上述及其他因甲方原因造成停工时，甲方同意支付乙方人员的工资。

4. 如工作需要并经双方同意，乙方人员可以加班。甲方按下列标准支付加班工资：

（1）平时加班工资为基本工资的125%。

（2）平时夜间加班（22点至次日晨5点）以及休假日加班，工资为基本工资的150%。

（3）节日加班工资为基本工资的200%。

（4）加班工资计算方法如下：（月基本工资/200小时）×加班小时数×加班工资的百分率。

（5）上述加班工资和基本工资同时支付。

（六）伙食

1. 甲方同意向乙方提供厨房全套炊餐具及冷藏设备，由乙方自行办理伙食。

2. 甲方同意付给乙方每人每天____________元的伙食费，包干使用。

3. 食堂用水、用电和燃料以及生活物资采购用车由甲方提供并支付费用。

（七）节日和休假

1. 所有乙方人员有权享有项目所在国的法定节日。

2. 所有乙方人员在工作满____________个月后，应享受20天的回国探亲假，其____________国____________机场至____________机场的往返机票由甲方支付，应尽可能安排最短的航线。

3. 如果现场施工需要乙方人员推迟回国休假时，乙方同意说服其人员延期休假，甲方同意为了补偿乙方人员的损失，应给予适当的报酬。

4. 关于补偿上述损失的报酬，可根据当时的情况由双方代表商定，但这项补偿不应少于____________国____________机场至____________机场之间的单程机票价金额。

5. 乙方人员由于家属不幸等原因，工作满半年以上时，经双方代表协商同意，可以提前享用探亲假。如有关人员已享受回国休假，其往返旅费应由乙方负担，对这一类事假甲方不支付工资。

6. 乙方人员在项目所在国的节假日和本国节假日以及年度休假期间，应享受全部合同工资。

(八) 旅费及交通

1. 甲方负担乙方人员从____________机场至工程现场之间的往返旅费和航空公司招待之外必需的食宿费，但乙方应努力减少这项额外费用的开支。甲方同意支付乙方人员进入____________国的入境费用。

2. 甲方负责提供乙方人员上下班的交通工具，同时也提供代表、工程师及其他管理人员的工作用车。

3. 乙方应凭机票或收据（按购票当日银行公布的外汇牌价）向甲方结算。

(九) 税金

乙方人员应在____________（其原居住国）交纳的一切税金由乙方负担；乙方人员在____________国交纳的一切税金由甲方负担。

(十) 社会保险

1. 乙方人员在合同有效期内的人身保险由乙方自行办理。甲方同意支付派遣人员每人每月____________元的人身保险费。

2. 乙方人员在工地发生工伤，甲方只承担其医疗费用，如发生死亡事故，甲方应负担所有的费用，包括善后安葬和抚恤。

3. 如乙方人员因工作事故或疾病死亡时，遗体运回其原居住国或就地埋葬，遗物运回其原居住国，一切有关费用由甲方负担。

4. 派遣人员经医生证明因疾病或工伤而缺勤30天以内者，发给基本工资；在30天和90天之间者发给基本工资的60%；超过90天者则不发工资。

(十一) 医疗

1. 乙方所有人员在____________国发生工伤或疾病时，其医疗及住院费由甲方支付。

2. 现场医务室需用的常用药品和器具，由乙方向甲方提出购置计划，经甲方同意后，由乙方在其本国或其他地方采购，费用由甲方支付。

3. 乙方人员在200人之内，配备医生____________名，护士____________名。超过200人时，是否增加医务人员，由双方代表研究确定。

(十二) 劳保用品

甲方同意支付乙方派遣人员所有的劳动保护用品，包括每人每年两套工作服、工作鞋、手套、眼镜、安全帽、安全带等。

（十三）支付办法

1. 除机票费和准备费全部支付美元外，甲方应支付乙方的其他各项费用，均按 80%美元与 20%____________国____________（币种）的比例支付，如需改变这一比例，须经双方代表同意。

2. 休假工资和应付乙方的机票费应于休假当月之初支付。

3. 乙方现场会计每月末编制派遣人员工资及其他各项费用表，包括基本工资、加班费、伙食费等项，经甲方审查和批准后于次月 10 日前支付。其中 80%美元部分，由甲方电汇____________银行____________（账号），银行汇费由甲方承担。20%的____________在现场支付。

4. ____________（币种）与____________国____________（币种）的兑换率，按支付日当天____________国政府银行公布的买卖中间价折算。

5. 乙方派遣人员到达现场后，甲方同意预支每人一个月的伙食费，如需预支其他费用，由双方代表协商解决。

（十四）住房和办公用房

1. 甲方将按下列标准免费提供乙方人员的住房：____________。

2. 住房内包括空调和卫生设备，家具和卧具等物品。

3. 甲方同意提供乙方行政人员所使用的办公设备（如打字机、计算器、复印机等）、洗涤设备和用品。

（十五）工伤、人员替换

1. 乙方负责派遣身体健康、技术熟练的合格人员到____________国现场工作，如甲方认为派遣的人员不能胜任工作，经双方代表同意后，由乙方负责替换，由此发生的费用应由乙方负责。

2. 乙方人员必须遵守____________国政府的法令，尊重当地的风俗习惯。如违反当地法令和风俗习惯而必须送回国的，经双方协商后，由乙方负责送回，机票费由乙方负担。如需另派人员替代时，则乙方应负责____________机场至现场的旅费。

3. 乙方人员因疾病和工伤，经甲乙双方指定的医生证明确实不能继续工作者，应送回其原居住国的，其旅费由乙方负担。如身体状况不合格者，经双方医生检查证实，是因乙方体检疏忽，必须送回其本国的，其旅费由乙方负担。

4. 在合同期间内，乙方人员因工伤致残或死亡，甲方同意：

（1）处理事故、工伤或死亡的一切善后事宜。

（2）负担所产生的费用。

（3）按__________（甲方国名）现行的工人补偿法向死者、伤残者支付抚恤金和/或补偿费。

（十六）不可抗力

1. 由于天灾、战争、政治事件等不可抗力导致工作不能继续进行的，甲方应负责将乙方人员送回____________（其原居住）国。

2. 如遇上述情况时，甲方人员不撤退，乙方人员亦不撤退，但甲方应支付乙方派遣人员的工资。

（十七）争议及仲裁

1. 在执行合同过程中，如双方发生争议时，双方同意通过友好协商解决。如协商无果，可提交被告方的仲裁机构裁决。

2. 争议一经裁决，双方必须忠实履行，所发生的费用由败诉方负担。

（十八）涉及第三方的事宜

1. 乙方人员因履行本合同而发生的或与本合同有关的涉及项目所在国政府或任何第三方的事宜，应由甲方出面处理并负担所发生的费用。

2. 乙方人员因行为不端或玩忽职守而发生的涉及项目所在国政府或任何第三方的事宜，应由甲方协助乙方出面处理，所发生的费用由乙方负担。

（十九）合同有效期及其他

1. 本合同自双方签字之日起生效至本工程结束、所有派遣人员返回其原居住国，以及双方未付账目结清后失效。

2. 本合同与附件及工程内容，不经另一方允许，任何一方不得向第三方泄露。

3. 本合同用__________文和__________文，两种文本具有同等效力，双方各持2份。

4. 本合同未尽事宜，双方可友好协商补充，经双方同意的补充条款应为本合同的组成部分。

甲方（盖章）：__________	乙方（盖章）：__________
代表人（签字）：__________	代表人（签字）：__________
见证人（签字）：__________	见证人（签字）：__________
____年___月___日	____年___月___日
签订地点：__________	签订地点：__________

第九章　技术经纪

【学习目标】

1. 了解技术市场的含义、特征、分类。

2. 理解技术经纪人在技术交易中的重要性和必要性，掌握技术经纪人的含义、应具备的条件，以及技术经纪人的经纪技巧和技术经纪的程序。

开篇案例

技术经纪创造的双赢

2008年10月16日，华东理工大学与美国最大的炼油企业Valero能源公司签订了技术实施许可合同，技术许可费超过亿元，成为中国高校迄今为止获得的最高海外技术许可费用的项目，同时，此次合作也是中国大型化工成套技术第一次向发达国家实施技术转移。这其中，高校技术经纪人团队起到了很大作用。

作为企业代表，上海华谊集团常务董事胡总说："技术经纪人对于企业来说非常重要，有时候，企业发展到一定阶段，要想上一个新的台阶，必须有新的科技作为支撑，然而，对于一些中小企业来说，自己没有力量拥有专门的研究团队，这些新的技术往往是制约企业发展的瓶颈，如果不解决好这个问题，企业很难壮大。"他接着说："现在有了高校技术经纪人，他们可以把企业需求信息及时传达给高校，借用高校的科研力量进行攻关，实现企业和高校双赢。"

上海交通大学医学院的陈世浩说："我们学校引进技术经纪人不到3年，科研发生了很大变化，先后签订科研项目十几项，总金额已经达到了500万元。"他强调说，"资金充足了，我们就可以更好地开展科研，进行基础医学研究。"

资料来源：中国工博会新星：技术经纪人．(2012-02-05)[2020-02-10]. https://www.doc88.com/p-382438105467.html.

思考：技术经纪活动的意义何在？

第一节　技术市场概述

一、技术市场及其特征

技术市场具有广义和狭义之分。广义的技术市场是指商品交换关系的总和，它包括从技术产品的开发到技术商品的应用全过程。狭义的技术市场是指技术商品交换的场所或区域。这里主要是指狭义的技术市场。

技术市场所交换的商品是以知识形态出现的。它是一种特殊的商品，有多种表现形态，有软件形式（程序、工艺、配方、设计图等），咨询、培训等服务形式。买方需要的某种战略思想、预测分析、规划意见、知识传授等也可构成技术商品。技术市场是连接科技与经济的桥梁，在促进科技与经济的结合，增强科技事业的自我发展能力，加快科技的社会传播与普及，增强企业的活力，促进科技人才的流动，发展商品经济等方面具有重要作用。

技术市场是社会主义市场体系的有机组成部分。它具备一般市场的共性，但由于技术商品是一种特殊商品，因而技术市场又有不同于一般市场的特征。

(1) 技术商品是知识商品，它以图纸、数据、技术资料、工艺流程、操作技巧、配方等形式出现。

(2) 技术商品交易的实质是使用权的转让。

(3) 技术商品转让形式特殊，往往通过转让、咨询、交流、鉴定等形式，直到买方掌握了这项技术，交换过程才完成。

(4) 技术商品价格的确定比较困难，价格往往由买卖双方协商确定。

(5) 列入国家计划的技术项目可以进入技术市场流通。在一般商品市场上，国家指令计划商品不允许进入市场进行自由销售，而技术市场则不同，承担国家计划项目的单位，只要开发出了技术，就可以将该项技术在市场上进行有偿转让。

二、技术市场的类型

技术产品的交换必然推动技术市场的形成，技术市场是销售技术劳动产品的场所，用来实现技术产品的买卖活动。在实践中，常见的技术市场类型包括常设性技术市场、技术交流交易会、科技信息发布会、重点技术成果示范推广会、科技难题招标会、技术协作和科研生产联合体等。

(一) 常设性技术市场

常设性技术市场一般指常年开业的、有固定的场所、交易率较高、成交速度快、信誉较好的技术市场。

(二) 技术交流交易会

技术交流交易会是定点定时组织和汇集技术成果、先进技术进行交易的市场。该市场的特点是技术贸易和技术交流集中性强、期限短。

(三) 科技信息发布会

科技信息发布会是按照用户的要求，向用户发布科技信息。此种方式是当前开发、交流与利用科技信息资源的重要形式。

(四) 重点技术成果示范推广会

此种技术市场是将一些重点技术成果通过科技成果现场示范表演或办培训班的形式对外宣传推广，以获得关注。

(五) 科技难题招标会

科技难题招标会是通过对科技难题进行招标，获取特定技术或达到某种经济目的的技术交流形式。

（六）技术协作和科研生产联合体

技术协作和科研生产联合体以企业和科研院所为依托，在技术合作与交流、智力开发、人才流动等方面开展合作，组成科研生产联合体，加强科技的生产、研究与应用。

三、技术市场的经营范围

技术市场与一般的实物性商品市场不同，它有特定的经营方式和经营范围。我国技术市场的经营方式和范围主要有以下八种。

（一）技术开发

技术开发是指掌握技术的一方受另一方的委托，就某种技术项目所进行的研究、设计、试制、应用推广等项活动的经营业务。

（二）技术转让

技术市场上的技术转让，是指技术成果由一方转让给另一方的经营方式。所转让的技术包括获得专利权的技术、商标，以及非专利技术，如专有技术、传统技艺、生物品种、管理方法等。

（三）技术承包

技术承包是指一方根据另一方的要求，通过合同的形式，就某一工程技术项目的研究、开发、设计、生产、应用全面负责。在一般情况下，技术承包含有大量非技术性内容，如采购、运输、辅助劳力等。

（四）技术咨询

技术咨询是指掌握技术和知识的一方受另一方的委托，提供各种可供选择的决策依据的一种智力服务形式。技术咨询的内容主要包括：政策咨询、管理咨询、工程咨询等。

（五）技术服务

技术服务是指拥有技术的一方为另一方解决某一特定技术问题所提供的各种服务。如进行非常规性的计算、设计、测量、分析、安装、调试，以及提供技术信息、改进工艺流程、进行技术诊断等。

（六）技术中介

技术中介是为技术商品的供需双方提供中介服务的经营方式。其主要内容是提供信息、组织洽谈，或提供其他的辅助服务。

（七）技术培训

技术培训是指一方为另一方提供某种知识或技能培训的经营活动。职业上岗培训和继续教育等一般的成人教育，不能纳入技术市场的经营范围。

（八）技术入股

技术入股是指一方以技术作为投资，与另一方合作，共同组成经济实体的技术交易形式。

四、技术市场的贸易类型

由于引进世界先进的技术和设备，可以使引进方的生产力发展从更高的起点起飞，节省了研制费用，赢得了时间，所以技术引进活动在全世界范围内，尤其是在发展中国家受到普遍重视和广泛应用。如今，技术转让和引进主要采用成套设备引进和转让、合作生产、补偿贸易及合资经营四种形式。此外，技术商品的转让和引进还有租赁设备、工程承包、技术培训等多种方式。

技术市场主要有技术转让与引进、技术咨询与服务、技术许可证贸易三大类型。

（一）技术转让与引进

技术转让是指技术商品从输出方转移到输入方的一种经济行为。对输出方来说是技术转让，对输入方来说是技术引进。以技术转让与引进为主要内容的技术贸易已成为国际上传播技术的重要方式。

（二）技术咨询与服务

技术咨询与服务是以技术传授、技能交流、技术规划、技术评估、技术服务、技术培训为主要内容的一种经营活动，它是技术贸易活动中的一个基本形式。开展技术咨询与服务的机构都具有学科专业齐全、人才荟萃、信息畅通、态度客观的特点与优势，它们从整体出发，对许多经济技术问题进行综合分析和专家会诊，提出较全面又科学可行的方案或措施，供政府或企业做决策参考。因此，技术咨询与服务是使决策科学化的一种有效形式。技术咨询与服务包括决策咨询、工程技术咨询、管理咨询、专业咨询和信息咨询五种类型。

（三）技术许可证贸易

技术许可证贸易是当前国际上技术贸易的一种主要形式，是一种把技术买卖双方以契约或许可证形式固定下来的，受到合同法或专利法保护的技术贸易类型。

其基本做法是：技术供应方和技术引进方就某项技术转移问题进行商业性磋商，双方就磋商的结果达成协议（合同、许可证），按照协议，供应方在一定条件和时间、地域内允许引进方使用其发明技术专利、商标或专有技术，而引进方从供应方取得某种技术的使用权和制造、销售某种产品的技术知识，同时支付一定的使用费给许可方，并承担协议所规定的保密等义务。显然，在许可证贸易中，技术引进方得到的仅仅是对该技术实施的使用权，而技术的所有权仍在技术供应方手中。

技术许可证贸易按转移的使用权不同，可分为独占许可证、排他许可证、普通许可证、可转让许可证和互换许可证五种。

【阅读材料】

北京技术交易四大特点

一是面向城市发展需求，大批科技成果落地北京。首都的城市建设发展引发了新的技术需求，带动了技术扩散和重大科技成果转化和应用。北京市 2010 年吸纳技术合同（不包括进口）33 366 份，技术合同成交额达 497.9 亿元，是 2005 年的 2 倍多。其中，1 000 万元以上的重大技术合同吸纳领域由电子信息向生物医药、新材料、新能源和节能环保等多个领域拓展，合同成交额达 245.4 亿元，是 2005 年的 14 倍。

二是面对产业结构的调整，技术交易品种和模式不断创新。伴随首都经济结构的战略性调整和产业结构的优化升级，研发创新与新兴产业高度融合，技术品种由单一技术向技术集成、工程设备、技术投融资等多元化方向发展。2010 年技术集成工程设备类合同成交额达 530 亿元，占 1 000 万元以上重大合同成交额的将近一半，是 2005 年的 4.5 倍。如丰台区某公司为德黑兰提供的一项涉及专利的轨道交通工程总承包技术服务，合同金额达 60 亿元，其中技术交易额占 22%。此项专利技术还为伊朗地铁建设项目提供了技术服务。

三是高新技术企业成为技术交易的主体，自主创新能力显著提升。作为国家自主创新示范区的中关村，充分发挥高新技术企业的创新引领作用。2010 年中关村企业输出技术合同成交额达 1 232.5 亿元，是 2005 年的 4.2 倍，占全市成交额的近 80%，占全国的 1/3。如中关村海淀园的某企业开发的一项“高温气冷堆核电站核岛 EPCT 集成控制”发明专利技术，合同金额达 4 256.1 万元，项目技术成果将进一步提升核应用产业领域的自主创新能力。

四是创新环境的不断优化，激发全社会创新活力。区域创新服务体系的不断完善，促进了企业、高等院校和科研机构的协同创新，加速了创新要素的高效配置和优化集成。作为内资企业的领头羊，2010 年中央在京企业和军工企业输出技术合同成交额占全市的 36%。高等院校和科研机构也加快了科技成果的转化和应用，合同成交额分别为 19.3 亿元和 43 亿元，是 2005 年的 2.1 倍和 1.3 倍。

资料来源：郑金武．2011 年北京技术市场高速增长．科学时报：B2，2011－07－06.

第二节　技术经纪业务

一、技术经纪人的权利与义务

（一）权利

技术经纪人的权利是指法律赋予其能够作出或者不能够作出一定行为，以及要求他人相应作出或不作出一定行为的权利。包括：

（1）计划安排权，即技术经纪人可以根据自身的人力、物力、财力和掌握的技术市场信息，以及对市场的预测，制订和实施各项计划，安排为社会提供各种技术经纪服务的权利。

（2）选择权，即技术经纪人无论是受卖方委托还是受买方委托，都有对委托者和委托者的当事人进行选择的权利，包括对主体的社会声誉和实力的选择，以及对客体的选择。

（3）有权收取技术经纪的经费和合理的技术经纪服务报酬，委托人或第三方发生违约的，经纪人有权追究。

（4）有权与其他单位签订技术经纪合同、委托代理合同，有权依照国家规定与外商谈判并签订合同。

（5）有权以技术交易会、信息发布会、广告等技术经纪活动形式，对外从事技术经纪活动。

（6）有权要求对风险责任作出合理的规定。如技术成熟性较差的项目，其责任主要由转让方和受让方承担；严格区分技术经纪人预测不准与提供情况不实的界限等。

（7）享有其他经纪人所应享有的一般权利。

（二）义务

技术经纪人的义务，是指其必须依照法律的规定，作出一定行为以及不作出一定行为的责任。其基本义务有：

（1）维护国家利益、社会公共利益，不得进行技术垄断和妨碍技术进步的非法活动，努力促进科学技术的进步。

（2）必须保证技术经纪服务质量，对委托方和第三方负责。

（3）严格保密，不得以自己的名义向外转让他人技术，不得恶意串通，损害第三方的合法利益。

（4）在核准登记的技术经纪范围内从事技术经纪活动。

（5）遵守国家法规规定的经纪人一般义务。

技术经纪人开展技术经纪业务，应坚持“真实、守法、平等、互利”的原则，做一名合格的技术经纪人。

二、技术经纪的内容

技术经纪人从寻找科技成果的买卖双方开始，到签订科技商品买卖合同，其技术经纪业务一般要经过多道程序，如收集信息、提供科技交易咨询服务、准备资料、草拟可行性报告、参加合同签订工作等。

（一）建立信息中心和信息服务网络

科技商品的供应和需求是技术经纪人信息工作的基础，这个基础越雄厚，科技贸易咨询质量就会越高，技术经纪人的经营成效也就越大。因此，建立信息中心和信息网络是关键。

建立信息中心，主要是收集卖方和买方信息，将其输入计算机，建立数据库并要经过认真的筛选和分析，去伪存真，围绕与科技商品有关的信息做文章。收集科技商品信息时，一方面是收集买方信息，如国家一、二级企业名录及其产品生产情况、技术经纪机构改革情况等，另一方面是收集卖方信息，如高等院校、民办科研单位及个人、技术经营机构名录及其主要科研成果等。

收集科技信息，首先是要收集科技贸易信息。科技贸易信息的主要信息源有：（1）出版物。如专利文献、有关科技贸易的出版社和报刊、计算机数据；（2）专业会议；（3）咨询机构，如科技情报部门、科技机构、教学机构、群团组织、专利管理部门和专利代理机构。其次是注意收集要点。一般与科技贸易关系密切的要点是：科技档次、投资额度、同类科技的国内生产厂家及生产量、客商资信等几十至上百个数据。

把所收集信息加以整理，按不同的内容输入相应的数据库，如卖方数据库、买方数据库等。信息的生命在于运用，要把建立起来的信息中心运转起来，即建立信息交流网络。通过每个买方信息源和每个卖方信息源及时同信息中心交换信息，这样使信息处于不断流动状态，买卖双方和经纪人相互发出、相互接收信息，形成信息交流网络。

（二）提供科技贸易咨询服务和寻找交易对象

建立信息中心和信息网络，只是打下了经纪活动的基础。技术经纪人想要赢得客户，提高科技贸易成交率，重要环节还在于科技贸易咨询的质量和技能，即提高科技信息能力。科技贸易咨询的内容主要是回答买方（或卖方）关于科技商品性能、价格、客商资信、合资比例以及销售份额、运输方式、谈判、签订合同等方面的问题。

客户来寻找科技商品，全凭技术经纪人介绍的好坏来决定买卖与否，所以技术经纪人为了争取客户，既要求信息质量过硬，也要求经纪人本身的经纪素质较高。技术经纪人素质越高，对科技商品的认识越深，越容易让买方下决定。

经纪机构或经纪人在接受委托后，按委托方的要求，为委托方寻找和选择交易伙伴。该项业务涉及对买方客户的审查和向买方客户提供科技商品的鉴定报告，是一项既艰巨又复杂的工作。

(1) 技术经纪人对科技成果卖方的审核。技术经纪人审核卖方科技商品的内容包括：科技成果的成熟性和可靠性（没有经过中间试验的工艺或没有经过小批试制的新产品，不能作为成熟的技术成果投向市场）；科技成果的可实施性（即相关资料和数据）；卖方有没有该技术的所有权；经济寿命周期预测及产品的市场容量；该技术的允许转让次数和地区分布等。

(2) 技术经纪人对买方的审查。这包括买方的技术能力、管理水平，以保证技术购入后的实施，防止盲目购入科技成果后无力实施而造成经济损失。技术经纪人对买方的审查还包括企业的发展战略及目标等。

(三) 签订技术合同、参与交易过程

签订科技经纪合同是经纪业务的重要内容，这是技术经纪人整个业务活动的中心内容。

(四) 为科技交易融通资金，加速技术的快速转化

供需双方在技术要求能够相互满足的情况下，有时还会因为资金难以落实而搁浅，技术经纪人可以利用各种条件，为其提供融资便利。如中国科学院研制出一项重油掺水燃烧炼钢技术，如得到应用，可节油9%，某炼钢厂需要这种技术，但又不愿意承担应用试验的投资，这时科海集团（技术经纪机构）便主动承担全部的应用试验费用，通过三年时间使该技术成功进入该炼钢厂的生产领域，供需双方共同受益，技术经纪人也获得了丰厚的回报。

技术经纪人的业务还可涉及更宽领域，但技术经纪人的最基本业务是参加双方科技商品的实际交易过程，而交易过程实现的标志就是科技成果转让合同的草签。

(五) 草拟可行性研究报告

购买科技产品及重大科技项目，从选题、立项到实施应用，需要进行严格的论证、分析、鉴定等，技术经纪人在与客户签订经纪服务合同后，即成为买卖双方的中介人，客户成为委托人。从签订中介经纪合同到买卖双方见面洽谈签订科技合同之前，技术经纪人应该做好一系列工作，其中可行性研究报告是技术经纪人的重要工作。

可行性研究是对一个项目在某种特定条件下是否能够取得成功而进行的分析研究。购买科技商品的可行性研究，就是在购买之前，买方从广泛的信息中筛选出针对性强、经济性好的信息，并预测该项目的实施结果，从而推算出实现该项目在经济技术上最佳效果的方案，以便最大限度地减少失误，获得成功。因此，可行性研究是确定项目的中心环节和关键依据。

如果科技人员不熟悉生产工艺，而生产人员又不精通技术，或者只了解自己需要的科技商品和性能，但不知道科技贸易市场上有哪些科技商品可供选择、如何选择，那么技术经纪人正好可以派上用场。因为技术经纪人知道的科技商品信息多，了解行情，善于鉴别。此外，科技项目往往是综合配套的完整体系，而科技成果往往是独立分散的单一内容，技术经纪人要利用自己社会联系面广的优势，组织力量对单一的科技成果进行连接配

套的二次开发，以提高技术的实用性。

所谓“二次开发”，是指在一些科技成果转让的过程中，供需双方都有成交意向，但在具体业务环节上还有较大的距离，如果某一科技成果主体符合需方的要求，但在结构和配套上不适应需方的现有条件，这时技术经纪人可根据需要对卖方提出改进或再开发的要求，以促成交易的实现。比如，把单项技术集结、配套使之系统化；把综合的技术成果分为若干独立的部分向买方推销；必要时，技术经纪人在这个环节上进行风险投资，以促进技术的成熟。

技术经纪人对购买科技商品的可行性研究大体可分为以下几类：

(1) 投资机会研究。在收集有关情报信息的基础上，通过市场预测、科技预测，对社会需求、生产发展趋势等进行分析判断，判断引进何种科技成果、资金投放于何处对发展最为有利，并提出引进科技投资方向的初步建议等。

(2) 初步可行性研究。它的主要任务是在前项研究的基础上，弄清投资机会。这一阶段要对所有购买科技成果的基本情况、投入、生产等进行初步分析和估算，对涉及的所有问题进行初步调查，确定开展全面可行性研究的必要性。

(3) 全面可行性研究。这一阶段要对拟购买的科技成果进行深入的科学技术先进性、经济效益等方面的论证。要集中计划、生产、管理各部门有关人员，在全面调查的基础上，对各项专题方案进行分析、计算、比较，写出研究报告。对项目从科技、经济上作出判断，对投资还是不投资作出评定。一份质量好的可行性研究报告，不仅能折射出技术经纪人所付出的辛勤劳动和水平，而且本身就是一张通向客户的通行证。

质量高的可行性研究报告可以帮助委托方在与相对一方的谈判中处于主动地位，科技商品的价格向有利于委托方的方向倾斜，使其少花钱且取得较好的科技经济效益。因此，委托方十分重视技术经纪人草拟可行性研究报告的能力和报告本身的质量，对此，技术经纪人不可等闲视之。

三、技术经纪人的操作技巧

21世纪是知识经济时代，是科技生产力造就技术经纪人的世纪。科技商品市场风云变幻，机会不断，但这些机会往往转瞬即逝。这不仅要求技术经纪人目光敏锐、反应迅速，而且要求技术经纪人有一定的操作技巧。

科技成果的供需双方在进行科技成果交易时，一般要以技术经纪人为中介，因为经纪业务是科技成果转让的捷径。如何使这条捷径畅通，关键是要寻找和选择一位合法、合适、合格的技术经纪人。

(一) 客户对经纪人的选择

1. 技术经纪人的资格

委托方准备选择的技术经纪人是否具有工商行政管理部门颁发的资格证书和营业许可证、中介服务许可证或者技术经纪人上岗证，即技术经纪人是否是合法的技术经纪人。

2. 技术经纪人的能力

委托方准备选择的技术经纪人是否具备所要经纪的科技业务知识，是否对专业有充分的了解，是否有担任此类业务经纪人的经验、知识水平和知识构架，都是客户会认真考虑的实质性内容。

3. 技术经纪人的信誉

客户对要选择的技术经纪机构或技术经纪人以往业绩、敬业精神、工作态度、服务水平等进行全面的了解，然后根据其业务特点进行合理的选择。客户对技术经纪人的选择，不会只听经纪人的自我介绍，而是会通过多方面来了解，包括通过报纸杂志、广播等的介绍以及其他客户的评价等作出结论。

（二）技术经纪人对客户的选择

技术经纪人对客户的选择包括对技术商品买卖双方客户的选择。在技术上，买方客户主要有以下几类。

1. 技术商品的直接实施部门

大中型生产企业，中小型乡镇企业，实行合资、合作、拍卖、承包的中小型企业对技术商品，尤其是技术难度相对较低的技术商品很关心。目前，农业生产方面对科技商品的需求也呈明显上升趋势，农产品生产企业对科技的关注度也在迅速提高。

2. 技术商品的间接使用部门

技术商品的间接使用部门主要是某些经营机构，它们买进单项技术进行简单的加工配套后出售。这类部门对技术商品的选择性较强。

3. 政府部门

某些高技术项目或大型技术项目涉及资金量较大，且投产后形成一定规模才能取得效益，即规模效益，这些项目一般由政府部门出面购买，然后向工农业生产部门进行推广。

技术经纪机构或技术经纪人与客户相互选择之后，技术经纪人要积极接受委托，为客户提供快速、准确、全面、优良的服务。如主动为客户提供有关的信息资料，尽量做到详尽、准确；帮助客户调整自己的科技商品交易决策。

由于供需双方会受到各自信息量、知识结构、市场预测能力等限制，不可能事先作出完全科学、正确的决策。技术经纪人介入后，可根据相关信息，提出对原决策进行必要调整的建议。技术经纪人可以凭借知识、经验、判断力帮助客户研究情况，使其作出科学的、具有开拓性的决策，保证科技成果交易顺利进行和成交后有收益。

（三）接受客户委托

客户选定经纪人后，根据自己的决策制定委托书。委托书的内容一般包括：要求经纪的技术成果的名称或提供与该技术有关的资料，如数据、图纸等，要能够反映该技术的性能、特点；客户自身的状况，如买方客户的科研力量、资金状况、科研领域、主要研究成果，还要介绍其技术所有权归属等；买方客户技术水平和资信状况、经营管理水平、银行的资信证明；要求转让的方式，包括转让地区等其他条件。

技术经纪人必须仔细审阅委托书，同时要亲自考察客户情况。审查后如果认为是自己业务范围内的并且有能力完成该项经纪业务，技术经纪人便可以在委托书上签字表示承诺。随后，技术经纪人可与委托客户签订经纪业务合同。这是经纪人接受委托的法律程序。委托书把技术经纪人与委托方的责任与权利以合同的方式确认下来，使经纪行为具有法律保证。技术经纪人根据客户委托要求，及时为卖方寻找合适的技术购买单位，或为买方寻找合适的技术成果。

第三节　技术经纪人

一、技术经纪人的含义与作用

（一）技术经纪人的含义

技术经纪人是指在科技商品交易过程中，为科技商品的卖方和买方牵线搭桥，积极组织和促成科技商品交易成交的经纪机构或个人。狭义的科学技术中介局限于科技商品的买方和卖方之间起媒介作用，为促成科技商品交易提供技术服务的机构和个人；广义的科学技术中介可拓宽为在科技、生产两个领域之间起媒介作用，为科学技术成果商品化提供中介服务的机构和个人。

技术经纪人具有中介性和技术性双重性质。中介性是指技术经纪人在科技商品的卖方与买方之间，以中间人的身份沟通科技商品交易。技术性是指技术经纪人所中介的必须是科技商品，其最终目的是促进科学技术成果商品化。非技术一般商品的中介活动不属于技术经纪的范畴。

（二）技术经纪人的作用

技术经纪人在科技商品交易中的作用如下。

1. 在科技供需双方之间起“桥梁”作用

科技商品的无形性，加上信息渠道不畅通，使科技商品供需双方彼此不了解，难以有效沟通。技术经纪人从事科技信息的收集，传递并从中“牵线搭桥”，为不同需求者寻找买方或卖方；把科学技术与生产连接起来，不仅为科研单位找到买主，而且能解决生产企业，尤其是中小企业和乡镇企业的技术难题。

2. 扩散科技商品、传播科技信息

技术经纪人广泛收集科技商品供求信息，进行科技成果的集结、配套、系统组装，并通过信息发布会、科技交流会等形式，将这些信息及时传播出去，使科技商品扩散，迅速转化为现实生产力。

3. 科技信息源

技术经纪人掌握大量的科技情报，并将这些情报反馈给买卖双方，促进转让；指导科技商品的供方研发适销对路的商品，以满足市场需求；引导科技商品的生产商购买先进、适用的技术，以促进生产发展，提高经济效益。

4. 组织协调

技术经纪人通常由懂技术、经济、法律等方面专业知识的专门人才组成。他们为科技商品的买卖双方进行市场调研、技术经济分析、可行性研究，并且对洽谈签约、实施合同、试行生产等环节提供全过程的中介服务，协调监督交易双方的交易行为，防止科技交易纠纷，以保证贸易活动顺利进行。

目前，科技市场需要大量的技术经纪人，但技术经纪人却严重短缺。以北京为例，200 多个科技中介机构中，高级技术经纪人才仅 200 余人，而科技成果卖方单位却有几千家。可见，庞大的市场需求，使高水平的技术经纪人身价百倍，奇货可居。

【阅读资料】

贸易战与中国芯

2018年4月初，来自美国的一纸禁令突然让国人意识到拥有高新技术自主权的重要性。中国是美国飞机、大豆的第一大出口市场，汽车、集成电路、棉花的第二大出口市场。美国出口的62%的大豆、17%的汽车、15%的集成电路、14%的棉花，以及约25%的波音飞机都销往中国。因此，未来中国最有可能会采取相关的扶持政策来减少这些领域对美国的依赖。除了大部分农业以及波音飞机外，其中一个很重要的板块就是集成电路（芯片）领域。

然而，中国芯片的对外依存度高达90%，中国芯片每年的进口金额远超石油进口金额。

我们注意到，国家的政策和资金不断在向这个领域倾斜：

（1）国家集成电路产业投资基金：一期募集资金1 387亿元已投资完毕，累计有效决策超过62个项目，涉及上市公司23家。二期筹资规模超过一期，在1 500亿～2 000亿元。按照1∶3的撬动比，所撬动的社会资金规模在4 500亿～6 000亿元。

（2）四部委发文：部分集成电路企业可五年免所得税。

（3）政府对集成电路产业更是鲜明地提出了鼓励发展的措施：加快培育壮大新兴产业，全面实施战略性新兴产业发展规划，加快新材料、新能源、人工智能、集成电路、生物制药、第五代移动通信等技术研发和转化，做大做强产业集群。

二、技术经纪人的类型和工作方法

（一）技术经纪人的类型

（1）按组织形式的不同，技术经纪人可分为个体技术经纪人、技术经纪人公司和其他兼营技术业务的经济组织。

（2）按对象的不同，技术经纪人可分为专利技术经纪、非专利技术经纪、技术开发项目经纪、技贸结合交易经纪、国际技术合作经纪和技术人才经纪。

（3）按业务的不同，技术经纪人可分为以下几种类型：

1）信息传递型技术经纪人。这类经纪人仅仅为买卖双方传递信息。信息吸收和传播通常采用科技交流会、发行信息报刊、建立信息中心等手段。这类经纪人在科技贸易咨询服务中向服务对象提供信息服务。

2）交易促进型技术经纪人。这类经纪人不仅为买卖双方传递信息，还为买卖双方充当参谋，选择合适谈判对象，参与买卖双方谈判过程，协调分歧，促成交易。

3）交易保证型技术经纪人。这类经纪人除了传递信息、促成交易外，还要保证整个交易过程的顺利进行，如对技术所有权进行核实、对科技商品质量进行鉴定、帮助买方进行可行性研究论证、谈判时拟订合同条款、执行合同发生纠纷时帮助协调等。

4）转手贸易型技术经纪人。这类技术经纪人主要负责将贸易技术产品或专利从发明者或持有者手中买过来，然后再卖出去。

5）集合配套型技术经纪人。这类技术经纪人的工作方式一般是先接受科技项目承包，然后组织有关单位开发单项技术，再集结成套技术。

6）风险投资公司。这是用资金来保证新科技开发、试验和投产，将金融和科技相结合进行经营的机构。风险投资公司和合作者共担风险，共享收益，参与投资企业管理，其资金来源是以股份形式向社会募集的。风险投资公司中一般要有大量的科技、经济管理、金融等方面的专家参与项目论证和经营管理工作。

7）综合型技术经纪人。一般情况下，单纯进行某种类型技术经纪的公司较少，将几种类型综合起来的技术经纪人比较常见。

（二）技术经纪人的工作方法

1. 技术市场预测的方法

技术市场预测的方法是根据技术市场信息和统计资料，对市场技术商品的供需发展趋势、未来状况以及与之相联系的各种因素的变化进行分析预测，并作出判断，为买卖双方的决策提供科学依据。

技术市场预测的内容主要是市场需求预测、市场供给预测、技术商品寿命周期预测、社会经济效益预测等。

市场预测的一般程序如下：

（1）确定预测的目标。确定所预测的目的、目标期限、范围等。

（2）拟订预测方案。内容包括预测计划、工作计划、组成人员等。

（3）搜集相关数据和资料。

（4）建立预测模型。根据市场理论和预测目的、要求，分析变量间相互关系，建立模型。

（5）选择适当的参数估计方法，确定模型参数。

（6）进行预测、分析和评估。

（7）修正预测模型。分析预测结果，对模型加以修正。

（8）撰写预测报告，提出建议。

2. 技术成果评估的方法

在实践中，有三种应用比较广泛的评估方法，即成本法、收益法和市场价格法。

3. 协调交易双方关系的方法

（1）要做好谈判前的准备工作。

（2）在协商的基础上对谈判的时间、地点、内容以及所要达到的目标作出具体的安排。

（3）对交易双方进行指导和说明，使交易双方明白彼此之间的利益依赖关系，做到相互尊重，为成交打下基础。

（4）要善于综合交易双方的意见。在交易双方讨价还价的竞争中，经纪人应该保持清醒的头脑和谨慎的态度，为交易双方做好解释工作，协调两者利益。

三、技术经纪人的知识结构和基本技能

技术经纪人应具有良好的职业道德：诚实守信，忠实于客户，保守技术秘密，维护技术产权。同时，技术经纪人还应具有鲜明的个性品格：具有开拓创新精神，现代市场观念

(包括时效观念、竞争观念、投入产出观念、信誉观念、信息观念等)，强烈的风险意识，较强的公关能力和良好的心理素质。

由于技术交易涉及科技、经济、法律等许多方面，这就要求技术经纪人掌握多个领域的知识。

(一) 专业技术知识

技术经纪人不仅要掌握基本的科技常识，而且要对所经纪的特定的专业技术领域熟悉或精通，能达到一定的专业技术水平。对技术商品的研究开发、试验、试制、规模生产的全过程要有一定的了解，否则就不能够开展深层次的技术中介服务。

(二) 经济管理知识

经纪活动是属于经济领域的，因此，技术经纪人必须了解经济管理方面的基本知识，同时，为了了解企业的需要，很好地促进企业买卖技术，技术经纪人还应熟悉企业将技术应用于生产的全过程，熟悉企业产品质量、工艺设计标准和管理状况等。

(三) 市场知识

技术经纪人是在技术市场中专门从事与技术贸易相关活动的中介人，因此必须具备市场知识。技术经纪人应该能运用各种科技、经济信息，调查技术商品的社会需求，能运用各种调查、预测方法，掌握技术商品供求动态和发展趋势。

(四) 相关的法律法规知识

市场经济从某种意义上说就是法治经济，是靠法律法规来规范市场秩序的，因此技术经纪人必须对技术交易中涉及的合同法、专利法、税法、合伙企业法、民法等有所了解和掌握，尤其是对《合同法》中的“技术合同”一章和有关的技术交易的法规要非常精通。技术经纪人必须熟悉技术合同的洽谈、签约与仲裁，还要熟悉国际保护工业产权的法律和条约的相关知识。

同时，技术经纪人必须具备以下基本能力：组织和经营能力、鉴别和评估能力、调研与预测能力、宣传与传播能力、洽谈与解决问题的综合能力、计划与实施能力、协调与应对能力、学习与研究能力等。

四、我国技术经纪人队伍的现状

随着技术市场的发育和发展，我国已形成了一支技术经纪人队伍。这些技术经纪人正在为促进技术商品流通和技术市场自身的发展，加速科技成果商品化、产业化，发挥着积极作用。

我国技术市场尚处于初级阶段，技术经纪人的队伍也比较年轻。我国技术市场总体上具有以下特点：一是科技人员和机关干部出身的较多。他们对于科研或教学工作比较熟悉，有较高的科学文化水平和一定的专业知识，但是金融、法律、财经、企业管理、商品流通等专业知识较少。二是兼职者多，专职者少。我国大部分从事技术经纪的人员，原有的职务、职称、工资待遇和人事管理办法并没有变化，原有的教授、工程师身份并没有转变；民营技术贸易机构的有关人员以技术开发和转让本单位成果为主业，以技术中介为副业。三是从事初级、单一的中介业务比较多，参与系统深入的业务比较少。目前技术市场上的技术经纪活动以简单中介为多，技术经纪人活动的空间比较狭窄，真正从头至尾参与技术转移全过程的不多，有的技术经纪人长期从事单一业务。例如，北京有“职业”项目发布人一千多名，他们是各科研院所、高等院校开发办的成员，常年参加北京和全国的各种技术成果交易会，主要任务就是发布本单位的技术信息，平均每人每年参加各种发布会20～50次。他们的促销、洽谈能力很强，但多数人的业务职责只到签订“意向书”。深入洽谈、签订合同及合同实施、项目建设等深层次的工作则很少参与。四是业务渠道和经济来源不通畅，其地位和作用并没有获得普遍承认，技术经纪人的报酬比较低，没有和他们付出的劳动以及创造的社会价值直接挂钩。与其他行业的经纪人横向比较，技术经纪人的生意比较清淡，业务收入比较微薄。

当前技术经纪行业和技术经纪人面临的困难比较多。若以技术经纪为主业，则在经济上很难维持自身生存。造成这种局面的客观因素很多，例如技术交易行为不规范，技术经纪人地位、待遇、收费标准不明确，经济驱动力不足，许多重大技术成果转移未经过技术市场等。从主观上讲，技术经纪人队伍的总体水平还须大幅提高。

从当前和可预见的未来看，制约技术经纪人队伍发展的社会因素还较多。技术贸易和技术市场摆脱低水平运作状态，是技术经纪人队伍蓬勃发展的重要前提，而技术市场处于低迷的阶段，又是技术经纪人大显身手的良好时机。

主要概念

技术市场　技术经纪人　技术转让　技术承包

练　习

1. 技术市场有哪些特征？
2. 技术经纪人的业务有哪些？你如何评价技术经纪人的作用？
3. 如何成为一名合格的技术经纪人？

实　训

阅读下面的一段讲话，探讨一下技术交易和其他产品交易的区别。

技术交易市场是在有形资产交易市场之后活跃起来的又一个具有极大发展空间的新市场，由于无形资产与有形资产之间存在许多不同之处，因此以两者为基础分别建立起来的交易之间也有许多不同的地方。我在此着重介绍一下技术交易中应当注意的几个主要问题。

第一，在交易过程中如何保护商业秘密的问题。

所谓商业秘密，是指不为公众所知悉、能为权利人带来经济利益、具有实用性并经权利人采取保密措施的技术信息和经营信息。在多数情况下，单位不满足于《专利法》所给予专利技术的10～20年的保护期限，对部分他们认为会有长期经济价值的技术采用技术秘密的方法加以保护，但是在技术交易中又往往要将这些技术秘密与专利技术一起转让或许可对方使用，所以，如果交易失败，而技术秘密又被对方无偿得到，那就很可能会给秘密所有者造成损失，或者至少是造成威胁。因此，在专利技术的交易过程中如何保护商业秘密是很关键的，尤其是当这些商业秘密比专利技术拥有更大的价值时。所以，单位在技术交易的过程中要做好商业秘密的保护工作。具体包括以下几个方面：

首先，在正式开始谈判前，要多与对方沟通，一定要在确定对方有购买该项专利技术的诚意的前提下，才向对方介绍该商业秘密，不能贸然行事。

其次，如果交易失败，对方又侵犯了公司的商业秘密，那么公司可以采取法律手段保护自己。因为，对方已获知该技术秘密，原则上对方不得向任何人透露该项商业秘密，自己也不准许不正当地使用。如果对方向其他人提供或泄露了技术秘密或者自己使用，则公司可以向法院起诉要求对方赔偿公司因此遭受的损失。根据我国《合同法》的规定，当事人在订立合同过程中知悉的商业秘密，无论合同是否成立，不得泄露或者不正当地使用。泄露或者不正当地使用该商业秘密给对方造成损失的，应当承担损害赔偿责任。当然，这里存在一个问题，那就是如果起诉，则公司必须承担举证责任，以证明该商业秘密是公司的商业秘密，并且公司因为对方的泄密行为受到了损失。所以，依据法律对商业秘密的定义及我国的司法实践，一方面，公司要准备好证据证明该商业秘密不是公众所知悉的，并且这个技术可以为公司带来经济利益，能够实际运用，而且公司已经采取了妥善的保密措施，如规定只允许部分工作人员接触该技术，禁止接触该技术的工作人员泄露该技术等。另一方面，公司还要证明受到了损失并且损失因该技术秘密被泄露而引起。这种通过诉讼获得保障的方式对公司的举证能力是个很大的考验，所以为避免这种麻烦，我建议公司采取一种比较稳妥的方法，那就是在向对方透露技术秘密前与对方签订保密协议，写明技术秘密的范围，写明对方应当采取的对技术秘密的保护措施，约定如果对方违反约定泄露了秘密或擅自使用则要承担的损害赔偿责任，这样做既能界定技术秘密的范围，又可以以明确约定约束对方不得泄露秘密，起到一定的提醒与威慑作用，防患于未然。同时，这份保密协议在日后诉讼中也可以成为一份对公司极为有利的证据，证明公司为该技术秘密的保密做了充分的工作。

第二，谈判过程中如何确定技术的交易价格问题。

价格是双方谈判的核心问题，过高的定价会使对方失去购买的兴趣，过低的定价又会使公司蒙受损失，因此定价十分关键。一项专利技术的价格取决于多种因素，除了技术基本的市场价格外，还有一些因素也应当予以考虑：

（1）专利技术的剩余期限。毫无疑问，剩余期限越长，交易的价格越高。

（2）专利实施和实施许可的情况。如果公司已将专利技术实施或许可他人实施，则公司必须将这些情况及许可的范围、许可费用等详细情况如实地告知对方，因为对方将因为专利权的转让而成为这些许可的权利人，并且专利技术的交易价格也要比未实施时有所变化，具体变化要视被许可人的数量、时间、范围等具体情况来决定。

第三，公司要注意转让合同的形式规定和手续要求。

根据我国《专利法》的规定，转让专利申请权或者专利权的，当事人应当订立书面合同，并向国务院专利行政部门登记，由国务院专利行政部门予以公告。专利申请权或者专利权的转让自登记之日起生效。依据《合同法》的规定，书面合同包括合同书、信件和数据电文（包括电报、电传、传真、电子数据交换和电子邮件）等可以有形地表现所载内容的形式。当交易的受让方是外国人时，有特殊法定要求。我国《专利法》规定，我国单位或者个人向外国人、外国企业或者外国其他组织转让专利申请权或者专利权的，应当依照有关法律、行政法规的规定办理手续。如果公司有意向将专利技术转让给外国人时，一定要遵守这个规定，否则可能会受到相应的处罚。因此，公司转让专利技术，与对方进行交易时要特别注意这些形式方面的规定并且要履行法定手续。

资料来源：朱鹰．技术交易中应当注意的几个问题．电子知识产权．2003（2）：63－64.

第十章 文化体育经纪

【学习目标】

1. 掌握文化商品与文化市场的概念和分类，掌握文化经纪业的功能和工作内容，了解我国文化经纪业的现状，掌握文化经纪人的分类，理解文化经纪人的权利、义务和素质要求，了解文化经纪人的资格认证和经营管理。

2. 了解体育产业与体育经济，掌握体育经纪业的功能和业务内容，了解我国体育经纪业的现状，了解体育经纪人的资格认证和经营管理，理解体育经纪人的素质要求。

开篇案例

姚之队

谁是中国最会赚钱的体育明星？当然是篮球运动员姚明。有经济学家说："到目前为止，姚明是'中国（价值）最大的单个出口商品'。他如果能在NBA打球到38岁，就可以赚到税后约1.8亿美元的收入。如果再加上巨额商业收入，姚明的价值会超过15亿元人民币，相当于中国出口46万吨钢材、239万台电视机、630万辆自行车、98万吨原油……"

不过，姚明的商业价值和"吸金"能力都来自他的幕后经纪团队——姚之队。姚之队一共有6人，除了姚明的表姐夫章明基外，还有3名外国人、2名外籍华人。姚明说："我对姚之队很放心。球场外的事情都是他们在努力，而且做得相当出色。"

我们不妨通过姚明的广告清单来了解一下姚之队的能量：中国联通、苹果电脑、佳得乐、麦当劳、upperdeck球星卡、索伦特手机游戏、锐步、别克汽车、百事可乐、瑞士豪雅表、Visa卡、中国人寿……

资料来源：袁旻，张婧．姚明背后的"大管家"．环球人物，2011（6）：76－77.

思考：姚之队到底为姚明做了哪些值得称道的事？

第一节　文化经纪

一、文化与文化商品

“文化”一词在西方来源于拉丁文 cultura，原义是指“农耕及对植物的培育”。在中国的古籍中，“文”既指文字、文章、文采，又指礼乐制度、法律条文等。“化”是“教化”的意思。后来，文化的含义被不断引申和拓展。广义的文化是指人类创造的一切物质产品和精神产品的总和。狭义的文化专指语言、文学、艺术及一切意识形态在内的精神产品。

文化商品，是指用于交换的文化劳动产品或文化劳动服务，它们是文化经济化趋势下文化的商品属性日益被发掘出来的产物。联合国教科文组织将文化商品定义为文化产品（Culture Goods）和文化服务（Culture Services）两种。文化产品是传递思想、符号和生活方式的消费品，包括书籍、杂志、多媒体产品、软件、录音带、电影、录像带、视听节目、手工艺品和服装设计，它一般是以物质作为文化的载体体现的，表现为物态形式；文化服务是满足人们的文化兴趣和文化需求的行为，它一般是以人的活动作为文化的载体体现的，表现为非物态的活动形式。文化服务虽然不是物质产品，但是可以促进物质产品的生产和分配。典型的文化服务包括许可及其他与知识产权有关的服务、音像发行、表演艺术和文化活动、文化信息的推广以及书籍、录音和人工品的保存等。

二、文化市场

文化市场是文化产品进行交易的场所和关系的总和。它是市场体系的重要组成部分，既有一般市场的共同特征，又有自身的特点。

文化市场有多种分类的方法，如按地域划分，有国内文化市场和国际文化市场；按功能划分，有欣赏型文化市场和娱乐型文化市场；按形态划分，有实物形态的文化市场和行为形态的文化市场。从产品或产业角度划分，则有如下一些常见的类型。

（一）出版物市场

出版物市场是指新闻出版部门编辑出版的图书、报纸、刊物通过总发行、批发、零售等环节与消费者进行交换的场所和关系的集合。各种出版物虽然都以实物为载体，但其内容是精神产品，对于文化的传播和社会的进步发挥着重大的作用，也属于知识产权的保护范畴。

（二）音像制品市场

音像制品市场中的产品有磁带、录音带、录像带、唱片、激光唱盘、影碟等。

（三）电影市场

电影市场是制片方、发行方、影院和广大观众参与的，以电影作为商品的交换场所和关系的总和。现代电影产业在百年发展的基础上，注入了雄厚的资金力量和先进的科技手段，好的作品能够集观赏性、思想性和艺术性于一体。电影产业在全球拥有庞大的市场，如电影产业最为发达的美国，其电影作品的出口创收甚至超过航空、汽车等行业。

【阅读材料】

全球电影市场的新纪录

据二十世纪福克斯公司确认，截至2010年1月25日，上映39天的《阿凡达》在北美市场的票房为5.55亿美元，海外市场收获13.04亿美元，累计全球总票房高达18.59亿美元，超越1997年上映的《泰坦尼克号》18.43亿美元票房的巅峰纪录。

虽然《阿凡达》的总票房超越了《泰坦尼克号》，但观影人数还远远不及后者。1997年，《泰坦尼克号》的全美平均票价是4.6美元，而《阿凡达》的北美普通银幕票价已涨到7.5美元，3D和IMAX的票价更是高达13美元和16美元左右。

如果考虑美元贬值和票价等因素，《阿凡达》和《泰坦尼克号》都不是真正的世界电影“票房之王”。根据换算，1939年上映的爱情史诗片《乱世佳人》当年票房约4亿美元，相当于现在的60亿美元左右，无论是艺术价值还是商业成就，《乱世佳人》都是世界电影史上无可比拟的丰碑。此外，科幻大片《星球大战》（全球票房7.8亿美元）、《ET外星人》（全球票房7.9亿美元）的换算票房都超过了20亿美元。

资料来源：“阿凡达”击沉“大船”，缔造全球票房新纪录．(2010-01-27)[2020-02-10]. https://www.1905.com/news/20100127/311906.shtml.

(四) 艺术品市场

艺术品市场是各种艺术品以商品形式进入流通领域进行交换的场所和关系的总和。艺术品种类繁多，包括书法、绘画、篆刻、雕塑、摄影、手工艺品等。这些艺术品的交易场所包括画廊、书画店、艺苑、艺术品公司、拍卖会、博览会等。艺术品市场让艺术家的作品在交换中实现了价值，丰富了人们的文化生活。

(五) 文物市场

文物市场是把文物作为商品进行交换的场所和关系的总和。文物一般指历史遗留下来的、在文化发展史上有价值的东西，如建筑、碑刻、工具、武器、生活器皿和各种艺术品。各类文物从不同的侧面反映了各个历史时期人类的社会活动、社会关系、意识形态以及利用自然、改造自然和当时生态环境的状况，是人类宝贵的历史文化遗产。

需要特别注意的是，国家对文物市场有着不同于一般艺术品市场的严格管理。由于文物所拥有的特殊历史价值、艺术价值和科学价值，更出于保持民族文化特性、保护人类共同文化遗产的要求，许多国家都制定了保护文物的法律和法规，加强了文物的保护和管理。我国也不例外，全国人民代表大会常务委员于1982年颁布了《中华人民共和国文物保护法》(2017年修正)。

（六）文艺演出市场

文艺演出市场是以艺术活动和文化演出为商品，进行商业经营的场所和关系的总和。它的形式包括戏剧、歌剧、音乐、歌舞、曲艺、杂技、木偶等。

（七）文化娱乐市场

文化娱乐市场是以商品形式向人们提供休闲娱乐服务的场所和关系的总和。这些文化娱乐场所包括歌舞厅、音乐餐厅、休闲茶座、保龄球馆等。健康的娱乐场所不仅为人民群众提供了放松休息的场所，具有愉悦身心、陶冶情操的作用，还能够成为人们沟通信息、交流情感的桥梁，当然也促进了地方经济的发展。

（八）教育培训市场

教育培训市场是指以有偿服务形式进行的教学场所和关系的总和。它是国家正规教育的补充，包括个人或机构举办的各种收费性的讲座、教学、培训班、辅导班、研习班等。教育培训的范围十分广泛，常见的有书法、美术、音乐、舞蹈、摄影、烹饪等培训班。

（九）文化交流市场

文化交流市场是为促进不同地域间的文化交流而提供有偿服务的场所和关系的总和。根据地域范围的不同，这种市场可以分为国内文化交流市场和国际文化交流市场。交流的文化产品包括书刊、音像制品、艺术品、电影、演出等。

三、文化经纪业

（一）文化经纪的功能

1. 增加文化商品的消费，促进文化市场的繁荣

文化经纪通过自己的中介服务，沟通了文化商品的供需双方，使双方的信息沟通更畅通、交易更顺利，大大增加了文化商品的消费数量，也促进了文化市场的繁荣，提高了社会的福利。

2. 推动第三产业的发展，提高市场经济活力

文化经纪业务本身隶属于第三产业，它的中介活动吸收了一定数量的从业人员，推动了第三产业的发展，也提高了市场经济的活力。文化产业在经纪活动的帮助下做大做强，为广大居民提供了更多的娱乐休闲、陶冶身心的选择，也间接支援了经济建设。

3. 服务于精神文明建设，促进和谐社会的构建

文化经纪增加了文化商品的消费，增加了市场经济活力，不仅是物质文明建设上的成果，也服务于精神文明建设。在这个过程中，人们的科学文化知识在增长、思想道德在提升、文化修养也在积累，在提高生活质量的同时，也促进了和谐社会的构建。

（二）文化经纪的工作内容

1. 文化信息服务

文化信息服务是文化经纪人的一项基本职能，它一般包括信息搜集、信息处理和信息

传递三个方面的内容。

(1) 信息搜集是信息服务的准备阶段。文化经纪人应该及时搜集行业相关的各类信息资料，并加以有效的保存和更新。文化产业的信息渠道尤其广泛，报纸、杂志、广播、电视、网络，几乎遍布日常生活的每一个方面。

(2) 信息处理是信息服务的必要保证。最初搜集的信息是杂乱无章的，有时甚至存在矛盾之处，经纪人必须进行一定的处理。文化信息的处理大体上包括简单处理和深度加工两类。信息的简单处理即对信息进行分类、排序、删除错误等；信息的深度加工则是在简单处理的基础上进行必要的分析，具体又有定性分析和定量分析两类。

(3) 文化信息的传递是信息服务的关键阶段，也是实质性的服务阶段。在这一阶段，文化经纪人需要将搜集和处理的信息准确、及时、完整地传递到需要这些信息资料的客户手中，以完成应尽的职责。

2. 中介服务

文化经纪人的中介服务是创造价值的服务性劳动。文化经纪人通过中介服务，可以沟通和促进文化市场的正常运作，活跃和繁荣文化市场，提高文化市场的整体效益。文化经纪人作为文化产品生产者和需求者之间的桥梁，一方面帮助需求者购买合适的文化产品，获得效用或满足，另一方面也帮助生产者销售其产品，实现其价值。

3. 代理服务

文化经纪人的代理服务是按照委托人的授权，代表委托人进行一系列文化活动的行为，由此产生的权利和义务直接对委托人产生效力。这些代理服务的形式多种多样，在不同领域也有不同的表现，有的是经纪人取得某类文化产品的销售代理权，有的是经纪人代理明星的商业事务。代理服务把文化产品的生产者从烦琐的商业环节中解放出来，使其能全身心地投入生产环节，提高了生产效率，繁荣了文化市场。

(三) 我国文化经纪业的现状

产生于20世纪80年代的“穴头”是现今文化经纪人的雏形。那时的“穴头”负责临时把大批小有名气的演员和流行歌手聚集到某地演出，从中获取一定的“抽头”，相互间没有固定的合作关系。直到20世纪90年代中期，随着演出市场的繁荣和逐步规范，行业的划分越来越细，“文化经纪人”一词才得到了圈内人士的认可。

文化经纪人是文化艺术成果市场化的必然，也是文化产业发展的必需。我国在发展先进文化的旗帜下，加快了文化产业化的步伐，不断向先进国家学习经验，引进现代的文化市场运行规则。过去是产销一条龙，现在文化经纪人在生产者和消费者中间架起桥梁，促进流通环节的快速运行，促进整个文化资源的重新组合。

文化经纪业在近年来得到了突飞猛进的发展，经纪业务不再局限于演出项目，明星经纪人的队伍也越来越壮大，经纪的领域也由影视、音像、演出，扩展到文化娱乐、艺术品、文物等，大量的文化经纪公司和组织纷纷成立。

当然，文化经纪业目前也存在一些问题，相关的法律法规还很不完善，从业人员的数量和质量都还达不到市场的需要。从数量上看，文化经纪人的数量比其他经纪人领域如房地产经纪人少得多；从质量上看，由于管理不完善和经纪人素质问题，文化市场中的交易经常出现霸王条款、权益纠纷等。

四、文化经纪人

（一）文化经纪人的分类

与其他行业的经纪人分类相似，根据活动方式，文化经纪人可以分为居间文化经纪人、代理文化经纪人和行纪文化经纪人；根据组织形式，文化经纪人可以分为个体文化经纪人、合伙文化经纪人、文化经纪公司和其他文化经纪组织。

按主要工作对象来划分，文化经纪人有如下几种类型。

1. 文化产品经纪人

文化产品是有形的文化商品，它虽然传递思想、信息和生活方式，却主要体现为书籍、软件、电影等物质形式。文化产品经纪人较常见的有出版经纪人、文物经纪人等。

2. 文化明星经纪人

我们经常能在影视明星身边发现这么一批人，他们和明星们如影随形，为明星们安排行程、联系演出、管理财务，甚至照顾明星们的起居生活，有时明星们遇到难以应对的媒体，就由经纪人出面应付。这些明星经纪人为明星的培养、包装、日常管理付出了很多劳动，大多数经纪人也因此获得了丰厚的回报。

3. 文化项目经纪人

文化项目经纪人是专门组织实施文化性展览和演出的自然人和法人。文化项目种类众多，该类经纪人常见的有会展经纪人、演出经纪人、节目经纪人等。

（二）文化经纪人的权利与义务

文化经纪人的权利有：依法开展文化经纪业务的权利、了解业务项目相关情况的权利、取得合理收益的权利。

文化经纪人的义务有：履行代理职责、维护委托人利益、遵纪守法。

由于文化产品具有广泛的社会影响力，作为文化经纪人，尤其要注意严格遵守国家的相关法纪，不得损害国家利益，不得危害社会秩序。

（三）文化经纪人的素质要求

1. 专业知识和素养

作为文化经纪人，首先要成为所在文化艺术领域内的行家里手。只有这样，经纪人才能与创作者或收藏者拥有共同语言，正确估量艺术品的价值和市场价值，并很好地为需求方提供咨询、鉴定和评估类的服务。

文化领域门类众多，经纪人当然没有可能对每一个领域都了如指掌，但是经纪人至少要成为自己从事经纪的具体文化领域的专家，如文物经纪人就一定要精通文物的发掘、鉴定、保护，演出经纪人就必须明了演出安排的流程，掌握较多的演员、项目、演出单位及场所的资源。经纪人涉足的范围越广，知识的积累越多，就越容易发现隐藏的市场机会，越容易促成交易。

2. 高度的法律意识

在我国文化界，官司经常成为新闻热点。明星可能与经纪人或经纪公司因利益上的纠纷走上法庭。文化名人们也可能与其他利益方或媒体产生冲突，需要通过法律途径维护权益或解决问题，此时也常常是经纪人出面，委托律师、关注进展、代办手续等。这些都要求经纪人有强烈的法律意识，对行业相关的法律法规有所了解，并能自觉地遵纪守法。

3. 较强的经营管理能力

文化产品经纪人需要有一定的市场意识和经营能力；文化明星经纪人事务繁多，需要较强的管理能力；文化项目经纪人通常参与立项、策划、筹资、联络、执行等全程，对经营管理能力的要求相当高。

【阅读材料】

经纪人“出逃”补外语

著名模特经纪人张舰“逃到美国补外语”的事例曾在业界引起轰动。张舰曾经做过高洁、胡兵、瞿颖、叶继红、陈娟红、程峻、胡东等人的经纪人工作，并成立了概念98模特公司。谈起做经纪人的生涯，张舰讲了一段十分有趣的经历。1992年，张舰作为新丝路模特公司的经纪人带团去美国参赛。那次比赛，陈娟红获得了“世界超级模特”的称号。虽然取得了好成绩，但是因为中国代表团的成员们没有会讲英语的，从而受到了一些“不公平的待遇”：不邀请中国队参加新闻发布会、吃饭时要单独在另一小桌上用餐……美国的一位著名的经纪人爱琳·福特对张舰和陈娟红说：“要想做一名好经纪人、要想做一名好时装模特，必须学会英语。”1993年，作为评委参加亚洲的时装大赛时，张舰再次深受刺激。斯里兰卡的一名经纪人通过翻译问张舰：“你是经纪人吗？”“当然！”张舰有些莫名其妙，而对方很奇怪地又问：“你不会说英语，怎么能做经纪人呢？”这让张舰痛下决心要学好英语。于是，1993年带周军再次去美国参赛时，张舰“叛逃”了。他给原单位领导写了一封信，大意是要在美国学习英语以及经纪人和时装模特在美国怎么做。一年后，公务护照到期，正值那时赶上出国热潮，国家下令公务护照不能改私人护照。张舰在领事馆磨了三天，从商业处找到领事处，再找到文化处，终于感动了领事馆的工作人员。就这样，到了1995年，张舰学成回国。

(四) 文化经纪人的资格认证

目前，我国的文化经纪人执业资格主要由各地的经纪人协会统一组织。考试大纲和考核要求由市场监督管理机关会同有关行政管理部门审定。考核合格者，由经纪人协会发给文化经纪人执业证书。

培训、考试的基本科目应包括“经纪人概论”“法律知识”“市场营销”“工商行政管理法规”等主要内容。从事文化经纪活动的文化经纪人，除进行基本科目的考试外，还要进行与从事的文化行业相关的专业知识培训和考试，经考核符合规定条件的，由经纪人协会核发文化经纪执业证书。

有以下情况的，要取消其执业资格：

(1) 无民事行为能力或者限制民事行为能力的。

(2) 刑罚执行完毕未满3年的，但过失犯罪除外。

(3) 吊销经纪执业证书未满两年的。

(4) 法律、法规规定不得从事文化经纪活动的其他人员。

经纪执业证书应当载明经纪执业人员的姓名和经纪业务范围等事项。文化经纪执业证书不得伪造、涂改、出租、出借、转让。

文化经纪资格证书是文化经纪从业人员取得经纪资格的凭证，也是申请从事文化经纪业务工作的证明。凡是从事文化经纪业务活动的人员，具备一定条件，参加国家主管机关组织的培训，经过考核批准，国家市场监督管理机关发给文化经纪资格证书。只有获得该证书的人员，才能参加文化经纪人事务所、文化经纪公司等组织，从事文化经纪业务工作，也可以向国家市场监督管理机关申请个体工商户登记，成为个体文化经纪人。

具备文化经纪资格条件的人员，必须向国家市场监督管理机关申请资格认定，申请时应提交下列材料、证件：

（1）经纪资格申请书，申请书应载明住所、业务专长、个人简历和申请参加培训的专业等情况。

（2）居民身份证及复印件两张。

（3）专业知识证明或技术、专业职称证书。

（4）一寸免冠正面照片三张。

（5）其他有关证件。

除国家市场监督管理机关依照法定程序可以扣缴或者吊销文化经纪资格证书外，其他任何单位或个人不得对其收缴、扣押、毁坏。证书遗失，需登报声明后，向发证机关申请补领。

（五）文化经纪人的经营管理

文化经纪人的经营管理除了要受相应的法律法规约束之外，还得接受国家市场监督管理机关的行政管理。国家市场监督管理机关担负着市场准入、行为规范、合同监管、维护秩序、查处违法等职责。

除此之外，与其他行业的经纪人一样，文化经纪人还存在行业管理，其管理主体主要是行业协会。

【阅读材料】

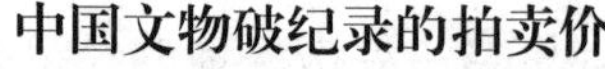

中国文物破纪录的拍卖价

2011 年 3 月 26 日，在法国南部的一场拍卖会上，一名不愿透露姓名的中国买家以2 205 万欧元的价格拍下了郎世宁所绘的《乾隆大阅图》画卷，该画卷因此成为法国历史上拍卖价格最高的亚洲艺术品。

《乾隆大阅图》原有四卷，此次拍卖的为第四卷《行阵》，巨幅绢绫手卷总长约 24 米，共绘有 9 000 多个人物，描绘了乾隆皇帝 1739 年南苑阅兵时的盛景，具备极高的艺术价值和史料价值。原《乾隆大阅图》悬挂于紫禁城，八国联军侵华时被掠走，被巴黎一个家族收藏。

该画卷此次起拍价只有约 300 万欧元，预估落槌价可能达 600 万到 800 万欧元。然而，当天的拍卖却远远超过卖家和拍卖行的预料，8 名买家一路将价格抬到 1 400 万欧元，最终以 1 780 万欧元净价成交。这一价格再算上税金和佣金，共计 2 205 万欧元。与《乾隆大阅图》一同成交的还有一方乾隆玉玺，成交价也高达 1 240 万欧元，超过 2008 年和

2010 年同样在法国拍出的另两方中国玉玺（550 万和 300 万欧元）。

资料来源：齐潇涵．中国文物在法拍卖破纪录，学者称有爱国情怀．（2011 - 03 - 28）[2020 - 02 - 10]．http：//world. huanqiu. com/roll/2011-03/1591501. html.

第二节　体育经纪

一、体育产业与体育经济

随着经济的发展，体育本身所蕴含的巨大产业价值与经济功能越来越被人们认同。体育产业是指向社会提供体育产品和体育服务的经营性行业，是在 20 世纪 60 年代随着大众体育和职业体育的兴起而发展起来的新兴产业。它的发展在发达国家已经比较成熟，例如，美国体育产业总值早在 20 世纪 90 年代就已经超过千亿美元。我国自改革开放以来，体育产业也出现了迅猛的发展，被誉为我国的“朝阳产业”。体育产业发展所带来的经济增长，在国民生产总值中占据的比例越来越大，体育经济越来越受到人们的关注。

体育经济从生产和经营的角度出发，把大众的体育生活和与此相关的经济行为有机地融合在一起。体育的经济效益与社会效益是统一的。体育事业只有在不断追求其经济效益的过程中，才能求得自身的生存能力和创造自己的发展条件。同时，基于经济效益的体育项目和活动，有益于丰富和充实人民群众的精神生活，有益于物质文明和精神文明建设，这正是体育经济社会效益的体现。

【阅读材料】

第一届挣钱的奥运会

美国洛杉矶市曾于 1932 主办了第十届夏季奥运会。1978 年国际奥委会雅典会议决定，由唯一申请城市美国洛杉矶再次承办 1984 年第二十三届夏季奥运会。

奥运会的花费是巨大的，1972 年慕尼黑奥运会花了 10 亿美元，1976 年蒙特利尔奥运会花了 20 多亿美元，1980 年莫斯科奥运会竟花了 90 多亿美元。洛杉矶奥运会是 1896 年奥运会创办以来首次由民间承办的运动会，既无政府补贴，又不能增加纳税人负担，加之美国法律还禁止为此发行彩票，一切资金都得自行筹措。筹委会主席尤伯罗思面临的第一个难题就是经费来源。他领导委员会白手起家，广开财源，采取了如下一些策略：与企业集团订立资助协议；出售电视转播权和比赛门票；压缩各项开支，充分利用现有设施，尽量不修建体育场馆；不新盖奥林匹克村，租借加州两座大学宿舍供运动员、官员住宿；招募志愿者为大会义务工作等。

这届奥运会原计划耗资 5 亿美元左右，后来不仅没有出现亏空，而且破天荒地创造了 2.5 亿美元的盈余。在这之前，承办奥运会从来都是赔钱的，从那之后，奥运会就成为各国经济发展的一个重要的推动力，也成为各国争抢的目标。

资料来源：1884 年洛杉矶奥运会．（2019 - 08 - 06）[2020 - 02 - 10]．http：//baike. baidu. com/view/179845. htm.

1980 年 10 月，广州举办了万宝路网球精英赛。这场看似普通的体育比赛，却在中国体育史上写下了浓重的一笔。当时赛事组织者依靠出售门票、场地广告和比赛冠名权就收回了全部投资，标志着中国体育产业化走出了成功的第一步。1992 年，为响应中央颁布的《加快第三产业发展的决定》，国家体委正式提出“体育产业”的概念，不仅体育管理机构发生了较大的变化，成立了 20 个运动项目管理中心，同时推出足球职业化的试点性改革，打开了中国体育产业改革的大门。1996 年，随着《中国体育产业发展纲要》的颁布，体育竞赛、大众健身及体育用品市场开始慢慢发展。

2008 年的北京奥运会向全世界展示了充满激情与活力的中国，同时也为中国带来了巨大的收益。据统计，从 2003 年至 2010 年的八年间，北京奥运会所产生的总体经济影响达到 717.06 亿美元。

2010 年 3 月 24 日，国务院办公厅发布《关于加快发展体育产业的指导意见》（以下简称《指导意见》），这是中国首份在国家层面上对体育产业进行规划梳理并提出目标任务的政策性指导意见。有关分析人士认为，《指导意见》将制定产业振兴规划的方向瞄向了代表经济发展软实力的体育产业，它将唤醒体育产业 2 万亿元的市场。2018 年 12 月 21 日，国务院办公厅发布了《关于加快发展体育竞赛表演产业的指导意见》，该文件对挖掘和释放体育消费潜力，保障和改善民生，打造经济增长新动能具有重要意义。

二、体育经纪业

体育经纪业是随着体育产业化和职业化的不断发展而兴起的体育服务行业，对活跃体育市场和促进体育产业发展具有不可替代的重要作用。

（一）体育经纪的功能

（1）加速体育产品的流通，提高交易效率和成功率。

（2）改进投资主体的决策，促进生产要素合理流动和资源优化配置。

（3）繁荣社会文化，丰富人民的精神生活。

（4）促进体育服务产品质量的提高。

（5）促进体育市场的规范和发展。

（6）增进国际体育的交流和发展。

（7）扩大就业与促进公平竞争。

（二）体育经纪的业务内容

（1）策划与推广体育赛事。

（2）协助体育组织从事市场开发以及处理日常事务。

（3）代理运动员转会。

（4）代理运动员表演或参赛。

（5）代理运动员无形资产的经营。

（6）代理运动员的日常事务。

（7）代理运动员投资。

（8）包装和代理运动队。

（9）代理体育行业之外的企业介入体育事务。

(三) 我国的体育经纪业

在我国，体育产业起步相对较晚，是随着我国社会主义市场经济体制的建立和完善而逐步发展的。自 1992 年国家体委将足球项目作为我国体育改革的突破口直到现在，各类型的体育项目纷纷尝试进入体育市场，体育经济市场呈现一派生机盎然的景象。

由于我国体育市场起步较晚，发育还不够健全和规范，体育经纪行业也存在较多的问题。人们对体育经纪这一新领域认识还不够，各类经纪行为也不规范。为加速中国体育经济改革的进程，促使我国体育经济尽快与国际体育大市场接轨，必须培育发展我国的体育经纪业。

我国体育经纪形式主要有两种：一种是球员转会的经纪，另一种是赛事推广。

球员转会经纪目前尚处于自发的、无序的状态，经纪活动水平较低。例如，在我国昆明的海埂足球基地集聚了一批国外的经纪人，他们通过各种方法与球员和俱乐部接触，为球员转会提供服务。严格来说，这些经纪活动是非法的，根据我国的相关规定，任何人在中国境内从事经纪业务，首先要在中国境内履行登记手续。

赛事推广经纪近年来逐步繁荣，也在向规范化运作的方向发展。当然，现实中也存在一些问题，如企业赞助赛事的积极性不高，一些经纪人也缺乏长远眼光，不能妥善地处理好各方的利益关系，甚至有违规和欺诈的现象出现。从经营方式上看，买断经营居多，积极的经纪运作还不够。

总体来看，我国体育管理体制还处于从计划经济体制向市场经济体制转变的过程中，在这个过程中很多关系还没有理顺，体育产业化刚刚起步，体育职业化程度不高，经纪人的发展空间受到了一定的限制，在很多情况下，体育协会甚至是政府在行使原本是经纪人的职能。我国体育经纪市场有待进一步规范，将体育经纪人的管理纳入规范化的轨道，对于体育经纪人队伍的建设，以及我国体育市场的健康快速发展具有极其重要的现实意义。

【阅读材料】

宁波的体育经纪

宁波市“建行杯”四人制软式排球大奖赛暨第二届排球节于 2004 年 11 月 20 日在宁波市体育中心广场开幕，这是宁波市又一起由体育经纪公司操办的民间体育赛事。体育正在成为新兴经济产业，真正有体育经纪介入的宁波体育赛事活动始于 2002 年的首届“五人制足球赛”，操办这一赛事的是宁波首位体育经纪人戚丹。虽然当时是第一次举办此类赛事，但那一届的“五人制足球赛”在比赛规模与整体运作上取得了空前成功，全市有 128 支队伍参赛。此后的 2003 年，戚丹所在的仕者智丹体育经纪公司又推出了首届“建行杯”四人制软式排球赛与宁波外企运动会。这些赛事随后陆续办了第二届、第三届，赛事规模不断扩大，已经成为宁波的传统民间体育赛事。

三、体育经纪人

体育经纪人是指在取得合法资格后，从事体育赛事、体育组织品牌包装、经营策划、无形资产开发及运动员转会和参赛等活动的居间、行纪、代理等经纪业务的个人或组织。

【阅读材料】

职业拳击经纪人唐·金

唐·金是全球最成功、最有影响力的职业拳击经纪人。他已经在全球成功地推广了500余场拳王争霸赛，其中包括阿里、福尔曼、泰森、霍利菲尔德及鲁伊兹等世界著名的拳王。据报道，他的身价为5亿多美元。多年来，由于在职业拳击推广及反对种族歧视等方面的卓越贡献，他不仅多次荣获国际各个拳击组织的“年度推广人”和“终身荣誉奖”，而且先后受到蒙伯托、乔治·布什、纳尔逊·曼德拉、克林顿等国家元首的接见。

唐·金在接受采访或演讲中从不避讳自己曾经卑微的经历。他说：“作为一个非洲裔美国人，我每前进一步，都会遇到想象不到的阻力。”曾以卖花生米维持生计的唐·金在1966年因过失杀人被判刑，坐了3年11个月的牢。在狱中，他看了很多书，包括毛泽东的著作，并从中悟出了很多道理。无论在哪里演讲，他的开场白总是这样的：出狱后，由于劝说拳王阿里参加一场为黑人医院举行的慈善比赛，从此开始了经纪人生涯，此后逐步走向成功。

（一）体育经纪人的资格认证和经营管理

1. 资格认证

目前，我国尚缺乏对于体育经纪人全国性的统一资格认证，又由于市场的需要，各地纷纷开始自行举办体育经纪人的培训班和开展认证工作。从1997年起，广东、上海、北京等地相继举办了体育经纪人培训班，经过一个阶段的学习，再由相关部门颁发体育经纪人资格证书。1999年，上海市颁布了《体育经纪人管理试行办法》，中国足球协会与中国篮球协会分别于1999年和2000年颁布了《足球经纪人管理办法》和《篮球经纪人管理办法》。

参照部分省市的体育经纪人管理办法，申请取得体育经纪人资格应具备如下条件：

（1）具有完全民事行为能力。

（2）有固定的住所。

（3）具有大专（含）以上文化程度。

（4）申请体育经纪资格之前连续3年没有犯罪和经济违法行为。

（5）掌握国家有关法律法规和政策，具有从事体育经纪活动所需要的基本技能和一定的体育专业知识。

同时，申请取得体育经纪资格的人员要进行统一的法律法规知识、体育专业知识的培训和考核，经考核合格后方可获得体育经纪资格证书。

2. 经营管理

个体体育经纪人以自己的名义从事体育经纪活动，以个人全部财产承担无限连带责任。符合下列条件的人员可提出申请，领取个体工商户营业执照，成为个体体育经纪人：

（1）有固定的业务场所。

（2）有一定的资本金。

（3）具有体育经纪资格证书。

体育经纪人事务所是由两名以上具有体育经纪资格证书的合伙人订立合伙协议，共同出资、合伙经营、共享收益，并对该事务所的债务承担无限责任的营利性组织。

申请设立体育经纪人事务所必须具备以下条件：

(1) 具有合法名称和固定的营业场所。

(2) 具有相应的资本金。

(3) 由2名以上具有体育经纪资格证书的人员作为合伙人发起成立。

(4) 合伙人之间订有书面协议。

(5) 有组织章程和服务规范。

(6) 法律、法规规定的其他条件。

体育经纪公司是专门从事体育经纪活动，负有限责任的企业法人。

设立体育经纪公司必须具备以下条件：

(1) 具有合法名称和固定营业场所。

(2) 具有相应的注册资本金。

(3) 具有与其经营规模相适应的一定数量的专职人员，其中具有体育经纪资格证书的不少于5人。

(4) 具有相应的组织机构。

(5) 符合《公司法》及有关法律、法规的规定。

其他公司具备以下条件的，可以申请兼营体育经纪业务：

(1) 具有与经营规模相适应的一定数量的专职人员，其中具有体育经纪资格证书的人员不少于2人。

(2) 具有固定的组织机构和营业场所。

(3) 符合《公司法》和有关法律、法规规定的其他条件。

(二) 体育经纪人的素质要求

体育经纪人是一个对职业素质要求较高的新兴行业，从业人员必须具备的基本知识包括法律、业务、形象包装、理财和外语等方面，同时需要讲诚信、有耐心。一个体育经纪人不但要熟悉各种体育项目的特点和内在规律，熟悉体育组织和运动员，还要熟悉相关的法律、财务、税务、项目策划、赛事推广、宣传包装等各方面知识，并且要与很多赞助商保持良好的关系。

体育经纪人的职业素质主要包括职业操守和业务能力两个方面。

1. 职业操守

体育经纪人的职业操守包括道德品质和行为准则。

(1) 道德品质。

诚实守信：体育经纪人应当全心全意为自己的委托人服务，在代理委托人事务时应尽到经纪人的义务，有如实告知的义务。体育经纪人不能与委托人串通损害第三人的利益。

遵纪守法：体育经纪人必须正确处理好国家、客户和自己三者的关系，维护各方的利益，照章纳税；做到合法经营、合理收费、依章纳税、依法办事。

公平、公正服务：体育经纪人的主要任务是为买卖双方服务，只有努力促成交易才能获得收益。作为一名体育经纪人，在给自己定位的时候首先要讲忠诚守信、全心全意为委托人服务，公正服务是最起码的职业素质。

(2) 行为准则。

从素质要求的角度来说，体育经纪人的行为准则有很多，例如服务廉价高效，交易公正客观，保守商业秘密，正规交易，接受相关部门的监管，不越位经营，不恶意竞争。

2. 业务能力

体育经纪人的业务能力高低直接影响其经纪服务质量的高低，它包括体育经纪人的知识结构和专业素养、体育经纪人的各种能力和心理素质、体育经纪人的业务技巧。

（1）体育经纪人的知识结构和专业素养。

体育经纪人需要掌握很多必要的知识。例如，经纪业务知识、经济学知识、体育知识、法律知识，当然还需要诸如网络知识、计算机知识等辅助知识。概言之，从事体育经纪人行业不但要熟悉体育情况和业务，也要学好经济学、管理学，懂得经营管理，懂得市场规律。

（2）体育经纪人的各种能力和心理素质。

一名合格的体育经纪人除了具备一定的文化知识和专业技能，掌握经济活动的一般原理外，还应该具备以下基本能力：公关能力，收集、分析和运用各种市场信息的能力，语言表达能力和社交能力等；在经纪实践中应该具有说服力、亲和力、感召力和运筹力，及时洞察体育市场的各种变化，并针对具体情况采取相应措施。体育经纪人也需要具备良好的心理素质，具有信心、决心和雄心，同时也应当自尊自重，善于控制自己的情绪。

（3）体育经纪人的业务技巧。

业务技巧是体育经纪人业务能力中极为重要的一部分。一名成功的体育经纪人应当具备良好的社会交往能力、敏锐的商业头脑以及个人处理事务的能力。例如谈判技巧就是体育经纪人的基本功。

主要概念

文化市场　文化经纪业　文化经纪人　体育产业　体育经纪业　体育经纪人

练　习

1. 什么是文化市场？试找出你能观察到的文化市场。
2. 文化经纪业的重要功能有哪些？
3. 文化经纪的业务内容有哪些？
4. 对文化经纪人有哪些素质要求？
5. 什么是体育产业？举例说明我国体育产业的发展状况。
6. 体育经纪业的重要功能有哪些？
7. 体育经纪的业务内容有哪些？
8. 对体育经纪人有哪些素质要求？

实　训

阅读以下材料，并开展相关讨论。

广州经纪人王冰在圈内是出了名的“热心人”，但他属于“玩票”性质，并没有在中国足球协会注册，他经常说自己是个“打短工”的。

2001 年从专业队退役后，王冰和朋友一起合开了一家酒吧，每个月的纯收入有近 3 万元，足够他花销了。酒吧开业后，经常会有一些前队友来消费，在同他们的交流中，他了解到当时职业球员最痛苦的一件事，就是没有精力也没有时间和能力去处理足球场外的事情，例如和俱乐部商讨工资、处理球迷的来信、开设个人的网站以及论坛等。这时的他就萌生了一个想法：既然他们没有时间来处理这个事情，那么就由我来找专人帮他们处理好了。

于是他成立了一个经纪人公司，不过由于他没有经纪人的执业资格，所以他在业界挖了不少人前来帮忙。他的公司一开张，很多职业球员便纷纷前来寻求帮助。有一位姓李的球员因一件小事得罪了俱乐部老板，他效力的那个俱乐部对他非常苛刻，不仅拿不到合同上约定的薪水，还经常受到歧视。一怒之下，他决定另谋发展。可在转会的时候该球员面临了一个不大不小的问题：和原来的俱乐部已经闹翻，但是新的俱乐部还没有着落，当时他的妻子已怀了身孕并辞掉了工作。为了帮助这位很有潜力的球员，王冰动用了很多人际关系，终于使他离开了原球队，如愿以偿地到上海另一家俱乐部去踢球，并凭着良好的个人综合素质打上了主力，使他的足球生涯上了一个新台阶。

后来，王冰又对足球场草皮产生了浓厚的兴趣，开始将主要精力投入足球场草皮的研究上。在 4 个月内，他走访了欧洲十几个国家，从而对各种不同气候、不同土壤下草皮的生长情况都了如指掌。回国后，王冰考察了国内各个省份的天气情况和土壤情况后，从瑞典引进了当时国内最好的一种草皮，引起了国内的轰动，他也成为国内最好的足球场草皮经纪人。短短两年，他就赚了 180 多万元。

之后，他将自己的经营范围不断扩大，逐渐涉及体育场馆的建设和设计，用他的话说，他还是只充当一个中介的角色。

讨论：(1) 从上述材料中，你感觉目前中国的体育经纪行业还存在哪些问题?

(2) 体育经纪人在实务中需要哪些个人素质?

第十一章　国际经纪

【学习目标】

1. 了解国际市场的概念与分类，理解国际经纪人的作用与特征，掌握国际经纪人的类型。

2. 了解国际贸易的发展，熟悉有形商品国际贸易和无形商品国际贸易的基础知识。

3. 了解国际外汇市场、国际证券市场和国际货币市场的基本情况，理解国际市场对经纪人的要求。

开篇案例

国际外汇市场与伦敦的外汇经纪人

从全球范围来看，外汇市场是一个24小时全天候运作的市场。每天凌晨，大洋洲的惠灵顿、悉尼最先开盘，接着向西移到亚洲的东京、香港、新加坡，然后是欧洲的法兰克福、苏黎世、巴黎和伦敦。到欧洲时间下午2点，大西洋彼岸美国的纽约、旧金山和洛杉矶陆续开市。当纽约市场闭市时，大洋洲的外汇市场又将开始新一天的外汇交易了。如果从国别上比较，英国的外汇市场是全球最重要的。1995年，英国外汇市场的交易额就已经占世界外汇交易总额的1/4以上，其次是美国和日本。

伦敦外汇市场主要由外汇银行、外汇经纪人和一般金融机构组成。伦敦外汇市场有290多家领有英格兰银行执照的"外汇指定银行"，其中包括各大清算银行、商业银行和外国银行设在伦敦的分支银行。外汇经纪人在伦敦市场中起着重要作用，外汇银行以外的机构进行外汇交易，必须通过专业外汇经纪人，1992年伦敦市场上34%的外汇交易是通过经纪人办理的。外汇经纪人必须由英格兰银行批准或承认，英格兰银行对申请充当外汇经纪人的商号审查很严格，一般要求其必须具备银行证明的满足最低要求的资本、有一定的营业场所以及有具备专业知识、诚实可靠的职员。1995年，传统经纪人所占比例下降到30%，而1992年交付使用的电子保价系统所承担的交易占5%。

自20世纪70年代末开始的伦敦外汇市场有了许多新发展。1979年10月24日，英国政府宣布自即日起完全解除外汇管制；1980年，英格兰银行颁布了关于银行外汇头寸的文件，对银行的外汇买卖额加以限制，以稳定银行资本对总风险资产的比例；1986年，外汇市场上又有了新的放松管制政策，即取消固定佣金等级和英格兰银行改变对经纪人股权限制的态度。取消传统的固定佣金等级，佣金标准由客户与经纪人自由磋商确定。此举促进了经纪人之间的竞争。放松对经纪人股权的限制，允许单个银行和单个经纪人之间有一定限度的股权联系，这使得外汇市场更为灵活。

思考：国际外汇市场为什么也需要经纪人的参与？

第一节　国际经纪概述

一、国际市场概述

国际市场是商品交换在空间范围上扩展的产物，它表明商品交换关系突破了一国的界限。国际市场又是不同的文明、文化在时间、空间上交织而成的多维概念。从时间上看，国际市场是一个历史的概念，有其萌芽、形成和发展的过程；从空间上看，国际市场是一个地理的概念，它总是相对于某一个具体范围内的市场而言的，即探讨商品交换、劳务交换和资源配置在一定范围内的特征。

（1）按照历史逻辑的演进和交换关系所涉及的空间范围大小，国际市场可以细分为外国市场、国际区域市场和世界市场三个不同的层面。其中，外国市场是指商品交换的范围突破国别的界限，某国与其他国家之间的商品交换关系构成的市场。通常情况下，外国市场即指国别市场，如美国市场、日本市场等；国际区域市场是指商品交换关系进一步扩大，由若干个国家或地区构成的统一市场，如欧盟、北美自由贸易区等。世界市场是指全球的统一市场，是在世界范围内的所有国家或地区之间，在国际分工基础上交换商品、劳务和进行资源配置所形成的统一体。按照地区划分，国际市场可以分为欧洲市场、北美市场、亚洲市场、非洲市场、拉丁美洲市场和大洋洲市场。

（2）按照不同类型的国家划分，国际市场可以分为发达国家市场、发展中国家市场和经济落后国家市场等。

（3）按照经济集团划分，国际市场可以分为欧盟市场、中美洲市场、东南亚联盟市场、西非国家经济共同体市场、阿拉伯共同市场等。

（4）按照商品构成情况划分，国际市场可以分为工业制成品市场、半制成品市场和初级产品市场。其中，工业制成品市场又可分为机械产品市场、电子产品市场、纺织品市场等。

（5）按照交易对象划分，国际市场可以分为商品市场、劳务市场、技术市场、资本市场、劳动力市场等。

（6）按照垄断程度划分，国际市场可以分为垄断性市场、半垄断性市场和非垄断性市场等。

二、国际经纪人的概念和作用

国际经纪人是商品生产、交换和国际市场发展到一定程度的必然产物，也是国际贸易活动复杂化、国际金融一体化的必然要求。在国际市场中，国际经纪人发挥着不可替代的重要作用。

（一）促进国际商品流通

在分工越来越细化、全球经济越来越一体化的当今社会，国际经纪人从贸易活动中独立出来，专门为国际上的商品交易服务，有利于国际上商品流通顺利和高效地完成，最终提升人类共同的福祉。

（二）促进国际投融资的深度发展

当今世界，国际上的资本运动日益频繁，资金在全球范围内流动，寻找更好的投资机会。资本不仅在发达国家之间运行，也由发达国家流向发展中国家，甚至也由发展中国家流向发达国家。大量的公司也在全球各个资本市场寻求更好的融资机会。国际经纪人的参与对国际投融资的深度发展发挥着不可估量的重要作用。

（三）促进资源在国家间的配置

无论是有形商品、无形服务，还是信息、技术、资金，它们在国际的流通、转让和交易，都离不开经纪人的参与和付出，这些流通和交易最终都促进了资源在国家间的合理高效配置，简而言之，就是让资源流动到利用效率最高的地方，以便有更大的产出，或获得最高的效用。

三、国际经纪人的特征

（一）综合素质高

从事国际商品、国际金融的经纪工作，要求经纪人每天接收大量的信息，并能从中作出理智的分析判断，面对跌宕起伏、瞬息万变的市场能反应敏捷。由于经纪活动跨越了国界，不仅要求经纪人对各国的风土人情、交通运输、法律法规、政治经济等有所了解，在业务操作上，还要具备较高的专业素养，并能与不同文化背景的交易者沟通和保持良好的业务关系。这些都说明，一个合格的国际经纪人需要拥有较高的综合素质。

（二）业务成本高

国际经纪人的业务成本不仅体现于货币成本，如需要与不同国家的交易方联络，需要更多的通信费用，还体现于一些无形的隐含成本，如相对于国内业务而言，国际贸易的手续更复杂，也需要花费更多的时间去学习不同地方的制度与文化等。

（三）所承担的风险大

国际经济往来中的风险来自多方面：不仅有来自宏观的政治、经济、文化等因素，还有来自微观的货币、信用、商品等因素；不仅有自然因素（如海上风暴对贸易运输的影响），还有人为因素（如装卸、搬运的失误）等。这些风险带来的损失都有可能给经纪人的工作带来困扰。

四、国际经纪人的类型

（一）根据所在领域分类

根据所在领域的不同，国际经纪人可分为国际贸易经纪人和国际金融经纪人。

1. 国际贸易经纪人

国际贸易经纪人是指在国家间的商品和劳务交换过程中，掌握灵通的市场信息，具有扎实的专业知识、熟练的业务技巧和较准确的心理判断，为买卖双方提供各种贸易服务，并据以收取佣金的中间商。国际贸易经纪人还可细分为有形商品贸易经纪人和无形商品贸易经纪人。其中，无形商品贸易经纪人又可分为国际劳务经纪人、国际技术经纪人、国际保险经纪人等。

2. 国际金融经纪人

国际金融经纪人是指在货币和资本的国际转移领域为资金供求双方提供经纪服务，并收取佣金的中间商。金融市场范围广泛、产品繁多、变化迅速，相关业务内容庞杂、手续繁复，有关的法律和规章制度约束性强，故国际金融活动中交易双方面临着较大风险。为了抓住转瞬即逝的机会和规避风险，他们往往需要寻找经纪人牵线搭桥，完成交易。根据金融商品的不同，国际金融经纪人一般包括外汇经纪人、金融期货经纪人、国际证券经纪人和黄金市场经纪人等。

（二）根据交易场所分类

根据交易场所的不同，国际经纪人可分为交易所国际经纪人和场外国际经纪人。

1. 交易所国际经纪人

目前国际上商品贸易或金融活动有不少是采取交易所形式开展的，例如一些大宗商品的现货、期货，以及证券交易等，都有指定的交易场所。交易所交易的优势是标准化协议和规范化操作能够提高效率，同时也便于监管。交易所国际经纪人按照相关交易所的法规，代表客户进行国际商品或国际证券的交易，并收取佣金。

2. 场外国际经纪人

大量的国际商品贸易和金融活动并没有固定的交易场所，也没有标准的流程，主要依靠交易双方的协商和经纪人的中介。这一类经纪人不在交易所内撮合交易，属于场外国际经纪人。

五、国际经纪人的条件

（一）熟悉国际业务的法律法规

国际经纪人的业务范围拓展至全球，对不同国家和地区的相关法律法规要有所了解。我国加入 WTO 之后，对外经济活动越来越融入国际环境，并依赖国际通行规则。这一方面要求国际经纪人在业务活动中能够遵守相关的法律法规，按照国际惯例办事；另一方面，在对外业务中发生纠纷时，也要善于利用国际规则来解决问题和争取有利地位。

（二）掌握国际贸易和国际金融的专业知识

国际经纪人从事国际贸易实务，必须广泛掌握国际贸易专业知识，包括国际贸易中的基本概念、基本原理、业务流程、物流与货运、货物通关、检验检疫等。首先，要了解进出口业务谈判的全过程，明确订立有效的进出口合同所应包括的各项内容，诸如商品的数量和品质、商品的包装和价格、商品的装运和保险、货款的支付、商品的检验和争议的处理等。其次，要正确理解并应用国际贸易术语维护自身的利益。最后，熟悉进出口业务的一般步骤和程序，了解进出口业务中的开证、审证、改证、备货、报验、租船订舱、投保、报关、装运和制单结汇、索赔和理赔等各个环节所需要办理的手续。

国际金融的相关知识不仅是从事外汇、国际货币、国际证券市场经纪业务所必须掌握的，也是从事国际贸易经纪应该了解和熟悉的。国际金融经纪人还必须具备关于外汇交易、同业拆借、证券买卖等方面深入的专业知识，才能在业务运作中驾轻就熟，提高成交率。

（三）有较强的语言能力

国际经纪人面对的客户常常是他国的居民或组织，要使经纪业务得以顺利开展，必须有效地联系供需双方，明确供需双方的意愿和要求。这就要求国际经纪人要有良好的沟通能力，首先表现在具备较高的外语水平。在中介活动中，精通客户的母语能缩短双方的距离，有利于准确无误地了解对方的要求，更有效地促成交易。就算有时不需要直接运用外语，掌握多种语言也有利于理解不同国家的文化背景，锻炼语言逻辑能力，提升综合素质，对经纪活动也是大有裨益的。

第二节　国际贸易经纪

一、国际贸易概述

国际贸易是在国际分工和商品交换基础上形成的。在奴隶社会，由于生产力水平低下，交通不便，商品流通量不大，国际贸易很有限，交易的商品主要是奴隶和供奴隶主消费的奢侈品。在封建社会，随着社会经济的发展，国际贸易也有所发展。这一时期，中国与欧亚各国通过丝绸之路开展国际贸易活动，地中海、波罗的海、北海和黑海沿岸各国之间也有贸易往来。15 世纪末至 16 世纪初的地理大发现推动了国际贸易的发展，当时参与贸易的商品主要是一般消费品和供封建主消费的奢侈品。

资本主义生产方式产生后，特别是工业革命以后，由于生产力水平迅速提高，商品生产规模不断扩大，国际贸易迅速发展，并开始具有世界规模。从 17 世纪到 19 世纪，资本主义国家的对外贸易额不断上升。英国在国际贸易中长期处于垄断地位。当时参与国际贸易的商品主要是一般消费品、工业原料和机器设备。19 世纪末进入帝国主义时期后，全球形成了统一的无所不包的世界经济体系和世界市场。

此后，第一次世界大战的冲击和 1929—1933 年的世界经济危机使资本主义世界经济遭到很大破坏，世界贸易额锐减并停滞不前。第二次世界大战后，国际贸易进一步扩大和发展，美国成为国际贸易中的头号大国。20 世纪 50 年代以后，随着生产的社会化、国际化程度不断提高，特别是新科技革命带来的生产力的迅速发展，国际贸易空前活跃并带有许多新的特点，贸易中的制成品已超过初级产品而占据主导地位，新产品不断涌现，交易方式日趋灵活多样。

当代国际贸易以发达国家为主，美国仍是世界上最大的贸易国，但地位有所下降；德、日等国的对外贸易有了极大发展；广大发展中国家在国际贸易中所占份额不大，但与自身相比，对外贸易也有了很大发展，成为国际贸易中一支不可轻视的力量。国际贸易在当代国际事务中具有举足轻重的影响，对各国的经济发展也有重要意义。

根据国际贸易商品的形态，国际贸易大致可以划分为有形商品的国际贸易和无形商品的国际贸易。依照这个标准，也可以对国际贸易的经纪人来分门别类地进行探讨。

二、有形商品的国际贸易经纪人

（一）国际贸易的基本交易条件

国际贸易的基本交易条件是指构成进出口合同的基本条款，总体上包括商品的品名、品质、数量、包装、价格等几个方面。国际贸易经纪人应该对这些基本交易条件非常熟悉，并能根据实际情况运用这些交易条件，防止合同纠纷的出现。

首先，买卖双方必须明确商品的品名、品质、数量、包装、价格等基本条件，并且应该在买卖合同中作出明确的规定，便于国际贸易的顺利进行，并避免不必要的纠纷。其次，由于国际贸易实践中，货物运输路途遥远、情况复杂，较容易受自然灾害或意外事故的影响而遭受损失，买卖双方也要对商品的运输方式作出安排，选择相应的投保险种，并在进出口合同中对商品的装运和保险事项进行明确而具体的规定。再次，货款的收付直接影响到买卖双方的资金周转和融通，关系到金融风险和费用的负担，故支付条款是关系到买卖双方利益的关键条款，交易双方在进行进出口业务谈判和合同签订过程中，应就这一条款达成一致，并在合同中对相关的支付工具、付款时间、地点及支付方式等进行明确。最后，也需要做好进出口合同的检验和争议处理。在国际贸易中，由于长途运输而使货物发生残损、短少甚至灭失的情况屡见不鲜，而因货物的品质、数量和包装等问题发生争议的情况也经常出现，为了便于查明货损原因，确定责任归属，就需要商品检验机构对货物及时进行检验与鉴定。

（二）国际贸易术语

国际贸易术语又称“价格术语”，是在长期的国际贸易实践中产生的，它以简明的语言、缩写的字母或国际代码来概括说明买卖双方在交易中的交货地点，确定责任、费用以及风险的划分和价格构成等方面的专门用语。这些术语是作为一个有形商品的国际贸易经纪人必须了解和掌握的基础知识。

19 世纪初，在国际贸易中就开始使用贸易术语，但是最初没有对各种贸易术语作出统一的解释，后来为了消除分歧，国际商会、国际法协会等国际组织试图对贸易术语作统一的解释，于是形成了一般的国际惯例。区别于法律，这些惯例对交易双方不具有强制性，其适用是以当事人的意思表示为基础，买卖双方也可以不遵循国际惯例而在合同中另作规定；但如果双方均同意受国际惯例约束，并在合同中约定，则国际惯例具有强制性；如果双方未作明确规定，而在合同执行过程中发生争议时，受理该争议的司法和仲裁机构也往往援引某一国际惯例进行裁决。目前，在国际上有较大影响的有关贸易术语的国际惯例有《1932 年华沙-牛津规则》、《美国对外贸易定义》（1941 年修订本）、《国际贸易术语解释通则 2020》等。

三、无形商品的国际贸易经纪人

（一）国际劳动力经纪人

在当代国际经纪活动中，活跃着规模日益庞大、跨越国界的劳动力流动大军。随着世界经济一体化的发展，国际上的劳务人员流动会越来越频繁。在国际劳务市场上，国际劳务经纪人从事国际劳务经纪，提供中介服务进行国际劳务合作，促成一国派出技术人员、工人或其他人员，前往另一国为需要劳务的业主提供各种不同的技术、工程建设等专业服务，并收取佣金。

【阅读材料】

菲律宾的家政服务出口

菲律宾女佣（以下简称菲佣）的足迹遍布全球。这与菲律宾多年来树立起的“世界家政服务”品牌密不可分。菲律宾人不但不会瞧不起女佣，相反还觉得一个家庭中有女性到海外务工是一件很光彩的事情，许多受教育程度较高的女性都愿意从事这一职业。

菲佣出现在中国，最先是在香港地区，香港地区“第一代”菲佣出现在20世纪70年代。1970年，香港地区大约有50名菲佣，她们主要受聘于居港的英美人士家庭；菲佣风行香港地区是80年代之后的事情，随着香港经济起飞，香港妇女纷纷走出家庭就业，家务劳动需要“假手于人”，不少香港家庭开始雇用菲佣。至2001年高峰期时，香港地区菲佣多达15.5万人。

（二）国际技术贸易经纪人

国际技术贸易是指不同国家的企业、经济组织和个人之间，按照一般商业条件交易技术使用权的贸易行为，对于某一国家而言，国际技术贸易有技术出口和技术引进两个贸易方向。

国际技术贸易采用的方式有许可贸易、特许专营、合作生产、技术服务与咨询等。

许可贸易又称许可证贸易，是指知识产权或专有技术的所有人作为许可方，通过与被许可方签订许可合同，将其所拥有的技术授予被许可方，允许被许可方按照合同约定的条件使用该项技术，制造或销售合同产品，并由被许可方支付一定数额的技术使用费的交易行为。

技术服务与咨询是指独立的专家、专家小组或咨询机构作为服务方，应委托方要求，就某一个具体的技术课题向委托方提供知识性服务，并由委托方支付一定数额的技术服务费的活动。技术服务与咨询的范围和内容相当广泛，包括产品开发、成果推广、技术改造、工程建设、科技管理等方面，大到大型工程项目的工程设计、可行性研究，小到对某个设备的改进和产品质量的控制等。

国际技术贸易合同是分属两国的当事双方就实现技术转让这一目的而缔结的规定双方权利义务关系的法律文件。它的形式往往是与国际技术贸易方式相对应的，如许可合同、技术服务与咨询合同、合作生产合同、设备合同等。其中许可合同是最基本和最普遍的一种形式，技术服务和咨询合同也较典型。

（三）国际保险经纪人

国际保险经纪人与国内保险经纪人所涉及的保险类别有很大的区别。在国际贸易中，货物的交接要经过长途运输、装卸和存储等环节，遇到各种风险而遭受损失的可能性较大。国际保险经纪人的主要业务是为国际贸易相关保险提供中介。

国际贸易保险按保险标的的运输工具种类的不同分为四类：海洋运输货物保险、陆上运输货物保险、航空运输货物保险和邮包保险。

1. 海洋运输货物保险

海洋运输货物保险的主要险别有如下几类：

(1) 平安险。

平安险的责任范围主要包括：在运输过程中，由于自然灾害和运输工具发生意外事件，被保险货物的实物的实际全损或推定全损；由于运输工具遭搁浅、触礁、沉没、互撞，与其他物体碰撞以及失火、爆炸等意外事故造成被保险货物的部分损失；在装卸转船过程中，被保险货物一件或数件落海所造成的全部损失或部分损失；运输工具遭自然灾害或意外事故，在避难港卸货所引起的被保险货物的全部损失或部分损失；运输工具遭自然灾害或意外事故，需要在中途的港口或者在避难港口停靠，因而引起的卸货、装货、存仓以及运送货物所产生的特别费用；发生共同海损所引起的牺牲、公摊费和救助费用；发生了保险责任范围内的危险，被保险人对货物采取抢救、防止或减少损失的各种措施，因而产生合理施救费用。但是保险公司承担费用的限额不能超过这批被救货物的保险金额。施救费用可以在赔款金额以外的一个保险金额限度内承担。

(2) 水渍险。

水渍险的责任范围除了包括上述平安险的各项责任外，还包括被保险货物由于恶劣天气、雷电、海啸、地震、洪水等自然灾害所造成的部分损失。

(3) 一切险。

一切险的责任范围除包括上述平安险和水渍险的所有责任外，还包括货物在运输过程中，因各种外来原因所造成的保险货物的损失。不论全损或部分损失，除对某些运输途耗的货物，经保险公司与被保险人双方约定在保险单上载明免赔率外，保险公司都给予赔偿。

2. 陆上运输货物保险

陆上运输货物保险是货物运输保险的一种，分为陆运险和陆运一切险两种。

陆运险的责任范围包括被保险货物在运输途中遭受暴风、雷电、地震、洪水等自然灾害，或由于陆上运输工具（主要是指火车、汽车）遭受碰撞、倾覆或出轨。如在驳运过程，包括驳运工具搁浅、触礁、沉没或由于遭受隧道坍塌、崖崩或火灾、爆炸等意外事故所造成的全部损失或部分损失。保险公司对陆运险的承保范围大致相当于海运险中的水渍险。

陆运一切险的责任范围除包括上述陆运险的责任外，保险公司对被保险货物在运输途中由于外来原因造成的短少、短量、偷窃、渗漏、碰损、破碎、钩损、雨淋、生锈、受潮、霉、串味、玷污等全部或部分损失，也负责赔偿。

3. 航空运输货物保险

保险公司承保通过航空运输的货物，保险责任是以飞机作为主体来加以规定的。航空运输货物保险也分为航空运输险和航空运输一切险两种。

航空运输险的责任范围包括被保险货物在运输途中遭受雷电、火灾、爆炸或由于飞机遭受恶劣天气或其他危难事故而被抛弃，或由于飞机遭碰撞、倾覆、坠落或失踪意外事故所造成的全部或部分损失。

航空运输一切险除包括上述航空运输的所有责任外，对被保险货物在运输中由于外来原因造成的包括被偷窃、短少等全部或部分损失也负赔偿之责。

4. 邮包保险

邮包保险是指保险公司承保通过邮政局邮包寄递的货物在邮递过程中发生保险事故所致的损失。

以邮包方式将货物发送到目的地可能通过海运，也可能通过陆上或航空运输，或者经过两种或两种以上的运输工具运送。不论通过何种运送工具，凡是以邮包方式将贸易货物运达目的地的保险均属邮包保险。邮包保险按其保险责任分为邮包险和邮包一切险两种。前者与海洋运输货物保险水渍险的责任相似，后者与海洋运输货物保险一切险的责任基本相同。

邮包的责任范围为：被保险邮包在运输途中由于恶劣天气、雷电、海啸、地雷、洪水，或由于运输工具遭受搁浅、触礁、沉没、碰撞、倾覆、出轨、坠落、失踪，或由于失火爆炸意外事故所造成的全部或部分损失。

第三节　国际金融经纪

国际金融市场是指在国际范围内进行资金融通和金融产品交易的场所与关系的总和。当前，商品与劳务的国际性转移、资本的国际性转移、黄金输出与输入、外汇的买卖以至于国际货币体系运转等各方面的国际经济交往都离不开国际金融市场，国际金融市场上新的融资手段、投资机会和投资方式层出不穷，金融活动也渐渐出现了凌驾于传统的实体经济之上的趋势，成为推动世界经济发展的主导因素。

【阅读材料】

国际金融活动中的风险

中国航油成立于 1993 年，由中央直属大型国企控股，总部和注册地均位于新加坡。该公司刚成立时经营十分困难，一度濒临破产，后在总裁陈久霖的带领下扭亏为盈，从单一的进口航油采购业务逐步扩展到国际石油贸易业务，并于 2001 年在新加坡交易所主板上市，成为中国首家利用海外自有资产在国外上市的中资企业。1999 年，中航油开始进入石油期货市场做衍生品交易。2003 年，中航油仅靠投机衍生品交易就赚了 3 400 万新加坡元，占公司当年收入的 60%。2004 年，中航油从事石油衍生品交易的损失：第一季度为 580 万美元，第二季度为 3 000 万美元，同年 10 月则急剧攀升至 1.8 亿美元，到 12 月 1 日最终亏损 5.54 亿美元。最后，中航油不得不申请破产保护。陈久霖因此被迫离职，并遭到新加坡警方拘捕。2006 年 3 月，新加坡初等法院作出判决，判处陈久霖入狱服刑四年零三个月，其获刑原因是公司没有向交易所呈报亏损等。陈久霖在新加坡服刑 1 035 天后，于 2009 年 1 月 20 日刑满出狱。

一、外汇市场

国际上的贸易、投资、旅游等经济往来必然产生货币收支关系，但各国货币制度不同，要想在国外支付，必须先以本国货币购买外币，而从国外收到外币支付凭证也必须兑换成本国货币才能在国内流通，这样就产生了本国货币与外国货币的兑换问题。两国货币的比价称汇价或汇率。西方国家中央银行为执行外汇政策，影响外汇汇率，经常买卖外汇。所有买卖外汇的商业银行、专营外汇业务的银行、外汇经纪人、进出口商，以及其他外汇供求者都经营各种现汇交易及期汇交易。这些外汇业务组成了一国的外汇市场。

世界主要外汇市场有伦敦外汇市场、纽约外汇市场、东京外汇市场等。

(一) 伦敦外汇市场

伦敦外汇市场是全球历史最悠久、交易量最大的外汇市场。据英格兰银行对伦敦外汇市场的调查显示，1995 年，英国外汇交易额是美国的两倍多，是世界第一大外汇市场。伦敦外汇市场主要是一个无形的市场，通过电话、电报等现代化工具完成交易，它的一个突出特点是其独特的地理位置，所在的时区位于东京和纽约之间，转接着亚洲和北美市场。

(二) 纽约外汇市场

纽约外汇市场是当前仅次于伦敦市场的外汇市场，也是美国最大的外汇市场，它是第二次世界大战之后才逐渐发展起来的。美国政府从未实行过外汇管制，也没有所谓的外汇指定银行，几乎所有的商业银行和其他金融机构都有资格经营外汇业务。因此，纽约外汇市场的参与者主要是各大商业银行、外国银行的分支机构和外汇经纪商。

由于美元是当今世界上最主要的国际货币，各个国家和地区发生的美元交易最终都要通过美国（主要是纽约）的商业银行办理收付、结算。目前世界上 90%以上的美元收付是通过纽约的银行间清算系统进行的。因此，纽约外汇市场既是美国国内外汇交易中心，也是世界美元交易的清算中心。

(三) 东京外汇市场

1964 年，日本加入国际货币基金组织，允许日元自由兑换之后，东京外汇市场逐步发展起来，它随着日本在全球经济中地位的上升，交易规模迅速扩大，成为世界最大的外汇市场之一。

与伦敦外汇市场类似，东京外汇市场也是一个无形市场。市场参与者主要包括外汇专业银行、外汇指定银行、外汇经纪人、日本银行以及非银行客户。它的地区性较强，交易币种也较单一，主要是日元兑换美元和欧元的交易。据日本银行发表的对东京外汇市场交易额的调查显示，2004 年 4 月，东京外汇市场平均每天的交易额为 1 989 亿美元，仅次于伦敦和纽约外汇市场，其中日元对美元和欧元的交易额占全部交易额的 80%以上。

伦敦、纽约和东京是目前世界上最大的三个外汇交易中心，其他主要外汇市场还包括欧洲的法兰克福、巴黎、苏黎世，北美洲的洛杉矶、芝加哥，大洋洲的悉尼，亚洲的香港、新加坡等。

二、国际证券市场

(一) 纽约证券交易所

NYSE Group

纽约证券交易所是目前世界上规模最大的有价证券交易市场。在美国证券发行之初，尚无集中交易的证券交易所，证券交易大都在咖啡馆和拍卖行里进行。1792 年 5 月 17 日，24 名经纪人在纽约华尔街一家咖啡馆门前的梧桐树下签订了“梧桐树协议”，这是纽约交易所的前身。到了 1817 年，华尔街上的股票交易已经十分活跃，于是市场参与者成立了“纽约证券和交易管理处”，并于 1863 年正式改名为纽约证券交易所，一直沿用至今。1929 年 10 月，纽约证券交易所经历了“黑色星期四”，并引发了美国经济的大萧条。随后美国推出了恢复投资者信心的计划，重振了资本市场。2006 年，纽约证券交易所宣布与泛欧证券交易所合并组成纽约-泛欧证券交易所，总部设在纽约，由来自 5 个国家的 6 家货币股权交易所以及 6 家衍生产品交易所共同组成，其上市公司总数约4 000 家，总市值达 28.5 万亿美元，日平均交易量接近 1 020 亿美元。

（二）伦敦证券交易所

London STOCK EXCHANGE

伦敦证券交易所是世界上历史最悠久的证券交易所之一，其历史可以追溯到 300 年前。它的前身是 17 世纪末伦敦交易街的露天市场，是当时买卖政府债券的“皇家交易所”。1773 年，露天市场交易迁入威丁街的室内进行，并正式更名为伦敦证券交易所。它的成立为英国工业革命提供了重要的融资渠道，而英国工业的强劲发展也促进了交易所自身的壮大，从而确立了英国世界金融中心的地位。在第一次世界大战之前，伦敦交易所一直是世界第一大证券交易所。进入 20 世纪 80 年代以来，随着英国国内和世界经济形势的变化，伦敦证券交易所的竞争力逐渐下降。在这一形势下，伦敦交易所也进行了一些重大改革，包括：改革固定佣金制；允许大公司直接进入交易所进行交易；放宽对会员的资格审查；允许批发商与经纪人兼营；证券交易所与纽约、东京交易所联机，实现 24 小时全球交易等。2000 年，伦敦证券交易所经股东投票决定转变为一家公众公司，并于 2001 年 7 月在自己的主板上市交易。

伦敦是世界上最国际化的金融中心之一，不仅是欧洲债券及外汇交易领域的全球领先者，还受理超过 2/3 的国际股票承销业务。它也以其国际化著称，其外国公司股票的交易量和市值都超过了本国公司的股票。

（三）东京证券交易所

东京证券交易所的发展历史虽然不长，但作为日本最大的证券交易所，其在世界证券交易市场上具有举足轻重的地位。东京证券交易所的股票交易量占日本全国交易量的 80%以上。如果按照上市的股票市场价格计算，它是仅次于纽约证券交易所的世界第二大证券市场。它的前身是 1879 年 5 月成立的东京证券交易株式会社。1983 年至 1990 年是东京证券交易所的大发展时期，1990 年，它吸引了全世界 60%的股票市场资本，成为当时世界上最大的证券交易所。虽然随着证券泡沫的破灭，东京证券交易所不再有往日的辉煌，但仍不失为世界上最大的证券交易所之一。与伦敦证券交易所和纽约证券交易所不同，东京证券交易所挂牌交易的基本上都是日本的公司，国外的公司相当少。

（四）纳斯达克证券市场

纳斯达克（NASDAQ）的全称为全美证券交易商协会自动报价系统（National Association of Securities Dealers Automated Quotations）。它由美国全国证券交易商协会于 1968 年着手创建，其特点是收集和发布场外交易非上市股票的证券商报价，现已成为全球最大的证券交易市场。纳斯达克也是全世界第一个采用电子交易的股市，它在 55 个国家和地区设有 26 万多个计算机销售终端。

纳斯达克资本市场自诞生以来，因其更为宽松的上市条件和快捷的电子报价系统，受到新兴中小企业尤其是高科技企业的欢迎，聚焦了一批全球最出色的高科技公司，如微软、英特尔、思科、雅虎、戴尔等，在美国新经济崛起中发挥了巨大作用。

（五）香港交易所

1970 年前后，随着上市公司数量的增加，香港成立了三家证券交易所：远东证券交易所、金银证券交易所、九龙证券交易所，加上原有的香港证券交易所，时称“四会”。“四会”的独立运作和过度竞争，导致了证券交易效率下降、监管不力和投机过度，最终由“假股票事件”引发了香港证券市场的第一次危机。香港政府采取了一系列控制证券交易所和保护股东权益的措施，在 1974 年成立了香港证券交易所联合会，并于 1980 年 7 月将四个交易所合并成立香港联合交易所，实行会员制。

2000 年 3 月，香港联合交易所有限公司、香港期货交易所有限公司和香港中央结算有限公司合并成立香港交易所，提供包括公司上市、股票交易、结算交收、信息服务及市场监管等在内的各项服务，并于当年 6 月上市。2000 年 5 月，有 7 只美国纳斯达克股票在香港挂牌交易，香港交易所也成为亚洲地区首个提供纳斯达克股份买卖的交易所。

三、国际货币市场

货币市场是经营期限在一年以内的借贷资本市场。常见的借贷方式有银行信贷、同业拆放等。在货币市场上发行和流通的票据、证券也是短期的，如国库券、商业票据、银行承兑汇票和可转让大额定期存单等。这些票证的共性是期限短、风险小和流动性强，都具有活跃的次级市场，随时可以出售变成现金。由于这些票证的功能近似于货币，所以人们把短期信贷和短期票证流通的市场称作货币市场。

（一）国际货币市场的业务类型

1. 短期信贷

短期信贷市场主要包括银行对工商企业的信贷和银行同业拆放市场。前者主要解决企业流通资金的需要，后者主要解决银行平衡一定头寸、调节资金余缺的需要。

（1）银行短期信贷。

外国工商企业在西方国家的货币市场上进行存款或放款，首先应注意的是利息率惯例。按国际惯例，外币存款的利息计算方法是按年历的实际天数除以 360 计算；英国的惯例是英镑、比利时法郎、新加坡元、爱尔兰镑、南非兰特等按年历的实际天数除以 365。瑞士的惯例是，瑞士法郎在国内市场上以每月 30 天、每年 360 天计算。

西方国家还规定，在本国的外国工商企业以自由兑换的货币在本国银行进行短期存款，根据不同的期限，有不同的数额规定。

（2）银行同业拆放。

在银行短期信贷业务中，银行同业拆放业务相当重要。伦敦银行同业拆放市场是典型的拆放市场，它的参加者为英国的商业银行、票据交换银行和外国银行等。伦敦同业银行拆放利率（LIBOR，London Interbank Offered Rate）是国际金融市场贷款利率的基础，即在这个利率的基础上再加一定的附加利率。

第二次世界大战以后，西方各国政府为了通过中央银行管理和控制信用，都以法令的形式规定银行和其他金融机构在接受客户的存款后，必须按一定比例，也就是法定准备金率，向中央银行交纳一定的法定准备金。中央银行通过变动法定准备金率来控制商业银行的贷款能力，控制信用扩张的幅度。

在英国，同业拆放的最低额度为 25 万英镑，高的可达数百万英镑。同业拆放可以由资金短缺方找资金有余方，资金有余方也可主动找资金短缺方。双方也可通过经纪人去寻找借贷对象。

2. 可转让定期存单

可转让定期存单简称定期存单，指银行发行对持有人偿付具有可转让性质的定期存款凭证。从本质上看，存单仍然是银行的定期存款。但存单与存款也有不同：存单是不记名的，可以在金融市场上转让；存单的金额是固定的，而且是大额整数，至少为 10 万美元，在市场上的交易单位为 100 万美元；存单只能到期支取，不能提前支取。

银行发行的可转让定期存单，在性质上仍属于债务凭证中的本票，由银行允诺到期时还本付息，购买存单的投资者需要资金时，可把存单出售换成现金。存单集存款和短期证券的优点于一身，既为银行带来了方便，又为客户提供了好处。

3. 商业票据

商业票据是指没有抵押品的短期票据。从本质上说，它是以出票人本身为付款人的本票，由出票人承诺在一定时间、地点付给收款人一定金额的票据。商业票据是最早的信用工具，起源于商业信用。商业信用的出现先于金融市场的产生。在没有金融市场时，商业票据没有流通市场，只能由收款人保存，到期才能收款。银行出现以后，就有了金融市场，商业票据的持有者可以拿商业票据到银行去抵押，到市场上去贴现，提前取得资金。

商业票据的主要种类和特点是：

（1）短期票据——是货币市场中的短期信用工具，最短期限是 30 天，最长是 270 天。

（2）单名票据——发行时只需一个人签名就可以了。

（3）融通票据——为短期周转资金而发行。

（4）大额票据——面额是整数，多数以 10 万美元为倍数计算。

（5）无担保票据——不需要担保品和保证人，只需靠公司信用担保。

（6）市场票据——以非特定公众为销售对象。

（7）大公司票据——只有那些财务健全、信用卓著的大公司才能发行。

（8）贴现票据——以贴现的方式发行，即在发行时先预扣利息。

4. 银行承兑汇票

银行承兑汇票是指发票人签发一定金额，委托付款人于指定的到期日无条件支付给收款人或持票人的票据。汇票是随着国际贸易的发展而产生的。

承兑汇票的主要用途是为国际商品流通融资。一是为本国的出口商融资，本国的出口商持有的外国银行承兑的汇票可以在本国银行贴现，直接取得出口货款。汇票到期之后，本国银行再从外国银行收回汇票所记载的金额。二是为本国进口商融资，本国进口商与外国出口商签订进口合同之后，可要求本国银行通知外国出口商开出以本国银行为付款人的汇票，使外国出口商及时交货。本国进口商从本国银行得到提单并向本国银行付款。

银行承兑汇票是随着国际贸易产生的，可以说没有初级市场，但有次级市场。参加银行承兑汇票次级市场交易的有三种人：一是创造银行承兑汇票的承兑银行；二是经纪人；三是投资者。承兑银行所持的银行承兑汇票都是自己承兑、自己贴现的。这部分汇票中的大多数没有进入初级市场，没有流通。经纪人主要是代客买卖，收取佣金。投资者持有的银行承兑汇票占市场流通总额的绝大多数。

5. 贴现

贴现是指远期汇票经承兑后，汇票持有人在汇票尚未到期前在贴现市场上转让，受让人扣除贴现息后将票款付给出让人的行为。从本质上看，贴现也是银行放款的一种形式，这种方式与一般放款的差别在于是在期初本金中扣除利息，不是在期末支付利息。贴现在西方国家是货币市场的一项重要融资活动。贴现市场并不是指各银行和其他金融机构之间买卖票据或银行直接与客户进行贴现的行为，而是指银行与票据经纪人成立的公共的贴现市场。

如英国伦敦贴现市场上银行所持有的票据，主要是从票据经纪人那里买进的。票据经纪人或以自己的资金，或从银行取得随通知随还的票据进行贴现，将所贴现的票据向银行再贴现。票据经纪人有时介绍买卖票据，以形成活跃的贴现市场。

（二）国际货币市场经纪人

现代货币市场经纪人制度是在英国发展起来的，伦敦在20世纪初就出现了货币经纪人，但在第二次世界大战期间，伦敦货币市场被关闭。当今的货币市场是从1951年才逐渐形成的，当年12月，英格兰银行开放伦敦的外汇市场，允许进行多种货币对英镑的即期和远期外汇交易。在市场建立之前，英格兰银行已商讨了高效率经纪服务的条例并议定经纪公司的总数不超过第二次世界大战前的32家，同时鼓励第二次世界大战前成立的经纪公司相互合并，最终只剩下9家经纪公司，与此同时，一个新的外汇经纪同业协会宣告成立。

最初，银行必须通过经纪协会成员进行交易，不允许成员之间互相直接进行货币买卖。20世纪60年代，欧洲美元及英国国内市场开始形成，种种限制已不适应这些市场。到20世纪70年代取消了一些限制，允许银行间直接交易并且可利用国外的经纪人，经纪公司也允许与非英国的银行以及境外的代理经纪公司开展业务，这对所有的市场参与者来说是个积极的举措。对于这项决定的重要性，伦敦货币经纪公司很快就意识到了，随后，伦敦的货币经纪公司纷纷在主要的金融中心设立了分支机构，建立全球网络，很快成为全球货币经纪市场的主力。经英格兰银行批准的经纪公司由最初的9家发展到1970年的12家。目前，世界上有4～5家大型的国际货币经纪公司提供几乎所有金融产品的经纪服务，还有为数众多的小规模经纪公司提供个别产品的专项经纪服务。

20世纪70年代是经纪业“成长的年头”，尽管市场只局限在外汇即期和远期买卖、欧洲美元和英镑资金拆放等方面。这一时期，芝加哥期货市场从单纯经营商品期货也发展到可从事金融期货。20世纪80年代初，伦敦国际金融期货交易所开业，此时，随着资本市场及衍生产品市场的发展和交易量的不断增加，货币经纪人也涉足这些领域，货币经纪又将其业务扩展到期权及股权等业务领域。

国际货币市场经纪人在国际货币市场上充当交易双方的中介，并根据交易额收取佣金。根据交易品种的不同，货币经纪人可分为短期信贷经纪人、票据经纪人、短期证券经纪人等。

货币经纪人的业务操作可分为三个步骤：收集和处理金融市场信息；发布信息，招揽客户；撮合客户之间的交易。货币工具的整个交易过程很复杂，但在现代社会，交易只需几秒钟即可完成，一般是由有交易意向的金融机构向货币经纪公司提出要求，经纪公司随即通过内部完备而先进的电子通信系统将信息发往其分布在全世界各金融中心或新兴市场的分支机构，再根据各地分支机构反馈的报价进行综合筛选，向客户发出最佳价格，撮合交易成功，经纪人从中赚取佣金。货币经纪公司进行交易时，可以确保交易双方的资料保密。它只担当交易的中介人的角色，在市场上的身份保持绝对中立。

（三）我国的货币经纪公司

目前货币经纪公司在债券市场和外汇市场上发挥的作用越来越大，它有利于降低交易成本，提供价格发现功能。

我国引进和设立货币经纪公司曾进行了较长时间的论证，有关专家普遍认为，在我国引进这项制度、设立货币经纪公司会促进我国金融市场的健康发展。

首先，我国货币市场的发展已经提出了对货币经纪公司的客观需求。2001 年年初，银行间市场的参与者仅有 650 家，基本上是以银行为主的金融机构。目前，银行间市场的参与者已经超过了 2 000 家，其中，银行间债券市场的参与者还包含了非金融机构。随着参与主体多元化、投资需求多样化，原有的交易模式和信息收集模式已经很难满足参与者的要求，市场迫切需要专门从事信息服务的专业机构。货币经纪公司恰好是专门从事搜寻并匹配供求信息、促使买卖双方达成交易的专业机构，在市场经济国家有成熟的发展模式和管理经验可供借鉴。

其次，货币经纪制度是金融市场高效运行的内在要求。我国金融市场的发展迫切需要专门从事信息服务的专业机构，以弥补目前集中交易模式的不足。与直接交易方式相比，通过货币经纪公司的间接交易具有以下特点：一是为客户尤其是中小客户提供充分的市场信息；二是通过双边撮合，提供实时可成交价格；三是由于货币经纪公司不做自营业务，其报价能真实反映市场的实际情况，保证市场价格的公平；四是在交易完成前不透露客户的姓名，可避免大客户报价对市场价格的不利影响，有利于市场稳定；五是增强市场的流动性；六是具有交易成本优势。

再次，利率市场化以及中国加入世界贸易组织后，也需要引入货币经纪制度。随着货币市场的进一步开放以及利率市场化，中国的企业和金融机构将面临汇率和利率波动的双重风险。及时了解国际市场上的资金价格，是金融机构和企业控制资金成本和决定投资手段的重要前提，而国际性的货币经纪公司正是提供此方面信息的专业公司。引进和设立货币经纪公司，有利于国内金融机构学习和借鉴并最终采用国际金融市场上新的金融工具，提高资金收益率和规避金融风险。

最后，货币经纪公司拥有丰富的衍生产品专业知识、市场经验、专业人才，尤其是其中立的立场对于培育市场、规范市场交易行为都将起到重要的作用。

2005 年，银监会发布了《货币经纪公司试点管理办法》，此后陆续成立了上海国利、上海国际、平安利顺、中诚宝捷思、天津信唐五家货币经纪公司。目前，我国货币经纪行业已初具规模，其业务规模和客户范围逐年扩大，盈利状况不断提高。作为金融市场重要的交易中介，我国的货币经纪公司自 2007 年进入银行间市场，在增进市场的流动性和透明度，提高资金在金融市场上的运作和配置效率等方面初见成效，有力地促进了金融市场的健康发展。

主要概念

国际市场　国际经纪人　国际贸易经纪人　国际金融经纪人

练　习

1. 国际市场有什么类型?
2. 国际市场经纪人有什么特征?
3. 国际市场经纪人应该具备什么条件?
4. 比较有形商品的国际贸易市场和无形商品的国际贸易市场。
5. 国际金融市场有什么特点?

实　训

阅读下面的材料，讨论货币经纪人工作的特点。

在熙熙攘攘的银行间市场里，活跃着一群整天手持报价单，头戴耳机，嘴对话筒，不停地大声喊价的人，他们就是货币经纪人。这个行业在国内也许还略显陌生，但他们的收入绝对会让人瞠目结舌。

“货币经纪人的年薪确实非常高，1 000 万元、2 000 万元的很常见。”国利货币经纪公司一位有近 30 年从业经验的货币经纪人告诉记者。

据《每日经济新闻》报道，货币经纪人在国际金融市场上有一个雅号——“价格发现者”，由于银行同业市场是一个无形的市场，没有一个固定场所可供金融机构集中交易，货币经纪人就通过现代化的电子通信网络来完成交易任务，即金融机构的交易员向货币经纪人提出交易要求，经纪人随即通过电子通信系统，将信息发往分布在世界各地的分支机构，各地分支机构的经纪人向其他金融机构询价，然后将报价进行综合筛选，向客户报出最低价格。上述交易听起来很复杂，但仅需几秒钟就可完成，所以货币经纪人基本上一整天都在喊价。

“有时候连嗓子都喊破了。”该经纪人表示，话筒就在嘴边，很多人也许想不通为什么要大声喊价，认为只要轻声报价就行了。“你可以想象一下，当一个交易室内几十个甚至几百个经纪人都在报价时候，不大声喊怎么行?”

货币经纪人的工作不能出任何差错，且必须在极短的时间内作出反应，对从业人员的反应速度要求很高。“交易室内看起来很混乱，但经纪人必须在如此嘈杂的环境下保持极度严谨。”该经纪人表示，银行间的交易动辄上百亿元，即使很小的差错或极短的延迟，都会带来非常严重的后果。由此可见，与这项工作的高收入相对应的，是一般人难以承受的工作强度。

国利货币经纪公司董事长包立忠表示，货币经纪人的工作时间由所盯的市场决定。盯亚洲市场的货币经纪人的工作时间还比较正常，大概从早上8点到晚上6点，盯其他市场的经纪人的工作时间就不一样了。由于时差问题，其他市场开市时间常常是北京时间的晚上，经纪人就得日夜颠倒了。

当然并不是所有货币经纪人的收入都那么高。“除了业务能力外，最主要的区别就是所做的产品。”上述经纪人透露，货币经纪人的收入由两部分组成，除底薪外，交易佣金起着决定性作用。交易佣金由货币经纪人达成的交易量决定，所以经纪人所做的产品不同，该产品在市场上的交易量大小不一样，交易费率也不一样。一般来说，衍生品市场的费率较高，做衍生品的经纪人的收入也较高。“当然，最差劲的货币经纪人的年薪也不会低于30万元，如果你听说一个经纪人的年薪只有几十万，那么他一定是最差的经纪人了。”

资料来源：唐赟．熙熙攘攘的市场，货币经纪人一年赚两千万．市场报，2006-02-17.

参考文献

1. 麻淑秋，周叶芹．经纪实务．北京：经济科学出版社，2008.

2. 任凭．经纪人及其管理．上海：上海人民出版社，2004.

3. 郑小兰．农产品经纪人．杭州：浙江大学出版社，2017.

4. 中华全国供销合作总社职业技能鉴定指导中心等．农产品经纪人中级技能知识．北京：中国财政经济出版社，2005.

5. 中国证券业协会．证券经纪业务营销基础知识与实务．北京：中国财政经济出版社，2008.

6. 中国证券业协会．证券市场基础知识．北京：中国财政经济出版社，2009.

7. 周云，高荣．房地产经纪概论．2 版．南京：东南大学出版社，2012.

8. 周云，顾振东，倪莉，等．房地产经纪实务．2 版．南京：东南大学出版社，2012.

9. 张永岳，刘道桐．房地产经纪人基础教程．上海：上海三联书店，2000.

10. 刘晓帆，柯银斌．保险经纪人．北京：中国大百科全书出版社，2003.

11. 周剑．劳务市场经纪人．北京：东方出版社，2006.

12. 杨水旸，王建华，张鸿．技术经纪人．北京：中国经济出版社，2002.

13. 汪京．文化经纪人．北京：中国经济出版社，2006.

14. 王斌．国际贸易理论与实务．4 版．上海：立信会计出版社，2015.

15. 霍文文．金融市场学教程．2 版．上海：复旦大学出版社，2010.

16. 朱华锋．市场营销原理．合肥：中国科学技术大学出版社，2010.

17. 胡戴新．新编商务谈判教程．合肥：中国科学技术大学出版社，2009.

图书在版编目（CIP）数据

经纪原理与实务/何衡主编．--3版．--北京：中国人民大学出版社，2020.4
21世纪高职高专规划教材．经贸类通用系列
ISBN 978-7-300-27773-8

Ⅰ．①经… Ⅱ．①何… Ⅲ．①经纪－高等职业教育－教材 Ⅳ．①F713

中国版本图书馆CIP数据核字（2019）第280123号

21世纪高职高专规划教材·经贸类通用系列
经纪原理与实务（第三版）
主　编　何　衡
副主编　郭　影　程庆珊
Jingji Yuanli yu Shiwu

出版发行	中国人民大学出版社		
社　　址	北京中关村大街31号	**邮政编码**	100080
电　　话	010－62511242（总编室）		010－62511770（质管部）
	010－82501766（邮购部）		010－62514148（门市部）
	010－62515195（发行公司）		010－62515275（盗版举报）
网　　址	http://www.crup.com.cn		
经　　销	新华书店		
印　　刷	北京鑫丰华彩印有限公司	**版　　次**	2011年8月第1版
规　　格	185 mm×260 mm　16开本		2020年4月第3版
印　　张	13.25	**印　　次**	2020年4月第1次印刷
字　　数	318 000	**定　　价**	32.00元